DK | Penguin Random House

Cet ouvrage a été publié pour la première fois
en 2017 sous le titre original
13 ½ incredible things you need to know about everything

Senior art editor Stefan Podhorodecki
Senior editor Jenny Sich
Designers Sheila Collins, Jemma Westing
Editors Carron Brown, Anna Fischel
Design assistant Kit Lane
Assistant editor Vicky Richards

Picture research Liz Moore
Creative retouching Steve Crozier
Jacket design Stefan Podhorodecki, Simon Mumford
Jacket editor Claire Gell
Jacket design development manager
Sophia M Tampakopoulos Turner
Producer (pre-production) Jacqueline Street
Senior producer Gary Batchelor

Managing editor Francesca Baines
Managing art editor Philip Letsu
Publisher Andrew Macintyre
Art director Karen Self
Associate publishing director Liz Wheeler
Publishing director Jonathan Metcalf

Illustrators
Peter Bull, Jason Harding, Stuart Jackson-Carter,
Jon @KJA, Arran Lewis, Peter Minister, Simon Mumford

Contributors
Laura Buller, Stella Caldwell, Derek Harvey,
Susan Kennedy, Polly Goodman, Andrea Mills,
Sarah Tomley, Victoria Pyke

Consultants
Dr Sarah Brewer, Jack Challoner, Hilary Davidson,
Clive Gifford, Derek Harvey, Jacqueline Mitton,
Darren Naish, Philip Parker, John Woodward

Édition française
Éditions Larousse © 2018, pour l'édition en langue française

Direction de la publication : Carine Girac-Marinier

Édition : Antoine Caron

Réalisation et coordination éditoriale : Belle Page

Traduction : Christine Liabeuf, Aurélie Montaut-Pernaudet

ISBN: 978-2-03-590478-2
Ventes interdites au Québec

A WORLD OF IDEAS
SEE ALL THERE IS TO KNOW
www.dk.com

INCROYABLE MAIS VRAI !

LE MONDE COMME VOUS NE L'AVEZ JAMAIS VU,

EN PLUS DE 1000 INFOS EXTRAORDINAIRES

LAROUSSE

AU PROGRAMME :

1 *L'espace regorge de mystères, mais l'astronomie en élucide beaucoup. Laissez-vous épater par chaque planète, éblouir par le Soleil, et n'oubliez pas* ***de découvrir la combinaison spatiale la plus célèbre au monde, p. 126-127.***

2 ***Devenez chercheur d'or*** *p. 100-101 et apprivoisez* ***ce métal précieux.*** *D'autres trésors enfouis vous attendent p. 54-55, mais préparez-vous à une balade très «roc'n'roll»!*

3 ***De nombreux sports impliquent de la force musculaire,*** *mais p. 128-129 d'autres forces sont à l'œuvre : ces exploits de haut vol te révéleront certains secrets de la science.*

4 ***Les légionnaires romains ont compté parmi les plus redoutables soldats de l'histoire.*** *Mais côté mode, c'était zéro pointé. Vous verrez p. 60-61 qu'ils portaient des chaussettes avec leurs sandales!*

5 ***Nos océans constituent les zones les plus méconnues*** *de la planète. Plongez dans leurs profondeurs p. 72-73, à la rencontre de leurs habitants carnassiers.*

6 ***Une alimentation saine*** *ne compte pas pour des prunes : initiez-vous aux plaisirs des fruits p. 10! Vous pouvez aussi vous accorder une friandise p. 98-99.*

BOÎTE À SURPRISES

Cette encyclopédie révèle des détails insoupçonnés. Des abeilles à la circulation du sang, en passant par la monnaie ou les momies, chaque entrée dévoile jusqu'à 13 vérités scientifiques… voire plus.

7 De la montgolfière à l'hélicoptère, **comment l'homme a-t-il conquis les airs?** Découvrez une statistique rassurante sur l'aviation p. 102-103.

8 Les entrailles de la Terre sont bouillonnantes. Vous apprendrez p. 74-75 **qu'une éruption volcanique peut émettre des nuées mortelles** jusqu'à une hauteur vertigineuse.

9 **P. 96-97, vous trouverez chaussure à votre pied.** Et vous changerez d'avis sur la mode élisabéthaine !

10 Le règne animal est peuplé de prédateurs aux goûts parfois excentriques. **P. 68-69 vous comprendrez pourquoi les lapins mangent leurs excréments.**

11 **La vérité sur le système digestif est difficile à digérer?** Après un détour p. 112-113, vous connaîtrez son fonctionnement sur le bout des doigts. Âmes sensibles s'abstenir.

12 Un monde haut en couleurs ! Une gouache marron très fade peut dissimuler un passé sanglant. **Découvrez la singulière histoire des pigments p. 134-135.**

13 **Tissez la toile de votre réseau parmi les merveilles d'Internet p. 154-155.** La vie sur Internet n'aura plus aucun secret pour vous.

L'INFO EN PLUS Idées fausses et semi-vérités prolifèrent partout : il ne faut pas croire tout ce que l'on entend. **L'ultime anecdote de chaque thème traité casse le mythe et révèle la vérité** – aussi surprenante soit-elle.

AU CŒUR DE LA TERRE

La Terre est née il y a environ 4,6 milliards d'années. La surface de notre planète est en constante évolution : les continents s'entrechoquent, des montagnes s'élèvent et les océans s'élargissent.

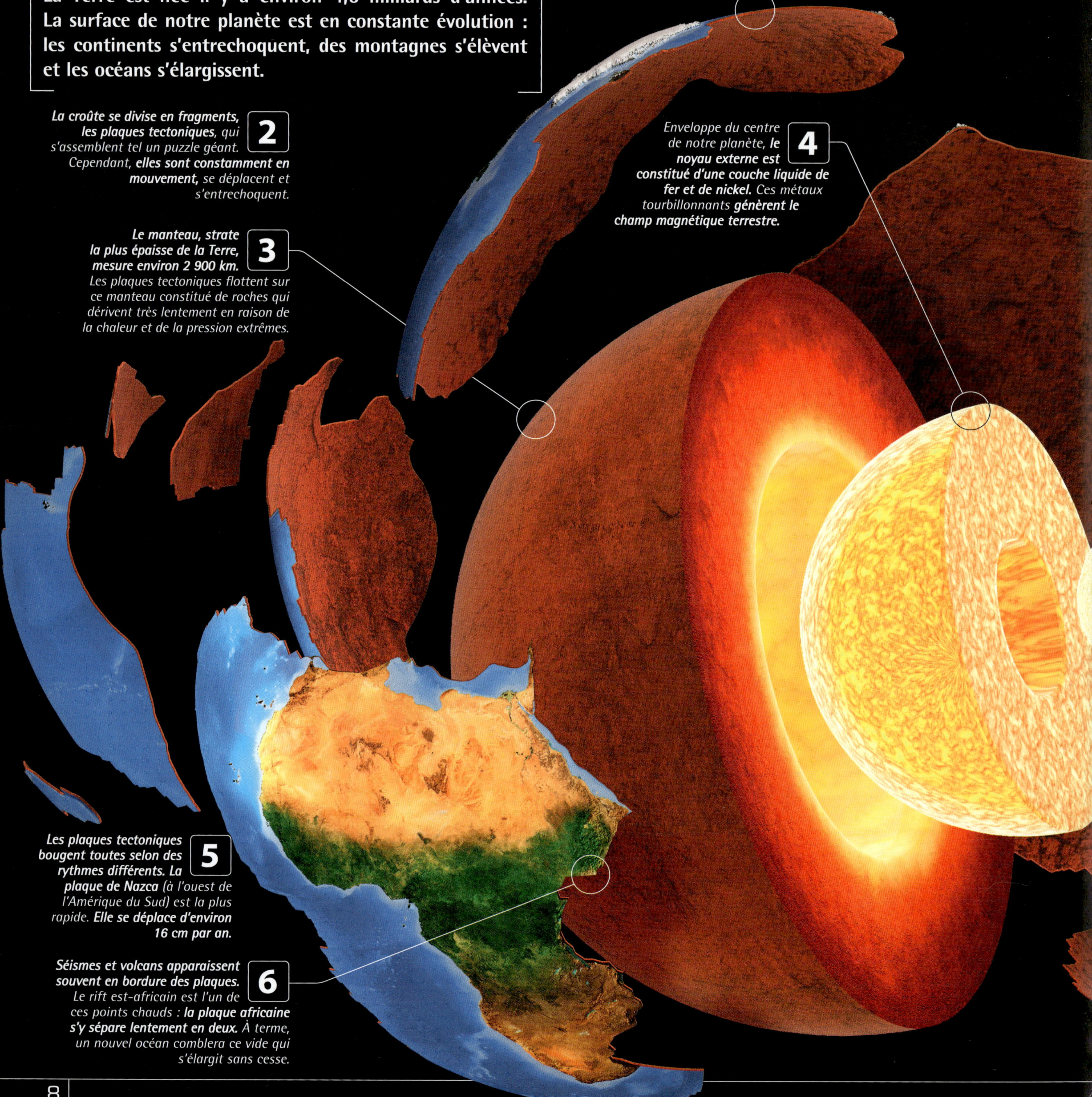

1 *Le sol peut paraître ferme sous nos pieds, mais la couche externe rigide de la Terre, **la croûte terrestre, n'est par endroits épaisse que de quelques kilomètres.** Cette surface rocheuse ne représente que 1 % du volume total de la Terre.*

2 ***La croûte se divise en fragments, les plaques tectoniques,** qui s'assemblent tel un puzzle géant. Cependant, **elles sont constamment en mouvement,** se déplacent et s'entrechoquent.*

3 ***Le manteau, strate la plus épaisse de la Terre, mesure environ 2 900 km.** Les plaques tectoniques flottent sur ce manteau constitué de roches qui dérivent très lentement en raison de la chaleur et de la pression extrêmes.*

4 *Enveloppe du centre de notre planète, **le noyau externe est constitué d'une couche liquide de fer et de nickel.** Ces métaux tourbillonnants **génèrent le champ magnétique terrestre.***

5 ***Les plaques tectoniques bougent toutes selon des rythmes différents. La plaque de Nazca** (à l'ouest de l'Amérique du Sud) est la plus rapide. **Elle se déplace d'environ 16 cm par an.***

6 ***Séismes et volcans apparaissent souvent en bordure des plaques.** Le rift est-africain est l'un de ces points chauds : **la plaque africaine s'y sépare lentement en deux.** À terme, un nouvel océan comblera ce vide qui s'élargit sans cesse.*

7 ***Les continents étaient jadis réunis*** *en une seule masse terrestre appelée la Pangée. Les scientifiques prédisent que les continents* ***s'agrégeront de nouveau dans environ 250 millions d'années.***

8 *Toutes les planètes du Système solaire portent le nom d'un dieu grec ou romain.* ***Apparu vers l'an 980, le mot «Terre» nous vient du latin «Terra», qui désigne la déesse romaine de la terre, du sol.***

9 ***Le noyau interne*** *est principalement constitué de fer.* ***À 5 000-6 000 °C, il est aussi bouillonnant que le Soleil.*** *La pression au centre de la Terre est telle que, malgré cette chaleur, le noyau interne reste à l'état solide.*

10 *Si l'on pouvait creuser un tunnel* ***traversant la Terre de part en part, il serait long de 12 756 km.*** *En réalité, le tunnel le plus profond jamais creusé, le forage de Kola en Russie, ne mesure que 12 km de profondeur.*

11 ***La plus longue chaîne montagneuse au monde – la dorsale médio-atlantique – se cache au fond de l'océan.*** *Sa formation est due à des plaques se détachant les unes des autres – laissant s'échapper du manteau le magma qui se fige en pics rigides.*

12 *Oubliés la chaleur et le sable :* ***le plus vaste désert du monde, c'est l'Antarctique !*** *Certaines de ces zones reçoivent moins de 51 mm de précipitations par an, alors que sa calotte glaciaire renferme 90 % des réserves d'eau douce de la Terre.*

13 ***La Terre tourne constamment sur son axe,*** *il lui faut 24 heures pour faire une rotation sur elle-même par rapport au Soleil. Si l'on se tient immobile au niveau de l'équateur, on tourne autour du centre de la Terre à près de 1 600 km/h.*

L'INFO EN PLUS ***La Terre n'est pas plate, mais pas tout à fait ronde non plus.*** *C'est un sphéroïde aplati aux pôles – telle une balle écrasée renflée au niveau de son centre. La distance entre le centre de la Terre et le niveau de la mer est plus longue de 21 km à l'équateur qu'aux pôles.*

MERVEILLE DE FRUITS

Souvent, les fruits ont une chair savoureuse, qui donne envie de les manger. Or tous ne sont pas sucrés et certains ne sont même pas charnus. Le fruit est la partie qui porte les graines d'une plante et il se forme à partir de l'ovaire de sa fleur.

1 ***La framboise n'est pas une baie mais plutôt un agrégat de fruits*** *– dont la croissance s'effectue à partir d'une fleur à ovaires multiples. Un fruit véritable se forme à partir d'un seul ovaire ; c'est le cas des bananes, tomates, oranges…*

2 ***Les premières pastèques sont cultivées en Afrique il y a 5 000 ans.*** *Très tôt appréciées pour leur haute teneur en eau, elles sont représentées dans les hiéroglyphes égyptiens. On en a même trouvé des* ***graines dans le tombeau de Toutankhamon.***

3 ***Les fruits à coques forment une famille de fruits.*** *Au lieu d'avoir une chair molle, la noix se compose d'une enveloppe rigide renfermant une grosse graine comestible.*

4 ***Le durian est connu comme le fruit le plus nauséabond du monde.*** *On compare souvent son odeur pestilentielle à celle de l'oignon, du fromage ou des chaussettes sales.*

5 *Également appelé «pitaya»,* ***le fruit du dragon a une apparence étonnante mais une saveur fade.*** *Il s'agit du fruit d'un cactus à floraison nocturne cultivé en Asie et en Amérique centrale.*

6 ***La pomme et la poire sont de faux fruits*** *– leur chair se développe à partir de la base de la fleur et non de son ovaire. Leur vrai «fruit» est l'enveloppe qui entoure leurs pépins, que la plupart des gens ne consomment pas.*

7 ***À l'état sauvage, la banane est pleine de graines amères non comestibles.*** *La variété jaune vif que l'on achète en supermarché a été* ***mise au point pour supprimer ces graines****. Chaque fruit est un clone sans pépins, génétiquement identique à tous les autres.*

8 ***Un plant d'ananas ne produit qu'un seul fruit tous les 2-3 ans.*** *L'ananas est un fruit multiple formé avec près de 200 fleurs en forme d'écailles agrégées.*

Formation du fruit

Le fruit fait partie du cycle de vie des plantes à fleurs. Quand le pollen des organes mâles d'une fleur atterrit sur les organes femelles d'une autre fleur, celle-ci est fécondée et une graine se forme dans l'ovaire. La paroi ovarienne enfle pour protéger la graine fécondée et former le fruit. Dans un fruit charnu simple, telle la pêche ci-dessous, la peau, la chair et la cosse se forment à partir de la paroi ovarienne gonflée.

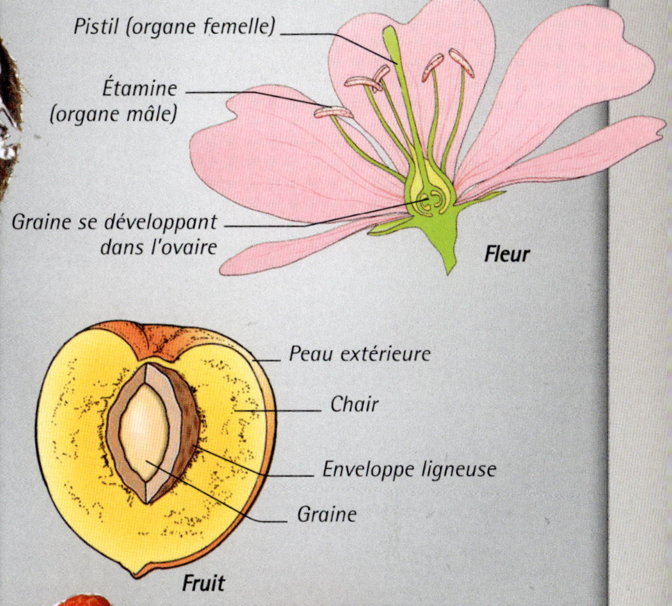

9 ***On croyait autrefois la tomate toxique,*** *peut-être à cause de sa ressemblance avec la belladone. De nos jours, on produit plus de 100 millions de tonnes de tomates par an pour nous nourrir.*

10 *La noix de coco est un fruit, mais sa chair blanche fait partie de la graine.* ***On dit que les chutes de noix de coco causeraient 150 décès par an.*** *Un chiffre non vérifié, mais de nombreuses plages tropicales ont été débarrassées de leurs cocotiers, au cas où.*

11 *Originaire d'Australie,* ***le hala est constitué de sections fibreuses appelées clés.*** *La partie supérieure de chaque clé est dure et ligneuse, mais la partie inférieure charnue peut se consommer crue ou cuite.*

12 *Tous les fruits ne sont pas sucrés.* ***Concombres,*** *aubergines, courgettes, poivrons, pois et haricots sont des* ***fruits souvent pris pour des légumes.***

13 ***La grenade aurait des propriétés anti-âge.*** *Elle sécrète une substance appelée urolithine-A, qui favorise la régénération des cellules. Les études montrent que des* ***vers nourris avec cette molécule vivent deux fois plus longtemps que leurs congénères.***

L'INFO EN PLUS *La consommation de pépins de pomme est-elle toxique ? Certes,* ***ils contiennent de l'amygdaline, un produit chimique qui libère du cyanure.*** *Mais il faudrait en manger des centaines, finement broyés, avant d'atteindre une dose dangereuse.*

VOITURES DE RÊVE

L'invention de l'automobile a changé le monde. Les voitures modernes ont beaucoup évolué depuis les premiers véhicules sans chevaux. Plus rapides que jamais, ces machines se passeront bientôt de conducteur.

1 ***Il y a plus d'un milliard d'autos dans le monde – 1 pour 7 habitants.*** *On produit environ 165 000 voitures neuves chaque jour, soit 60 millions par an.*

2 ***Au XVIIIe siècle, des inventeurs tentèrent de créer des voitures à vapeur.*** *Ce fut un échec. Constitués d'énormes chaudières nécessitant le transport de grosses quantités de charbon et d'eau, ces véhicules étaient encombrants et lents.*

3 ***Inventé dans la seconde moitié du XIXe siècle, le moteur à combustion interne a ouvert la voie à l'automobile moderne.*** *Il est alimenté à l'essence ou au diesel, ce qui génère environ 100 micro-explosions par seconde à l'intérieur de cylindres métalliques. Ce sont ces pistons qui transmettent la puissance de traction aux roues.*

4 *La* ***première voiture moderne mise en vente publique fut construite en 1885 par l'ingénieur allemand Karl Benz.*** *Cette Motorwagen légère possédait trois roues, pas de toit, et une vitesse maximale de 16 km/h. Un cheval au trot pouvait la dépasser.*

5 *Il y a plus de 200 matériaux dans un pneu classique.* ***Au naturel, la couleur du caoutchouc est blanche,*** *mais l'ajout d'une charge de carbone, conçue pour augmenter la résistance et la durabilité, donne aux pneus leur couleur sombre.*

L'INFO EN PLUS *Conduire sous l'eau, ça n'est pas qu'au cinéma ! La voiture sous-marine existe vraiment : **la première fut mise au point en 2008** – propulsée par deux hélices jumelées. Mais en raison de sa conception à toit ouvert, un équipement de plongée sous-marine est nécessaire pour la conduire.*

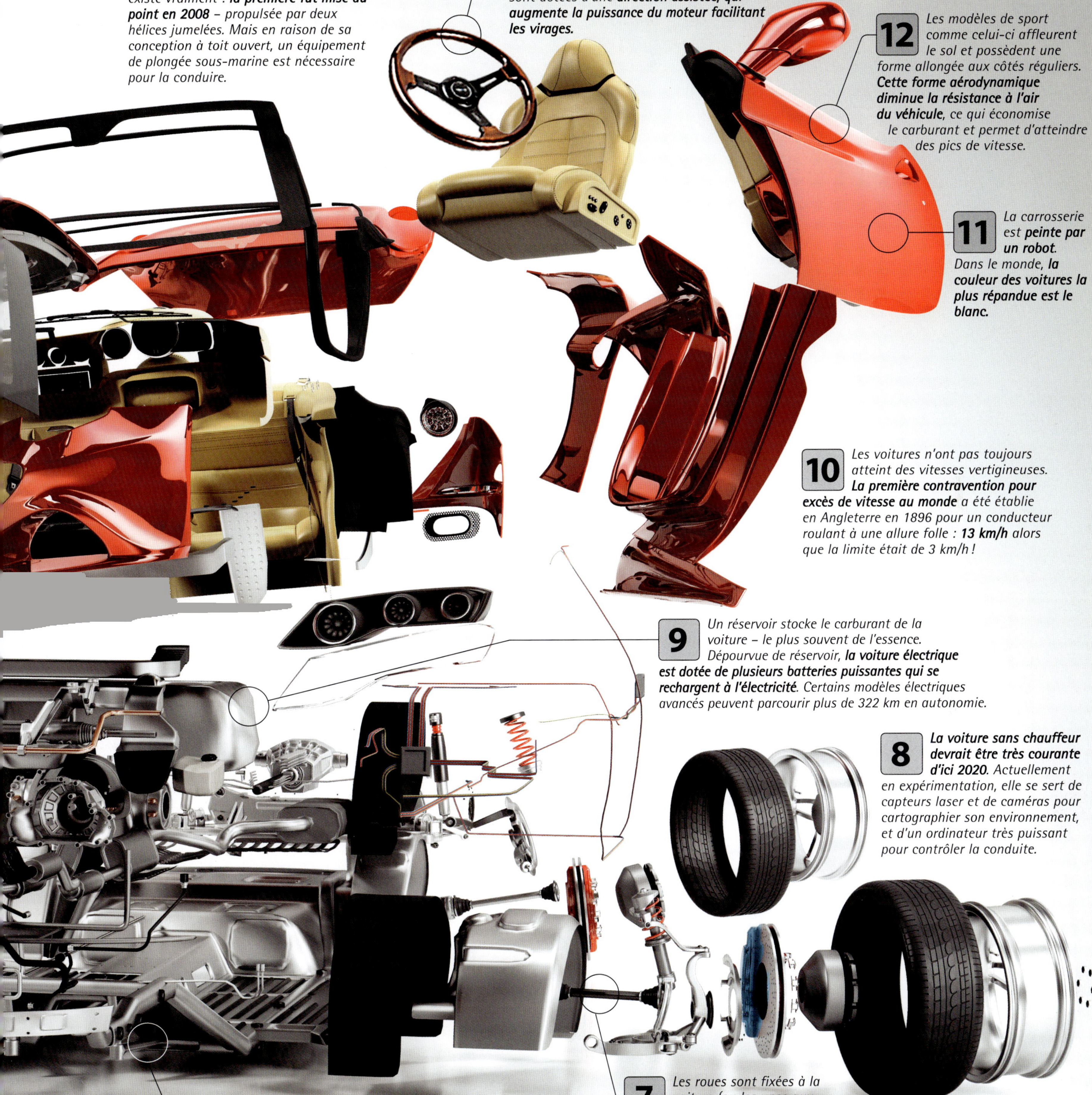

6 *Le **châssis en acier forme l'ossature de base** qui suit le bas de caisse de l'auto. En moyenne, une voiture est constituée de plus de **1 090 kg d'acier.***

7 *Les roues sont fixées à la voiture (ou les unes aux autres) à l'aide d'une tige de métal appelée essieu. Ici, l'essieu arrière reçoit la puissance du moteur. **Les premiers assemblages de roues et d'essieu remontent aux chars à chevaux – dès 3500 av. J.-C.***

8 ***La voiture sans chauffeur devrait être très courante d'ici 2020.** Actuellement en expérimentation, elle se sert de capteurs laser et de caméras pour cartographier son environnement, et d'un ordinateur très puissant pour contrôler la conduite.*

9 *Un réservoir stocke le carburant de la voiture – le plus souvent de l'essence. Dépourvue de réservoir, **la voiture électrique est dotée de plusieurs batteries puissantes qui se rechargent à l'électricité**. Certains modèles électriques avancés peuvent parcourir plus de 322 km en autonomie.*

10 *Les voitures n'ont pas toujours atteint des vitesses vertigineuses. **La première contravention pour excès de vitesse au monde** a été établie en Angleterre en 1896 pour un conducteur roulant à une allure folle : **13 km/h** alors que la limite était de 3 km/h !*

11 *La carrosserie **est peinte par un robot**. Dans le monde, **la couleur des voitures la plus répandue est le blanc.***

12 *Les modèles de sport comme celui-ci affleurent le sol et possèdent une forme allongée aux côtés réguliers. **Cette forme aérodynamique diminue la résistance à l'air du véhicule**, ce qui économise le carburant et permet d'atteindre des pics de vitesse.*

13 ***Le volant est relié aux roues avant de l'auto, ce qui permet de gérer la direction.** De nombreuses voitures sont dotées d'une **direction assistée, qui augmente la puissance du moteur facilitant les virages.***

DANS LES GRIFFES DU TIGRE

De tous les félins, le tigre est le plus imposant : il ne se nourrit que de viande et doit en manger en grandes quantités. Il traque de grosses proies, utilisant sa force redoutable pour traîner sa victime au sol, puis la tuer d'une seule morsure.

1 *Il existe 6 sous-espèces de tigres. Le **tigre du Bengale,** présenté ici, **est le plus commun** et vit dans les forêts et mangroves de l'Inde et du Bangladesh. Aujourd'hui, **il ne reste plus que 4 000 tigres dans la nature,** dont environ 2 500 tigres du Bengale.*

2 *La plupart des félidés évitent l'eau, mais **les tigres savent bien nager** et fréquentent les points d'eau et autres ruisseaux pour s'y baigner.*

3 *La peau d'un tigre est rayée comme sa fourrure. Si on tondait un tigre, il garderait ses rayures. Celles-ci s'apparentent aux empreintes digitales humaines : chaque tigre possède ses rayures propres.*

4 *Le **mot « tigre » vient du persan et signifie « flèche »**, en référence à la rapidité phénoménale de l'animal. Un tigre peut courir jusqu'à 65 km/h en démarrage brutal.*

5 ***Pesant jusqu'à 300 kg** – l'équivalent de 4 hommes adultes –, le tigre surpasse la plupart de ses cousins félins. Presque aussi lourd, le lion est moins musclé.*

6 *Le tigre chasse en rampant vers sa proie avant de se jeter sur elle par l'arrière. **Déployant ses pattes avant musclées, le tigre utilise ses griffes pour traîner sa proie.** Assez costaud pour attaquer des animaux pesant jusqu'à six fois son poids, il est aussi agile et parcourt jusqu'à 10 m en un seul bond.*

7 ***Ses pattes douces et ses coussinets permettent au tigre de traquer silencieusement sa proie.** Leur force de frappe est telle qu'elles fracassent le crâne de sa victime en un seul coup.*

Famille des félins

Elle se divise en 2 groupes. Les tigres (y compris lions, jaguars, léopards) appartiennent aux panthérinés. Tous les autres félidés, du chat domestique au guépard, sont des non-panthérinés. Tous possèdent un crâne de forme similaire, court et arrondi, conçu pour accentuer la force de leur mâchoire. La mâchoire inférieure est mobile de haut en bas, mais pas latéralement. Les panthérinés possèdent des plis vocaux plus charnus qui leur permettent de rugir.

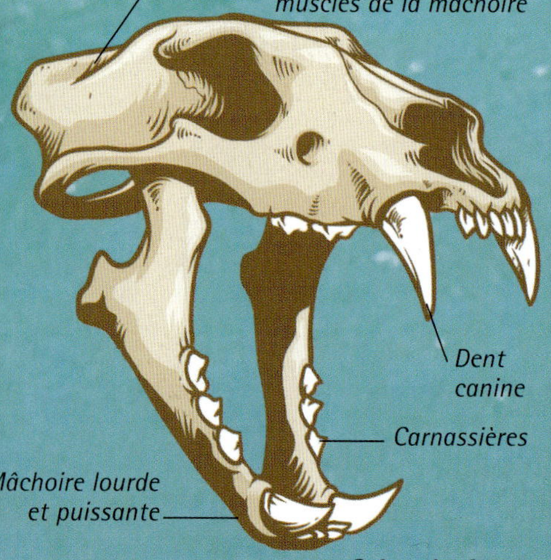

Crâne de tigre

9 ***Sa fourrure orange et ses rayures foncées lui servent de camouflage*** *dans l'herbe haute. On voit parfois des tigres blancs dans certains zoos, mais ils sont très rares.*

10 ***Ses yeux sont jaune ambré.*** *Il a une couche réfléchissante au fond de l'œil pour améliorer sa vue en cas de faible luminosité. Sa vision nocturne* ***est six fois supérieure à celle d'un humain.***

11 *Les gens qui travaillent auprès des tigres* ***portent parfois des masques à l'arrière de leur tête.*** *On pense que cela dissuade le fauve d'attaquer car, chassant à la dérobée,* ***il n'attaque pas une proie dont il pense qu'elle peut le voir.***

12 ***Le tigre se repère et perçoit ses proies dans l'obscurité grâce à ses moustaches très sensibles.*** *Elles peuvent même l'aider à choisir à quel endroit mordre, et à sentir si le pouls de sa victime s'est arrêté ou non.*

13 ***Les griffes du tigre sont faites de la même substance que la kératine des ongles humains.*** *Comme tous les félins à l'exception du guépard, le tigre rétracte complètement ses griffes dans les fourreaux de ses pattes pour les garder bien affûtées.*

8 ***Les canines immenses du tigre sont les plus longues de tous les félins,*** *mesurant jusqu'à 7,5 cm. Leur morsure est mortelle. Ses dents carnassières brisent os et tendons, tandis que* ***sa langue râpeuse détache la viande des os.***

L'INFO EN PLUS

Le mot ligre semble désigner un animal imaginaire, *mais ce croisement entre un lion mâle et une tigresse existe. Les grands félins en captivité s'accouplent parfois entre eux, mais* ***les ligres sont de santé fragile et incapables de se reproduire. Ils n'existent pas à l'état naturel.***

SUPER CHAMPIGNONS

Sans champignons, il n'y aurait pas de vie sur Terre. Riches d'environ 100 000 espèces, ces organismes jouent un rôle vital dans le recyclage des matières animales et végétales, mais peuvent aussi être des parasites mortels.

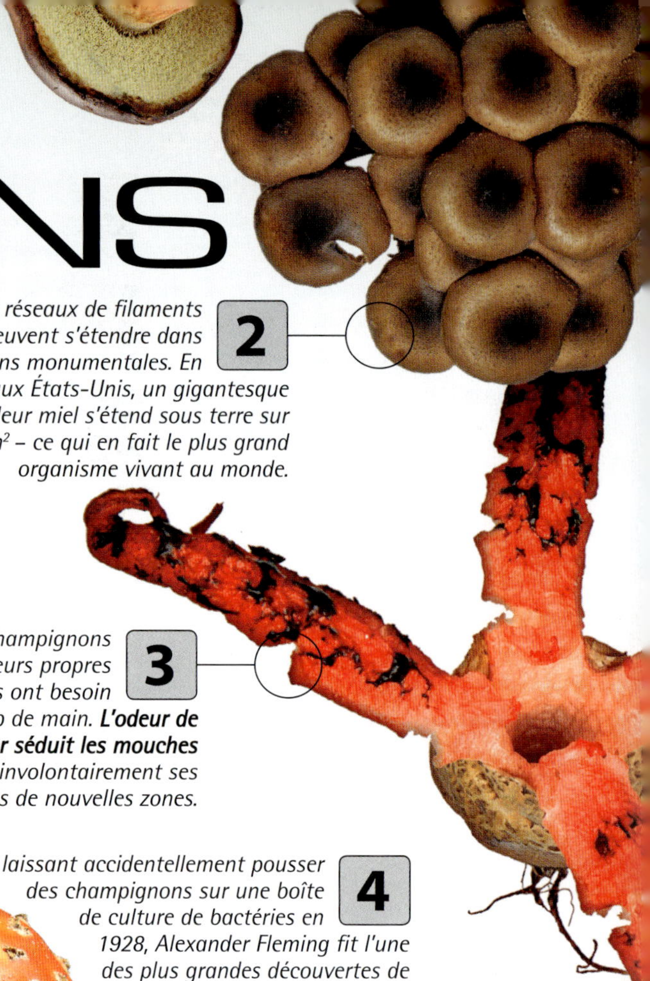

2 *Les réseaux de filaments fongiques peuvent s'étendre dans des proportions monumentales. En Oregon, aux États-Unis, un gigantesque armillaire couleur miel s'étend sous terre sur 9,7 km² – ce qui en fait le plus grand organisme vivant au monde.*

1 *Le mycélium est un* ***enchevêtrement microscopique de filaments qui se propagent dans le bois et le sol*** *sans forme distincte. Un seul gramme de terre peut contenir 100 m de ces minuscules fils. Les champignons sont les « organes fructifères » du mycélium – ils libèrent des spores pour pouvoir se reproduire.*

3 *Certains champignons propagent leurs propres spores, d'autres ont besoin d'un petit coup de main.* ***L'odeur de l'anthurus d'Archer séduit les mouches*** *qui répandent involontairement ses spores dans de nouvelles zones.*

4 *En laissant accidentellement pousser des champignons sur une boîte de culture de bactéries en 1928, Alexander Fleming fit l'une des plus grandes découvertes de tous les temps :* ***la pénicilline, qui devint le premier antibiotique*** *et sauva de nombreuses vies.*

5 ***La truffe*** *est considérée comme un mets d'exception. Poussant sous terre, elle est dénichée par les nez sensibles de certains cochons et chiens.* ***La truffe blanche, la plus chère, vaut jusqu'à 3 000 € le kilo.***

6 ***Les champignons se nourrissent en s'installant dans leur nourriture.*** *Leurs filaments transpercent les matières animales et végétales, dans lesquelles ils libèrent des substances qui décomposent les éléments nutritifs à absorber.*

Cèpe

7 *L'un des champignons les plus connus,* ***l'amanite tue-mouches, nous met en garde contre sa nature toxique par son chapeau rouge vif et blanc.*** *Dans le folklore, ce champignon était souvent associé aux fées.*

8 *Vous croyez que le guépard est un bon sprinter?* ***Le minuscule pilobolus est encore plus rapide.*** *Pour libérer ses spores, ce champignon lance un « boulet de canon » (une capsule de spores), à une vitesse* ***deux fois supérieure à celle d'une balle de fusil.***

Son cycle de vie

Quand il est prêt à se reproduire, il fabrique des spores dans un tissu situé sous son chapeau, et les libère dans l'air. Ces spores doivent atterrir sur le sol ou sur une plante, avant de pouvoir germer. Elles commencent alors à pousser, produisant un réseau de filaments souterrains appelé mycélium. Ces fils finissent par se répandre vers la surface et forment un nouveau champignon, perpétuant le cycle de la vie.

9 *L'hélotie* ***bleu-vert*** *possède l'un des pigments les plus vifs de tous les champignons.* ***Sa couleur bleu-vert éclatante tache également le bois des arbres dans lesquels il vit.*** *On utilise parfois ce bois coloré pour fabriquer des meubles.*

10 *Les champignons ne vivent pas tous à l'air libre. Certains sont aussi dans nos maisons.* ***L'oreiller que l'on utilise la nuit contient jusqu'à un million de spores fongiques !***

11 *La plupart des spores fongiques sont invisibles à l'œil nu. Cependant,* ***la vesse-de-loup géante*** *– un champignon pouvant atteindre la taille d'un ballon de football –* ***peut larguer jusqu'à 7 billions de spores dans l'air dans un épais nuage.***

12 ***La levure qui donne au pain sa texture légère et moelleuse est une variété de champignon.*** *En fabriquant sa nourriture, la levure libère du dioxyde de carbone, qui fait lever le pain à la cuisson.*

Morille

13 ***La moisissure veloutée sur un fruit est une sorte de champignon*** *– mais pas de ceux que tu aimerais manger. Certaines sont comestibles :* ***les moisissures bleutées sur certains fromages sont des champignons*** *de la famille de la pénicilline.*

Trémelle mésentérique

L'INFO EN PLUS **Beaucoup de gens considèrent les champignons comme des légumes.** Ils appartiennent pourtant à un royaume du vivant bien à eux. **Biologiquement, les champignons sont plus proches de la faune que de la flore.**

Chanterelle

L'UNIVERS… EN THÉORIES !

La physique s'interroge sur certains phénomènes, sur Terre et dans l'Univers. Les physiciens ont apporté des réponses extraordinaires et ont échafaudé des théories et des concepts qui nous éclairent sur le monde !

1 ***L'un des premiers grands théoriciens de l'Univers fut Galilée, un Italien.*** *Mais sa conception révolutionnaire a été mal perçue, en particulier par l'Église. À son époque, on considérait que la Terre était au centre du monde.* ***Quand il écrivit en 1632 qu'en réalité la Terre tournait autour du Soleil, il fut condamné.***

2 *Né en 1642, le génie anglais* ***Isaac Newton compris qu'il existait dans l'Univers des forces invisibles (la gravitation), qui repoussent et attirent les objets.*** *Il fut le premier à décrire comment les forces interagissent dans son livre sur les Lois du mouvement. On doit à Newton de nombreuses autres découvertes et inventions, dont la chatière !*

3 *Tout corps est composé* ***de milliards de milliards d'atomes, de plusieurs sortes.*** *Un demi-million d'atomes alignés sont épais comme un cheveu. Des siècles durant, les savants ont cru les atomes indivisibles, formant la plus petite unité de matière possible.*

4 *Nous savons à présent que les* ***atomes sont composés de particules minuscules appelées protons, neutrons et électrons.*** *Les protons et les neutrons s'agglutinent au centre de l'atome pour former le noyau, et les électrons circulent autour de lui. La majeure partie d'un atome se compose de vide.* ***Un atome de la taille de la Terre aurait un noyau grand comme un stade de football.***

5 ***Les protons et les neutrons à l'intérieur du noyau sont constitués de particules encore plus petites, appelées quarks.*** *Parmi les particules élémentaires, le quark se décline en 6 saveurs différentes :* haut, bas, dessus, dessous, étrange *et* charme. ***À l'échelle de l'infiniment petit, la physique classique ne s'applique plus : c'est la physique quantique.***

6 *Le père de la physique quantique, l'Allemand* ***Max Planck a flirté avec les limites de l'infiniment petit.*** *Il a recherché la plus petite unité de longueur possible, au-delà de laquelle toute division était impossible. Il l'a alors baptisée longueur de Planck. Il a ensuite calculé le* ***temps de Planck, divisant la seconde jusqu'à sa plus petite unité de mesure.***

7 ***Le physicien britannique Peter Higgs a une particule à son nom.*** *Avec d'autres chercheurs, il était convaincu de l'existence d'une particule inconnue qui confère leur masse à d'autres particules. En 2012, des expériences dans le Grand collisionneur de hadrons, un accélérateur de particules, ont révélé* ***une nouvelle particule, baptisée boson de Higgs.***

8 La lumière est un autre mystère de la physique. **C'est le phénomène le plus rapide de l'Univers, et elle ne pèse rien.** On la voit tout le temps, mais on ne sait pas de quoi elle est faite. **Parfois, elle ondule comme une vague, d'autres fois, elle agit comme des particules.** Elle résiste encore aux plus grands cerveaux de la physique.

9 La physique, c'est l'étude de la matière et de l'énergie créées **lors du big bang il y a environ 13,8 milliards d'années.** Au fur et à mesure que la matière se dilatait et se refroidissait, des éléments se sont formés et agglomérés pour générer des étoiles, des planètes, la vie sur Terre et, au final... l'humain ! Car **les éléments nécessaires à la vie sont faits de poussière d'étoiles.**

10 L'étude de l'Univers a révélé un phénomène étrange. Les chercheurs pensent qu'il existe une grande quantité de choses inconnues dans l'espace entre les étoiles **– jusqu'à 95 % de l'Univers serait constitué de cette matière et de cette énergie noires.** Il ne reste plus qu'à les trouver !

11 Génie parmi les génies, Albert Einstein (1879-1955) a émis des théories renversantes : **le temps peut ralentir, l'espace-temps est courbé, la gravité est une distorsion de l'espace et du temps, rien n'est fixe sinon la vitesse de la lumière...** Ces idées illustrent bien l'étendue de la physique théorique. Quand il ne réfléchissait pas, Einstein aimait jouer du violon.

12 **Einstein s'est illustré par sa théorie de la relativité restreinte,** qui explique comment la masse devient énergie, et qui se décrit par l'**équation** $E = mc^2$. C'est-à-dire que l'énergie (E) est égale à la masse (m) multipliée par la vitesse de la lumière au carré (c^2). Cela explique pourquoi une masse infime d'une substance comme l'uranium peut produire une gigantesque quantité d'énergie, voire une bombe nucléaire.

13 Mises en pratique, les théories physiques sont souvent plus faciles à comprendre. En 1961, par exemple, l'astronaute russe **Youri Gagarine est devenu le premier homme à échapper aux forces de la gravité terrestre et à voyager dans l'espace.** À plus de 27 000 km/h, il a passé 108 minutes en orbite autour de la Terre. Gagarine n'avait rien dit à sa mère – elle n'apprit son exploit qu'au journal télévisé !

L'INFO EN PLUS Si le professeur annonce qu'il y a eu un **saut quantique** dans les notes de sciences, vous pouvez vous attendre à un 10 sur 10. Cela signifie qu'il compare vos progrès **au bond que fait un électron quand il passe d'un atome à l'autre. Et à cette échelle, c'est énorme !**

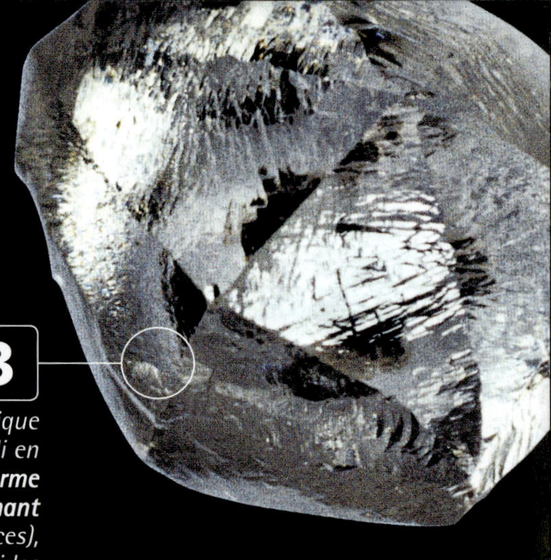

1 ***Le diamant se forme dans les profondeurs de la Terre – à 200 km à l'intérieur du manteau,*** *où le carbone se cristallise sous une chaleur et une pression intenses. L'activité volcanique rapproche de la surface les diamants enfouis. On pense que la plupart des diamants existants datent d'entre 1 et 3 milliards d'années.*

2 ***On trouve la majorité des diamants dans la kimberlite,*** *une roche volcanique baptisée d'après la ville minière de Kimberley, en Afrique du Sud.* ***On extrait environ 26 000 kg de diamants par an dans le monde*** *: l'équivalent de plus de 9 camions bondés.*

3 ***À l'extraction, le diamant n'est qu'un caillou brut,*** *qui ne prend son éclat caractéristique qu'après avoir été taillé, poli en pierre précieuse.* ***La forme la plus courante d'un diamant brut est l'octaèdre*** *(8 faces), semblable à 2 pyramides à base carrée mises dos à dos.*

4 *Certains diamants se détachent naturellement de la roche* ***et leur forme se peaufine sous l'effet de l'eau et de l'érosion.*** *On retrouve ces diamants «alluviaux» sur les littoraux.* ***Une région de la côte ouest-africaine est baptisée côte de diamant,*** *du fait des nombreux joyaux qui s'échouent sur ses plages.*

DIAMANTS ÉTERNELS

Le diamant, du grec *adamas* – «indestructible» – est le minéral le plus dur sur Terre. Formé à partir de carbone pur, sa résistance est extraordinaire et son éclat éblouissant. C'est la pierre précieuse la plus recherchée de notre planète.

5 *À environ 50 années-lumière de nous, dans la constellation du Centaure, se trouve le plus gros diamant connu de notre galaxie.* ***L'étoile morte BPM 37093, faite de carbone cristallisé, est un diamant d'environ 10 milliards de trillions de trillions de carats !***

6 ***Seulement 20 % des diamants extraits sont de qualité gemme.*** *Les autres sont d'un usage beaucoup plus pratique – ils tapissent le bord d'outils industriels puissants comme les perceuses, les fraises à métaux et les meules.*

7 *En 2017, le diamant rose Pink Star est devenu* ***le diamant le plus cher jamais vendu aux enchères, près de 67 millions d'euros.***

8 *Le blanc est la couleur la plus associée aux diamants.* ***En réalité, leur gamme de couleurs est très étendue et, au naturel, la plupart sont bruns.*** *Ces différentes teintes sont le résultat d'impuretés chimiques – les traces d'azote donnent un aspect jaune au diamant, tandis que le bore le rend bleu.*

9 *L'éclat caractéristique d'un diamant est provoqué par la lumière qui passe à travers la gemme, rebondissant sur ses nombreuses faces plates et* ***se scindant en toutes les couleurs de l'arc-en-ciel,*** *grâce à la structure très dense du cristal de diamant.*

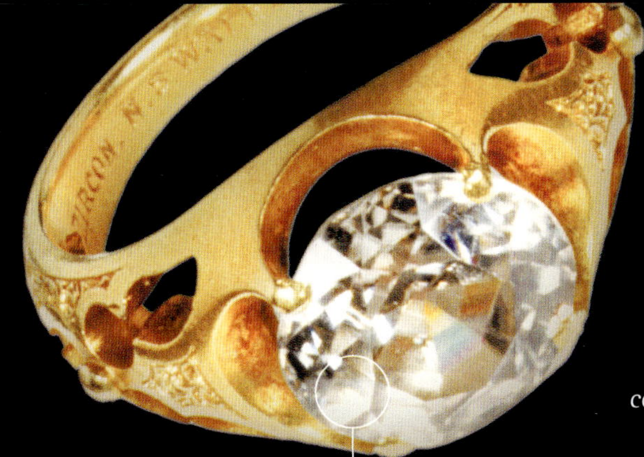

10 **La première bague de fiançailles en diamant remonte à 1477,** lorsque l'archiduc Maximilien d'Autriche en offrit une à Marie de Bourgogne. Cette tradition a vraiment pris son essor en 1947, avec **la création du slogan publicitaire « Un diamant est éternel » par la société De Beers.**

11 ***Le diamant bleu Hope est connu pour sa prétendue malédiction.*** *Selon la légende, cette pierre de la taille d'une noix a été volée sur une statuette religieuse en Inde,* ***condamnant ses futurs propriétaires à un destin tragique – allant de la faillite à l'exécution.***

12 *Ce qui a pris des milliards d'années à la nature peut maintenant être reproduit en quelques jours en laboratoire. À l'aide de températures élevées et d'une pression extrême,* ***les scientifiques savent créer des diamants synthétiques quasi impossibles à distinguer des diamants authentiques.***

13 ***Le Cullinan fut le plus gros diamant de qualité gemme jamais trouvé.*** *De la taille d'une pomme de terre, il a été découpé en 9 morceaux et plus de 100 petits fragments. Les deux plus grands font partie des joyaux de la Couronne britannique.*

Molécules de carbone

Le diamant est le plus dur de tous les minéraux connus, bien qu'il soit fait de la même substance que l'un des minéraux les plus tendres. En effet, les atomes de carbone composant le diamant peuvent aussi donner du graphite (la mine de crayon). Les propriétés des deux matériaux s'opposent à cause de la façon dont leurs atomes sont assemblés.

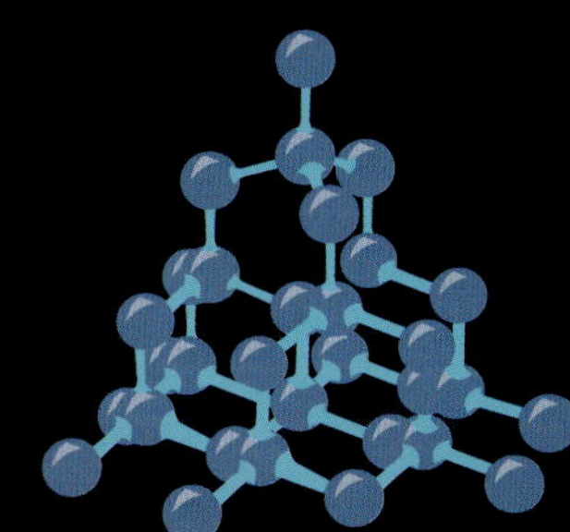

Dans le diamant, chaque atome de carbone est relié à 4 autres atomes disposés en un réseau de pyramides.

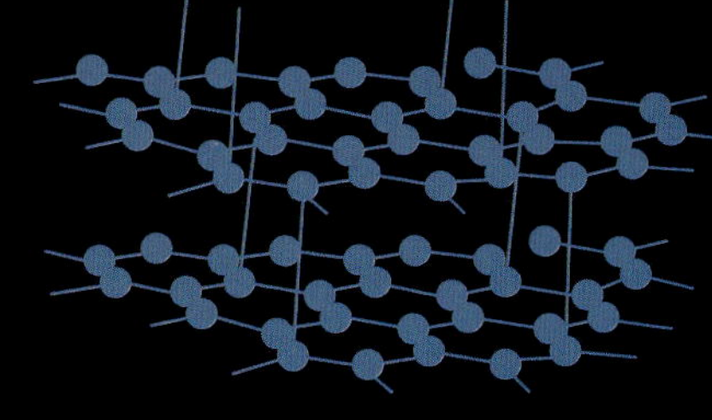

Dans le graphite, les atomes de carbone sont reliés à 3 autres atomes et forment des couches qui glissent les unes sur les autres.

L'INFO EN PLUS *On pourrait penser que le diamant est rare, tellement il est cher.* ***En réalité, c'est la plus abondante des pierres précieuses.*** *Les grandes sociétés diamantaires en limitent l'offre sur le marché, créant une rareté qui augmente sa valeur.*

1 ***La première machine à vapeur opérationnelle fut mise au point en 1698.*** *Après de nombreuses améliorations (notamment par l'ingénieur écossais James Watt), le Britannique Richard Trevithick* ***inventa la locomotive à vapeur en 1804.*** *Lors de son premier voyage, elle tracta 5 wagons – transportant 9 tonnes de charbon et 70 voyageurs –* ***à une vitesse vertigineuse frôlant les 8 km/h !***

2 ***Il fallait jusqu'à 6 heures pour démarrer une locomotive à froid : remplir la chaudière d'eau, lancer le feu, chauffer l'eau*** *pour générer la vapeur qui actionnait les pistons, et enfin faire tourner les roues.*

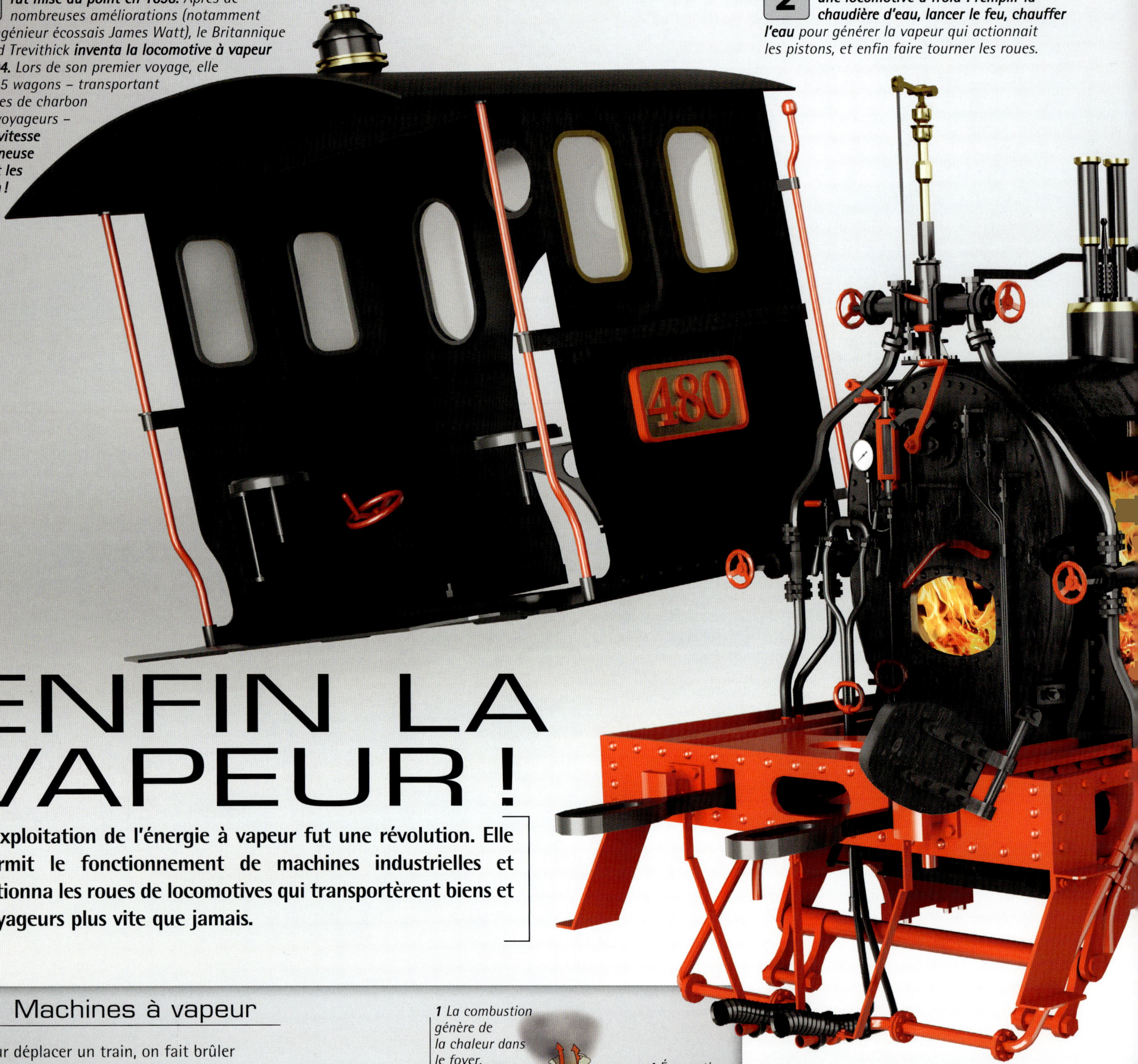

ENFIN LA VAPEUR !

L'exploitation de l'énergie à vapeur fut une révolution. Elle permit le fonctionnement de machines industrielles et actionna les roues de locomotives qui transportèrent biens et voyageurs plus vite que jamais.

Machines à vapeur

Pour déplacer un train, on fait brûler du carburant dans la chambre de combustion. L'air chaud ainsi créé passe dans la chaudière via des tubes. Une fois chauffés, ceux-ci transforment l'eau de l'intérieur de la chaudière en vapeur, qui circule le long d'un cylindre. La pression de la vapeur pousse un piston à l'intérieur du cylindre d'avant en arrière. Ce piston est relié à des tiges fixées aux roues : quand il déplace les tiges, les roues tournent.

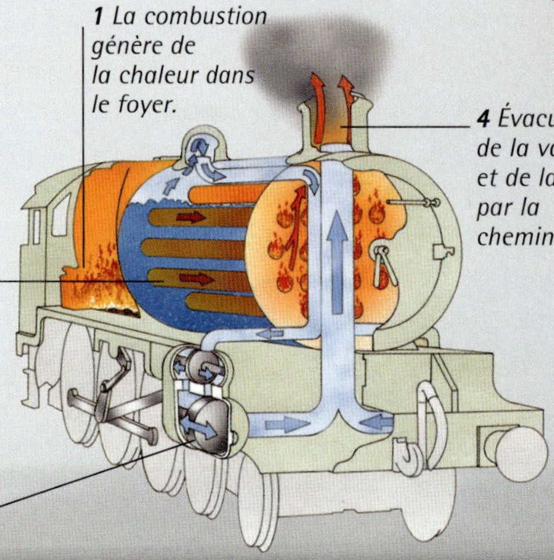

13 ***Le train n'était pas le seul véhicule à vapeur. La voiture à vapeur est apparue pour la première fois en 1769,*** *mais fut supplantée par le moteur à essence. De même, en 1852 le premier aéronef motorisé était un dirigeable à vapeur, mais l'aviation à vapeur n'a jamais véritablement... décollé !*

L'INFO EN PLUS ***Avec l'essence et l'électricité, on pourrait croire que l'ère de la vapeur est révolue.*** *Or les centrales électriques l'utilisent toujours pour faire tourner leurs turbines et produire de l'électricité.*

3 Pour créer de la vapeur, la chambre de combustion brûlait **du combustible, généralement le moins cher et le plus facile à approvisionner** : charbon en Europe, et bois ou pétrole aux États-Unis. **La température à l'intérieur de la chambre de combustion pouvait atteindre 1 370 °C. Suffocant !**

4 Les vannes situées sur le dessus du dôme de la chaudière **libéraient un peu de vapeur pour l'empêcher d'exploser.** De tels accidents n'étaient pas rares. En 1912, **26 personnes ont été tuées et des bâtiments soufflés par l'explosion d'une locomotive** à San Antonio, aux États-Unis.

5 **La fumée de la chambre de combustion s'échappait par la cheminée** située sur le train. **Sa position empêchait la fumée d'entrer dans le champ de vision du conducteur,** mais elle devait aussi être suffisamment basse pour passer sous les ponts.

6 James Watt a inventé le terme « cheval-vapeur », comparant la puissance d'un moteur à celle d'un cheval de trait. **Les plus grosses locomotives – les Big Boys américaines – avaient une puissance de 6 300 chevaux** et pouvaient transporter 4 860 tonnes.

7 En plus d'augmenter la capacité de transport, **les moteurs ont aussi amélioré les temps de parcours.** En 1750, il fallait 3 jours pour aller de Londres à York en diligence. **En 1845, le voyage en train durait 10 heures. Aujourd'hui, 2 heures suffisent.**

8 Le chasse-bestiaux **repoussait les obstacles de la voie ferrée risquant de faire dérailler le train.** Le plus souvent, il s'agissait de branches d'arbres plutôt que de bovins.

9 À l'intérieur de la chaudière, l'eau enveloppait les tubes chauffés et se transformait en vapeur. **Les plus grosses chaudières contenaient environ 95 000 litres d'eau.**

10 Avant les chemins de fer, chaque ville avait son heure locale. **En 1847 au Royaume-Uni et en 1883 aux États-Unis, on mit en place les fuseaux horaires standards pour que les horaires des trains deviennent fiables.**

11 Quand les locomotives à vapeur sont apparues en Grande-Bretagne **au XIXe siècle, on craignait que leur vitesse ne cause des dommages au corps humain !**

12 William Huskisson possède le statut peu enviable d'être **la première personne tuée par un train.** Il a été percuté par la « Rocket », en 1830, lors de l'inauguration de la ligne Liverpool-Manchester.

CRÉATURES PRÉHISTORIQUES

Premiers organismes vivants, les minuscules microbes de l'océan originel ont, des millions d'années durant, évolué pour devenir des géants : dinosaures gigantesques, puissants prédateurs océaniques et robustes reptiles volants.

1 *La population de la Terre évolue sans cesse avec l'émergence de nouvelles espèces et l'extinction d'autres. Nous ne connaîtrons jamais la plupart de ces créatures :* ***plus de 99 % de toutes les espèces ayant jamais existé sont aujourd'hui disparues.***

2 *La vie sur Terre est apparue il y a environ 3,8 milliards d'années sous forme de micro-organismes unicellulaires. Les créatures plus complexes ne se sont développées que bien plus tard.* ***L'Opabinia à cinq yeux est apparu lors d'une période prolifique aux nouvelles espèces****, notamment d'animaux marins évolués,* ***il y a près de 500 millions d'années.***

3 *Il y a environ 350 millions d'années, nos ancêtres poissons ont peu à peu quitté la mer pour se muer en animaux terrestres.* ***Premiers vertébrés à 4 pattes, les amphibiens à corps long*** *arpentaient la terre d'un pas lourd.*

4 ***Les premiers dinosaures sont apparus il y a environ 230 millions d'années,*** *plus élégants et plus agiles que leurs ancêtres à 4 pattes. Le carnivore Eoraptor est l'un des plus anciens dinosaures. De toute petite taille, il pesait à peine le poids d'un petit enfant !*

5 ***Avec leur grande taille et leur long cou, les dinosaures sauropodes devinrent les plus grand animaux terrestres.*** *Mesurant plus de 6 m, l'Isanosaure, l'un des premiers sauropodes, n'était toutefois qu'un petit joueur comparé à ses descendants.*

6 Dans le monde préhistorique, ***les invertébrés atteignaient des tailles monstrueuses*** *: mille-pattes de la longueur d'un bus, libellules de la taille d'un corbeau...*

7 ***Certains dinosaures sont devenus des ptérosaures, les premiers vertébrés volants.*** *Le Rhamphorhynchus à longue queue possédait des dents en forme d'aiguille pour éperonner le poisson.*

8 *Tandis que les dinosaures régnaient sur le monde préhistorique,* ***les maîtres de la mer étaient d'énormes reptiles tel le Liopleurodon.*** *Aussi massif que le grand requin blanc d'aujourd'hui, le Liopleurodon possédait d'énormes mâchoires et 4 nageoires puissantes.*

9 ***De la taille d'une grive, le Confuciusornis fut l'un des tout premiers oiseaux.*** *Avec son bec sans dents et ses ailes d'oiseau moderne, il était toutefois doté de petites fantaisies : des doigts ornés de griffes sur ses ailes.*

10 *Les dinosaures ont peuplé la Terre pendant près de 150 millions d'années, jusqu'à ce qu'une pluie d'astéroïdes provoque leur extinction il y a 66 millions d'années.* ***Nous avons découvert des fossiles de 700 espèces.***

11 *Certaines créatures d'aujourd'hui sont considérées comme des « fossiles vivants » car elles ressemblent beaucoup à leurs ancêtres.* ***Le corps aplati des limules est resté quasi inchangé depuis 450 millions d'années.***

12 ***Des millions d'années durant, les mammifères sont restés minuscules, dans l'ombre des dinosaures.*** *À la disparition de ces géants, ces petites créatures à l'allure de rongeurs ont évolué pour se transformer en espèces nouvelles, plus robustes.*

13 *Après les dinosaures, les mammifères ont régné sur la Terre.* ***Ce Thylacosmilus à dents de sabre vivait*** *il y a 3 millions d'années.* ***Il ressemble à un félin, mais est en réalité parent avec les marsupiaux modernes.***

L'INFO EN PLUS *Ne te laisse pas berner par les films avec des humains côtoyant des dinosaures.* ***Les dinosaures s'étaient éteints depuis 66 millions d'années quand les premiers hominidés sont apparus il y a 200 000 ans.***

À VUE D'ŒIL

Nos yeux sont une fenêtre sur le monde. Ils envoient vers notre cerveau, à la vitesse de l'éclair, des images de tout ce que nous regardons. Le globe oculaire contient certaines des parties les plus complexes du corps humain.

9 ***La première greffe d'« œil bionique » au monde a été réalisée au Royaume-Uni en 2015.*** *Les chirurgiens ont implanté une petite électrode dans la rétine d'un patient. Combinée à une minuscule caméra vidéo, elle lui a en partie permis de recouvrer la vue.* ***Les chercheurs pourront bientôt soigner une rétine endommagée avec des cellules souches cultivées en laboratoire.***

1 ***Vos paupières clignent 10 000 fois par jour*** *et humidifient les globes oculaires grâce aux larmes, tandis que les cils les protègent de la poussière. Si un objet s'approche trop près du visage,* ***les yeux se ferment automatiquement en à peine deux cinquièmes de seconde.***

8 ***L'objet le plus éloigné visible de l'œil humain*** *sans équipement de grossissement (jumelles ou télescope) est la galaxie d'Andromède, à* ***2,6 millions d'années-lumière de la Terre.***

7 *Dans chaque œil, à la jonction entre le nerf optique et la rétine, il y a une petite zone dépourvue de cellules photosensibles. On ne peut rien voir avec ce* ***« point aveugle »****, mais on ne le remarque pas car le* ***cerveau complète l'espace vide avec les couleurs et les motifs qui entourent le morceau manquant !***

6 *Le* ***nerf optique*** *– un amas de plus de* ***1,5 million de fibres nerveuses*** *ressemblant à un câblage – transporte les signaux de la rétine vers le cerveau, lequel donne alors du sens à ce que nous voyons.*

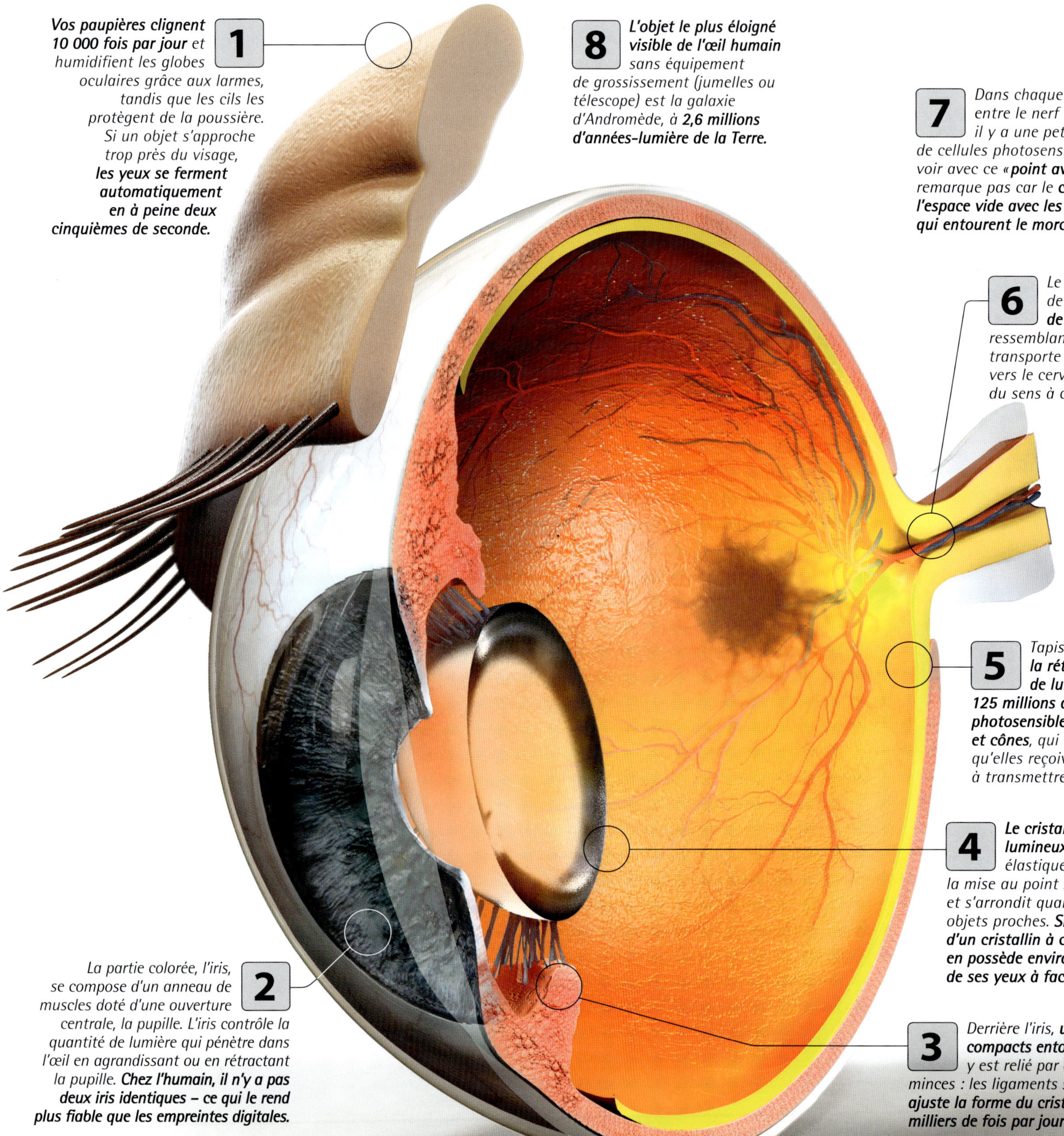

5 *Tapissant le fond de l'œil,* ***la rétine est le détecteur de lumière. Elle contient 125 millions de cellules photosensibles, appelées bâtonnets et cônes****, qui convertissent la lumière qu'elles reçoivent en signaux à transmettre au cerveau.*

4 ***Le cristallin concentre les rayons lumineux sur la rétine.*** *Il est élastique : il s'aplatit pour faire la mise au point sur des objets éloignés et s'arrondit quand nous regardons des objets proches.* ***Si les humains disposent d'un cristallin à chaque œil, une libellule en possède environ 30 000 dans chacun de ses yeux à facettes.***

2 *La partie colorée, l'iris, se compose d'un anneau de muscles doté d'une ouverture centrale, la pupille. L'iris contrôle la quantité de lumière qui pénètre dans l'œil en agrandissant ou en rétractant la pupille.* ***Chez l'humain, il n'y a pas deux iris identiques – ce qui le rend plus fiable que les empreintes digitales.***

3 *Derrière l'iris,* ***un anneau de muscles compacts entoure le cristallin.*** *L'anneau y est relié par de longues fibres minces : les ligaments suspenseurs. Ce muscle* ***ajuste la forme du cristallin des centaines de milliers de fois par jour.***

10 ***La sclérotique est le «blanc» de l'œil,*** *un revêtement protecteur résistant.* ***L'homme est le seul animal à avoir le blanc des yeux bien visible.*** *Sous la sclérotique se trouve la choroïde, une couche de tissu irriguée de vaisseaux sanguins qui fournissent à l'œil oxygène et nutriments.*

11 ***La cornée est une membrane transparente*** *de la partie avant de l'œil.* ***Si cette membrane est endommagée, on pourrait un jour la remplacer en greffant une cornée de requin*** *qui est très semblable à celle d'un humain.*

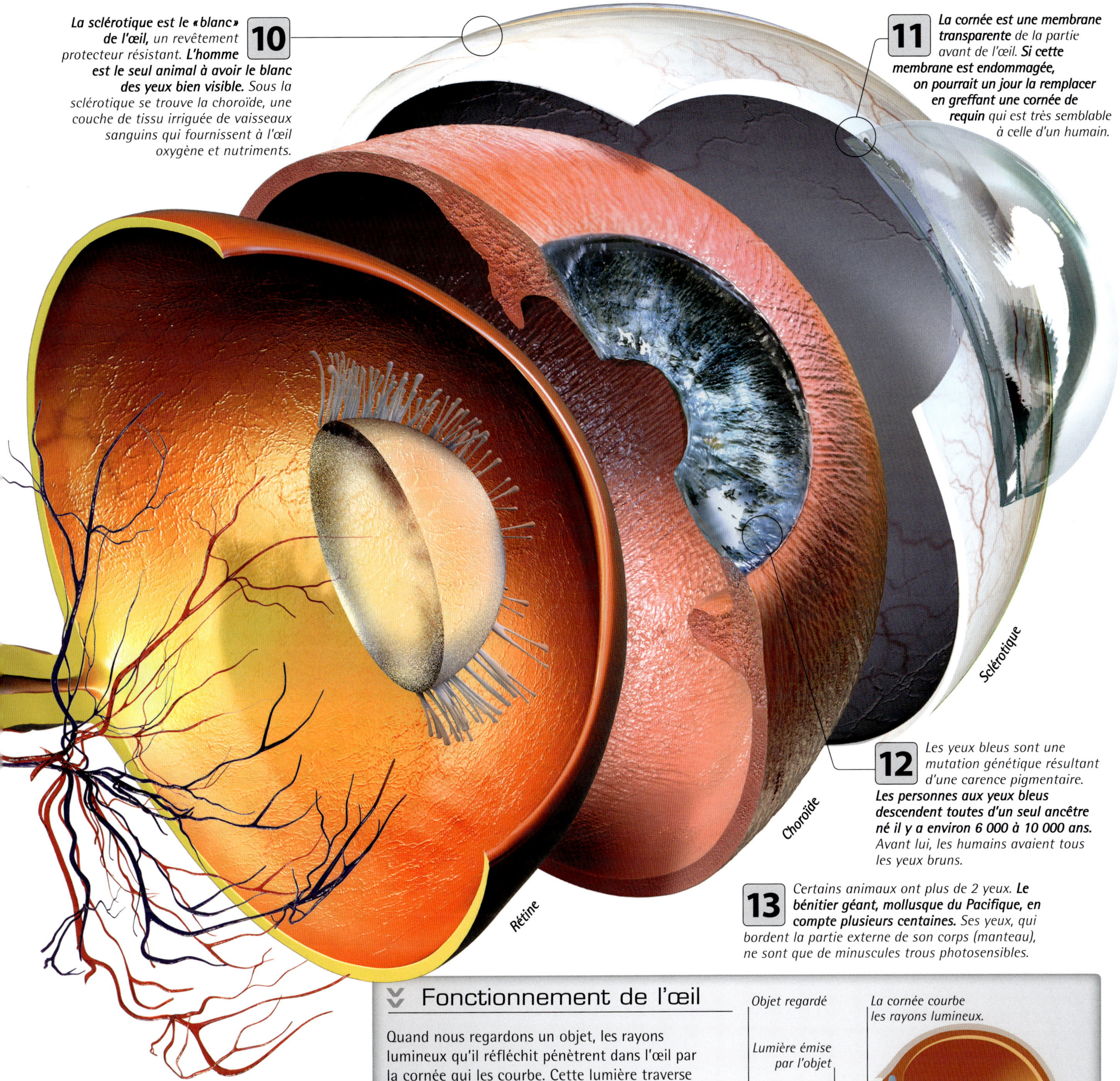

12 *Les yeux bleus sont une mutation génétique résultant d'une carence pigmentaire.* ***Les personnes aux yeux bleus descendent toutes d'un seul ancêtre né il y a environ 6 000 à 10 000 ans.*** *Avant lui, les humains avaient tous les yeux bruns.*

13 *Certains animaux ont plus de 2 yeux.* ***Le bénitier géant, mollusque du Pacifique, en compte plusieurs centaines.*** *Ses yeux, qui bordent la partie externe de son corps (manteau), ne sont que de minuscules trous photosensibles.*

L'INFO EN PLUS *On vous a peut-être dit qu'à la naissance, vos globes oculaires ont déjà leur taille adulte.* ***En fait, l'œil continue de grandir, quoique très lentement, jusqu'à la fin de la croissance.*** *L'œil d'un nouveau-né représente environ 75% de la taille de l'œil d'un adulte.*

Fonctionnement de l'œil

Quand nous regardons un objet, les rayons lumineux qu'il réfléchit pénètrent dans l'œil par la cornée qui les courbe. Cette lumière traverse ensuite le cristallin, qui se rétracte pour faire une mise au point précise de l'image. Les rayons lumineux poursuivent leur trajet jusqu'à la rétine, au fond de l'œil, où l'image apparaît à l'envers. Les cellules photosensibles convertissent la lumière en signaux électriques qui se déplacent le long du nerf optique vers le cerveau. Celui-ci reconnaît alors l'objet et remet l'image à l'endroit.

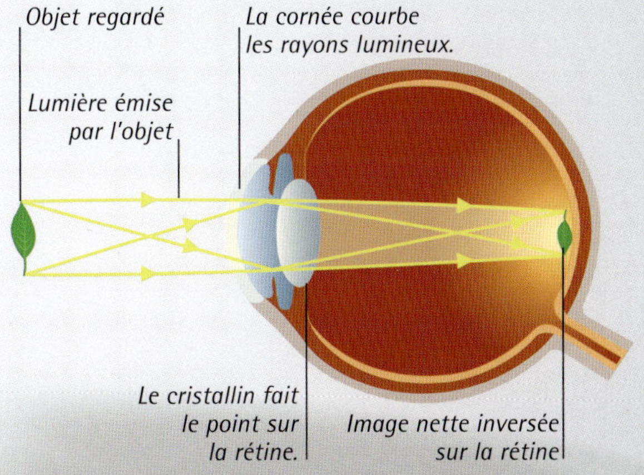

OBJECTIF PLANÈTES

Les 8 planètes du Système solaire se divisent en deux catégories : Mercure, Vénus, Mars et la Terre, constituées de roches et de métaux, alors que Jupiter, Saturne, Uranus et Neptune se composent de gaz et de liquide.

1 *Considérée autrefois comme la 9e planète du Système solaire,* ***Pluton a été rétrogradée au statut de planète naine en 2006****, car on a repéré sur son orbite d'autres corps de taille comparable. Deux Pluton placées côte à côte recouvriraient la surface des États-Unis.*

2 *Pour certains, il existerait peut-être* ***une 9e planète en orbite autour du Soleil, bien au-delà de Neptune****. Des indices suggèreraient qu'une « Planète n° 9 » influence les orbites d'autres corps célestes, mais cet astre n'a jamais été détecté.*

3 ***Mercure est la plus petite planète du Système solaire****. La lumière du Soleil y est sept fois plus puissante que sur Terre, et elle présente aussi la plus large amplitude thermique :* ***de 430 °C de jour à 180 °C la nuit****.*

4 ***Vénus n'est que la 2e planète la plus proche du Soleil, mais elle est pourtant la plus chaude du Système solaire*** *avec* ***464 °C en surface****. Entourée d'épais nuages d'acide sulfurique, son atmosphère est irrespirable.*

5 ***La Terre est la seule planète connue pour abriter la vie et disposer d'eau à l'état liquide*** *: les deux tiers de sa surface sont des océans. Si elle était plus éloignée du Soleil, son eau se changerait en glace ; plus proche, elle s'évaporerait.*

6 ***Mars, la « planète rouge »****, est recouverte de poussière riche en fer. Certaines données laissent penser que cette planète fut chaude et humide il y a 3 milliards d'années. Or aujourd'hui, il y fait froid et sec : Mars connaît une* ***ère glaciaire ; son sol contient de l'eau gelée****.*

7 *La* ***plus grosse planète du Système solaire, Jupiter,*** *fait deux fois et demie la masse de toutes les autres planètes réunies ! Cependant, elle reste bien plus petite que le Soleil :* ***notre étoile équivaut à 10 Jupiter réunies****.*

Orbites planétaires

Chaque planète du Système solaire suit une trajectoire, ou orbite, autour du Soleil. Ces orbites sont presque circulaires, et leur tracé obéit à la gravité. Le point où la planète est la plus proche du Soleil s'appelle le périhélie ; l'aphélie étant le point où la planète est la plus éloignée de notre étoile. Le temps nécessaire pour boucler une orbite complète forme une « année » de cette planète. Mercure possède l'année la plus courte, équivalente à 88 jours terrestres ; et Neptune l'année la plus longue (165 années terrestres).

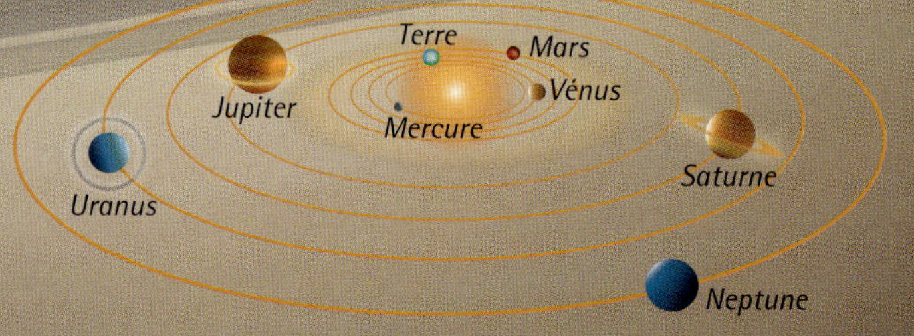

8 *Jusqu'à présent,* ***on a découvert 175 lunes en orbite autour de 6 de ces planètes****. C'est Jupiter qui en compte le plus (69), suivie de Saturne (62), Uranus (27), Neptune (14), Mars (2) et la Terre (1). Vénus et Mercure n'en possèdent aucune.*

9 *La* ***planète géante Saturne se compose principalement d'hélium et d'hydrogène****. Malgré son noyau solide,* ***cette planète est moins dense que l'eau : en théorie elle pourrait flotter****... à condition de trouver un récipient assez grand pour la contenir !*

10 Toutes les planètes tournent sur un axe. Chaque planète tourne presque verticalement, mais **Uranus possède un axe incliné** : il lui faut **17 heures et 14 minutes pour effectuer une rotation complète. Pour la Terre, c'est 23 heures et 56 minutes**, ou encore 5 832 heures pour Vénus.

11 Des **milliards d'astéroïdes – des morceaux de roche et de métal – tournent autour du Soleil entre Mars et Jupiter**, mais leur **masse totale est inférieure à la masse de la Lune**.

12 **Neptune est la planète la plus froide et aussi la plus venteuse**, avec des rafales atteignant 2 160 km/h. C'est la plus petite des géantes, même si elle est **4 fois plus grosse que la Terre**.

13 **Des milliers d'objets gelés de la taille de grandes villes tournent autour du Soleil.** Quand l'un d'eux dévie vers le Soleil, **des traînées de gaz et de poussières, longues de plusieurs milliers de kilomètres, se forment à sa queue** : il devient une **comète**.

L'INFO EN PLUS Les **météorites** – roches spatiales chutant dans l'atmosphère terrestre avant de toucher terre – ne sont pas aussi rares qu'on pourrait le croire. En moyenne, **on n'en repère qu'une dizaine chaque année, mais on sait que des centaines d'autres nous atteignent sans être détectées, car elles se consument en arrivant dans l'atmosphère.**

LES DENTS DE LA MER

Avec ses sens toujours à l'affût, ses mâchoires broyeuses et sa redoutable réputation, le grand requin blanc est l'un des plus grands prédateurs marins. Il existe environ 526 espèces différentes de requins, qui arpentent les océans du monde.

1 *__Le grand requin blanc peut atteindre jusqu'à 7,2 m de long__ – environ quatre fois la taille d'un homme adulte – et peser jusqu'à 2 tonnes. Ce puissant prédateur __s'attaque en priorité aux phoques, dauphins, tortues et poissons, mais peut aussi s'en prendre à d'autres requins__.*

2 *Le museau du requin est équipé de capteurs sensoriels petits comme des boutons : les __ampoules de Lorenzini__. Celles-ci sont capables de __détecter les plus infimes impulsions électriques__, ce qui permet au requin de __localiser ses proies même dans l'obscurité totale__.*

3 *__Les yeux du requin sont implantés de chaque côté de sa tête__, lui conférant un angle de vision très large. De toutes les espèces, c'est __le requin marteau qui possède la meilleure vue__ : ses yeux très écartés lui permettent de __voir à 360 degrés__ !*

4 *Les requins perdent leurs dents. __Ils possèdent jusqu'à 15 rangées de dents de remplacement__ : quand une vieille dent abîmée tombe, une nouvelle prend sa place. __Les dents de requin contiennent aussi naturellement du fluor__, substance que l'on ajoute au dentifrice pour prévenir les caries.*

5 *__Les ancêtres des requins sont apparus il y a environ 420 millions d'années.__ Depuis, les requins __ont survécu à 5 grandes extinctions planétaires__, dont celle qui a éradiqué les dinosaures géants il y a 66 millions d'années.*

6 *__Une ligne de cellules sensorielles, la ligne latérale, longe le corps d'un requin de la tête à la queue__. Présentes chez tous les poissons, ces cellules sont ornées de poils minuscules capables de déceler les moindres vibrations dans l'eau.*

7 *Le requin possède un __sens de l'odorat__ incomparable. Il est __capable de détecter une seule goutte de sang dans l'eau à environ 1 km__ de distance.*

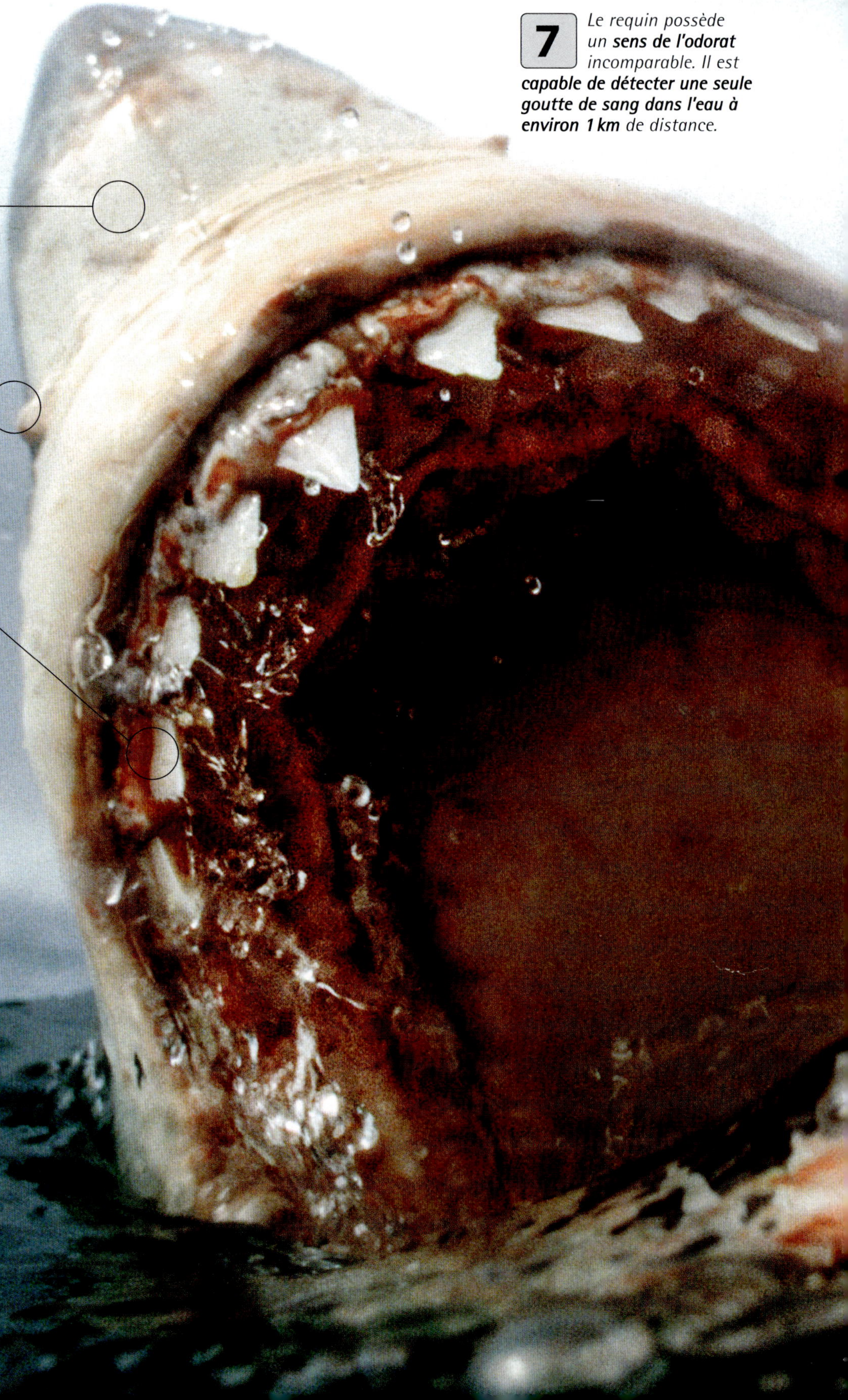

Squelette du requin

Le requin appartient au groupe des poissons cartilagineux. Son squelette n'est pas constitué d'os, mais de cartilage – un tissu élastique bien plus léger. En plus de sa longue colonne vertébrale, il possède des arcs assurant l'ouverture des branchies, et des tiges de cartilage consolidant les nageoires. Contrairement au requin, la plupart des poissons ont une structure osseuse, constituée d'une épine dorsale souple et d'épines osseuses renforçant leurs ailerons.

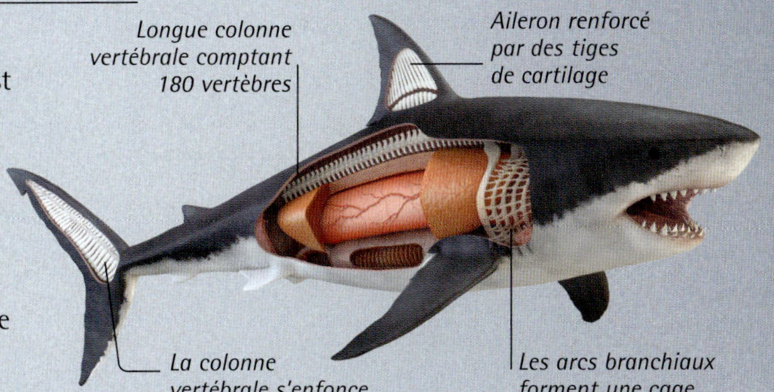

8 ***Le grand requin blanc doit constamment être en mouvement pour rester en vie.*** *Quand il nage, l'eau lui traverse la bouche puis ressort par ses branchies qui en retirent de l'oxygène.* ***S'il reste immobile, ses branchies ne reçoivent pas assez d'eau, et donc d'oxygène : il risque de se noyer.***

9 *Les requins sont tous carnivores, mais tous ne sont pas des prédateurs agressifs.* ***Le plus gros d'entre eux, le requin-baleine,*** *est un gentil géant qui se nourrit en filtrant les particules alimentaires de l'eau (le plancton).* ***Il peut mesurer jusqu'à 20 m de long*** *– presque trois fois plus qu'un grand requin blanc.* ***Le plus petit, le minuscule requin-lanterne, n'est pas plus gros qu'un cobaye.***

10 *Certains requins ne sont pas très regardants sur ce qu'ils avalent pour se nourrir.* ***Les requins-tigres sont parfois surnommés « poubelles » de l'océan*** *car on a retrouvé des pneus de voiture, des plaques d'immatriculation, et même des porcs-épics dans leur estomac !*

11 ***La mâchoire du requin n'est pas rattachée à son crâne : elle est très mobile pour saisir ses proies.*** *Une fois que le requin a capturé son repas, il* ***enserre l'animal entre ses dents et secoue la tête d'un côté puis de l'autre afin de le déchiqueter*** *avant de se régaler.*

12 *Pendant la Seconde Guerre mondiale, les pilotes du 1er groupe de volontaires américains avaient* ***peint des yeux et des dents de requins menaçants sur le nez de leurs avions pour tenter d'effrayer leurs ennemis.*** *Surnommés les « Tigres volants », ces pilotes parcouraient le ciel de la Birmanie (actuel Myanmar) et la Chine.*

13 ***La peau de requin se compose de dents miniatures qui s'entrecroisent.*** *Appelées denticules, ces* ***écailles dentelées résistantes*** *permettent au requin de fendre l'eau de façon fluide et en silence. Les* ***scientifiques travaillent à la mise au point d'une peau de requin artificielle*** *visant à fabriquer des combinaisons de plongée haute performance pour accélérer les performances de vitesse de nage.*

L'INFO EN PLUS *Les requins peuvent nous paraître terrifiants, mais ce sont plutôt eux qui devraient nous craindre.* ***Les attaques de requins contre l'homme sont très rares – environ 6 décès par an – alors que l'homme chasse environ 100 millions de requins chaque année.*** *D'ailleurs, de nombreuses espèces sont aujourd'hui menacées.*

FAITES PASSER LE MOT !

Depuis les premières tablettes écrites jusqu'aux messages électroniques actuels, l'écriture a permis aux hommes de communiquer. Nos ancêtres avaient recours à des symboles et des codes dont certains n'ont pas encore été déchiffrés.

1 *Il y a plus de 26 000 ans,* ***les peuples de l'âge de pierre gravaient des signes sur les os et les cailloux.*** *Ces inscriptions mystérieuses pouvaient constituer un compte d'animaux tués en chasse, ou servir à transmettre des observations sur la Lune et les étoiles.*

Le premier véritable système d'écriture est apparu en Mésopotamie, il y a 5 000 ans. *Avec ses minuscules inscriptions en forme de « coin »,* ***l'écriture cunéiforme*** *n'avait aucune fonction littéraire : elle ne servait qu'à la comptabilité.* **2**

Les Égyptiens de l'Antiquité ont inventé la plus célèbre écriture pictographique au monde : les hiéroglyphes. *Ils avaient recours à plus de 700 images différentes : oiseaux, animaux, objets ménagers, et même certaines parties du corps humain.* **3**

Pour les Incas du Pérou, cet assemblage de cordes noueux constituait un système de registres complexe, le ***quipu****.* ***Sans écriture, ils utilisaient donc le nombre, la taille et la position des nœuds sur cet outil comme moyen de communiquer.*** **4**

5 *Certaines écritures anciennes demeurent encore un mystère.* ***Ces symboles sculptés viennent de l'île de Pâques. On pense qu'ils appartiennent à une écriture ancienne, le rongo-rongo,*** *mais nous n'avons aucune idée de leur signification.*

Dans un alphabet écrit, chaque lettre représente un son différent. Parlé uniquement sur l'île de Bougainville en Papouasie-Nouvelle-Guinée, ***le rotokas possède l'alphabet le plus court au monde : seulement 12 lettres.*** **6**

7 *Certaines langues modernes ont recours à des caractères plutôt qu'à un alphabet.* ***Le mandarin, parlé par environ 850 millions de Chinois, compte plus de 100 000 caractères*** *– chaque symbole représentant un mot ou une phrase. En moyenne, les Chinois en maîtrisent 4 000, largement suffisant pour lire un livre ou le journal.*

8 *Aujourd'hui, le papier est constitué d'un mélange de pâte à bois et d'eau.* ***Le parchemin utilisé par nos ancêtres était fait de peaux d'animaux*** *tendues en feuillets fins.*

9 ***Commercialisé depuis les années 1940, le stylo à bille est aujourd'hui l'outil d'écriture le plus populaire au monde.*** *Il a été inventé par László Bíró, le rédacteur en chef débordé d'un journal hongrois, qui rêvait d'un stylo qui ne tache pas et puisse être utilisé pendant des heures sans tomber à court d'encre.*

10 ***Un crayon contient en moyenne assez de «plomb» (graphite) pour tracer un trait de 56 km de long !*** *Sa longévité est meilleure que celle d'un stylo : un crayon est capable d'écrire plus de 60 fois plus de mots qu'un simple stylo à bille.*

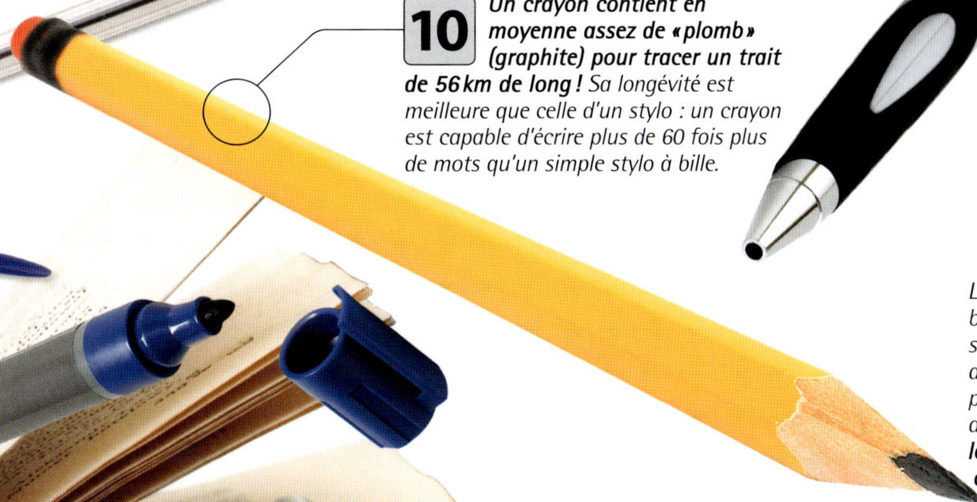

11 *Des chercheurs ont codé un livre entier, y compris ses images, sur de l'ADN, le code génétique que l'on retrouve dans chaque cellule de notre corps.* ***Une seule cuillère à café d'ADN pourrait contenir tous les livres, poèmes, lettres ou listes de courses déjà écrits par l'humanité…***

12 *L'alphabet braille, dont se servent les aveugles, se compose de points en relief, que l'on déchiffre du bout des doigts.* ***Les lettres en braille sont beaucoup plus encombrantes que les lettres imprimées – un seul titre de Harry Potter en braille fait 10 volumes.***

13 *Les experts estiment que* ***le «langage SMS» – l'usage de l'argot, des abréviations et des émoticônes dans les textos – est en passe de devenir une nouvelle langue écrite.***

L'INFO EN PLUS ***Les stylos à bille ne fonctionnent pas dans l'espace, et pourtant les astronautes n'utilisent pas non plus de crayons.*** *En effet, si la mine de crayon se cassait et flottait jusqu'à une machine ou jusqu'à l'œil d'un spationaute, elle deviendrait dangereuse. Les cosmonautes utilisent donc des stylos spécialement conçus.*

CHEFS-D'ŒUVRE

Si chaque image valait mille mots, alors le monde disposerait d'une gigantesque bibliothèque nous retraçant l'histoire de l'art. Des grottes peintes aux musées, c'est un récit d'une infinie richesse qui nous est conté.

1 *Les peintures sur les murs de la grotte Chauvet, en France, ont plus de 30000 ans.* ***Cet art rupestre offre des représentations de mammouths, lions, rhinocéros, bisons en pleine course et d'autres animaux****. On pense que ces peintures étaient réalisées pour porter chance aux chasseurs lors de rituels. Mais il ne s'agit là que d'une hypothèse.*

2 ***Les peintres de la préhistoire fabriquaient leur peinture à base de poudre de roche, de charbon de bois, de terre et d'os brûlés****. Les graisses animales ont servi de liants pour incorporer les pigments à la peinture. Plus tard, on les remplaça par du jaune d'œuf, jusqu'à l'apparition des peintures à l'huile, au XVe siècle.*

3 *La* ***peinture égyptienne antique*** *possède un style très spécifique, car les artistes étaient soumis à des règles strictes. En regardant bien, on remarque que* ***les yeux et les épaules des personnages sont toujours représentés de face, mais que les autres parties du corps sont de profil****. Leur taille était également symbolique : les personnages les plus importants étant les plus grands. Dans l'Égypte ancienne, l'art était particulièrement exclusif : il ne s'adressait qu'aux riches, aux dieux ou aux morts.*

4 *Plus de 8000 sculptures de taille humaine forment l'impressionnante* ***armée de terre cuite découverte en Chine en 1974. Datant d'il y a 2200 ans, chacun de ses personnages est unique****. Ces statues gardent le tombeau de Qin Shi Huangdi, le premier empereur. Selon les archives, il a fallu 700000 hommes pour édifier ce mausolée colossal.*

5 *En 1911, le monde entier fut sous le choc :* **La Joconde,** ***peinte par l'artiste italien Léonard de Vinci en 1503, fut dérobée par un petit truand italien****. Vincenzo Peruggia s'était fait employer au Louvre, où le portrait inestimable était exposé. Il s'est enfui avec le tableau caché sous sa blouse, mais fut rattrapé 2 ans plus tard, alors qu'il tentait de le revendre.*

6 *Les somptueuses fresques bibliques du plafond de la* ***chapelle Sixtine du Vatican*** *ont été réalisées par le* ***peintre italien de la Renaissance Michel-Ange****. Pendant plus de 4 ans, il a travaillé sur le plafond haut de 18 m depuis un échafaudage fixé aux murs. À notre époque,* ***plus de 25000 personnes visitent la chapelle chaque jour****.*

7 *Le peintre hollandais* ***Vincent Van Gogh*** *est surtout* ***connu pour sa série de tableaux de tournesols. Bien qu'il ait peint plus de 900 toiles en seulement 10 ans, il n'en a vendu qu'une seule de son vivant****. Avec leur style distinctif (coups de pinceau approximatifs et couleurs vives), ses œuvres valent aujourd'hui des millions.*

8 *Au XXe siècle, certains artistes se sont éloignés de la représentation de la réalité pour exprimer plutôt des émotions ou des idées à travers les formes et les couleurs. C'est ce qu'on appelle* ***l'art abstrait****, qu'il n'est pas toujours évident d'interpréter. En 1961,* **Le Bateau *d'Henri Matisse a été accroché à l'envers au Museum of Modern Art de New York. Il a fallu 47 jours avant que quelqu'un ne s'aperçoive de l'erreur.***

9 ***Dans les années 1920, le mouvement surréaliste*** *a bouleversé le monde. Le surréalisme, c'est ce qui est* ***«plus que réel»****. Les surréalistes peignaient souvent dans un état second et inventaient des objets chimériques et absurdes : service à thé en fourrure, poissons volants... L'un des plus célèbres surréalistes, l'artiste espagnol* ***Salvador Dalí, est connu pour son téléphone-homard et ses montres molles.***

10 *En 1947, l'Américain* ***Jackson Pollock*** *a adopté une approche unique de la peinture : abandonnant le chevalet, il* ***projetait sa peinture en la laissant couler sur ses toiles****. Ce mouvement d'art très dynamique s'est vite imposé : avec l'****«expressionnisme abstrait» ou «peinture active», l'acte même de peindre importe plus que le résultat final.***

11 ***Achevée en 2004, la plus grande statue du monde est un Bouddha chinois en pierre de 208 m de haut.*** *Cependant, certaines sculptures ne sont même pas visibles à l'œil nu.* ***La plus petite nano-sculpture de forme humaine au monde,* Trust*, par Jonty Hurwitz,*** *tenait sur la tête d'une fourmi, mais fut accidentellement écrasée par le doigt d'un photographe en 2015.*

12 *Les c****ollectionneurs d'art sont légion, et de grandes œuvres s'arrachent à des prix inestimables.*** *Le tableau le plus cher vendu aux enchères est un* Salvator Mundi *attribué à Léonard de Vinci, cédé pour 385 millions d'euros en 2017.*

13 ***De nos jours, les opinions divergent sur ce qu'est vraiment l'art.*** *Les créateurs contemporains ont repoussé les limites artistiques en exposant une* ***carcasse de vache coupée en deux (Damien Hirst), un lit défait (Tracey Emin), et en utilisant de la bouse d'éléphant séchée en guise de peinture (Chris Ofili).***

L'INFO EN PLUS **Les critiques d'art sont-ils vraiment les juges ultimes du talent artistique? Savent-ils distinguer le «bon» art du «mauvais»?** En 1964, 6 tableaux d'un artiste inconnu nommé Pierre Brassau furent exposés à Göteborg, en Suède. Ils reçurent les éloges de la critique, mais l'artiste se révéla être un chimpanzé d'un zoo voisin...

LE SCORPION, QUEL POISON !

Le scorpion, prédateur nocturne, utilise ses pinces et son venin pour chasser et tuer ses proies – il peut manger son propre poids en insectes tous les jours. Il vit dans les forêts tropicales et les pays chauds, sur les rocailles, le sable…

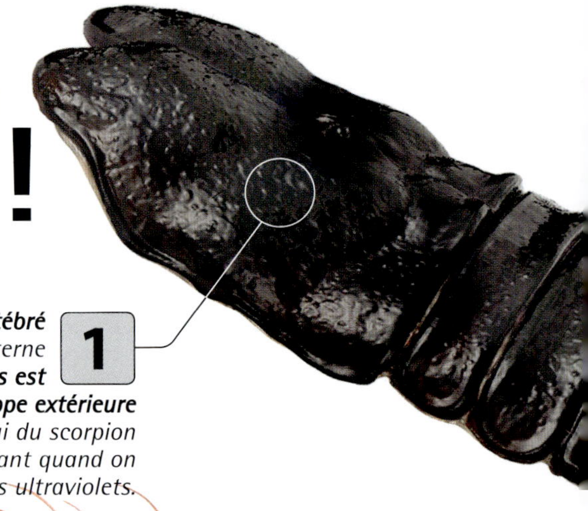

1 *Le* ***scorpion est un invertébré*** *– il n'a pas de squelette interne osseux. En fait,* ***son corps est soutenu par une enveloppe extérieure dure, ou exosquelette****. Celui du scorpion luit d'un bleu-vert brillant quand on l'expose aux rayons ultraviolets.*

2 ***Il existe près de 2000 espèces de scorpions****, depuis le minuscule* **Microtityus***, de seulement 9 mm de long, jusqu'à* ***ce scorpion empereur*** *de 21 cm de long, aussi gros qu'un rat brun. Originaire d'Afrique de l'Ouest, il compte parmi les plus grands scorpions au monde.*

3 *Contrairement aux humains,* ***le scorpion ne possède pas de système artériel ni de veines****. Au lieu de cela, son cœur tubulaire distribue le sang dans la cavité où flottent tous ses autres organes.* ***Comme de nombreux autres arthropodes, le scorpion a le sang bleu****.*

4 ***L'arme principale du scorpion empereur? Ses puissantes pinces (ou pédipalpes)*** *: il se sert de leur force pour saisir et écraser ses proies. En général,* ***les scorpions possédant de grosses pinces musculaires prodiguent une piqûre moins toxique que ceux dotés de plus petites pinces*** *mais de queues plus larges, plus grosses.*

5 *Comme* ***le scorpion ne peut pas ingérer d'aliments solides****, il utilise ses organes buccaux en forme de griffe, les* ***chélicères****, pour s'emparer de petits morceaux de ses proies. Il les recouvre ensuite de sucs digestifs issus de son estomac, puis en aspire la bouillie liquéfiée.*

6 ***Le cerveau rudimentaire du scorpion est relié à un nerf qui court le long de son corps.*** *Ce cordon nerveux traverse le ventre de l'animal et se connecte aux nerfs qui dirigent ses pattes.*

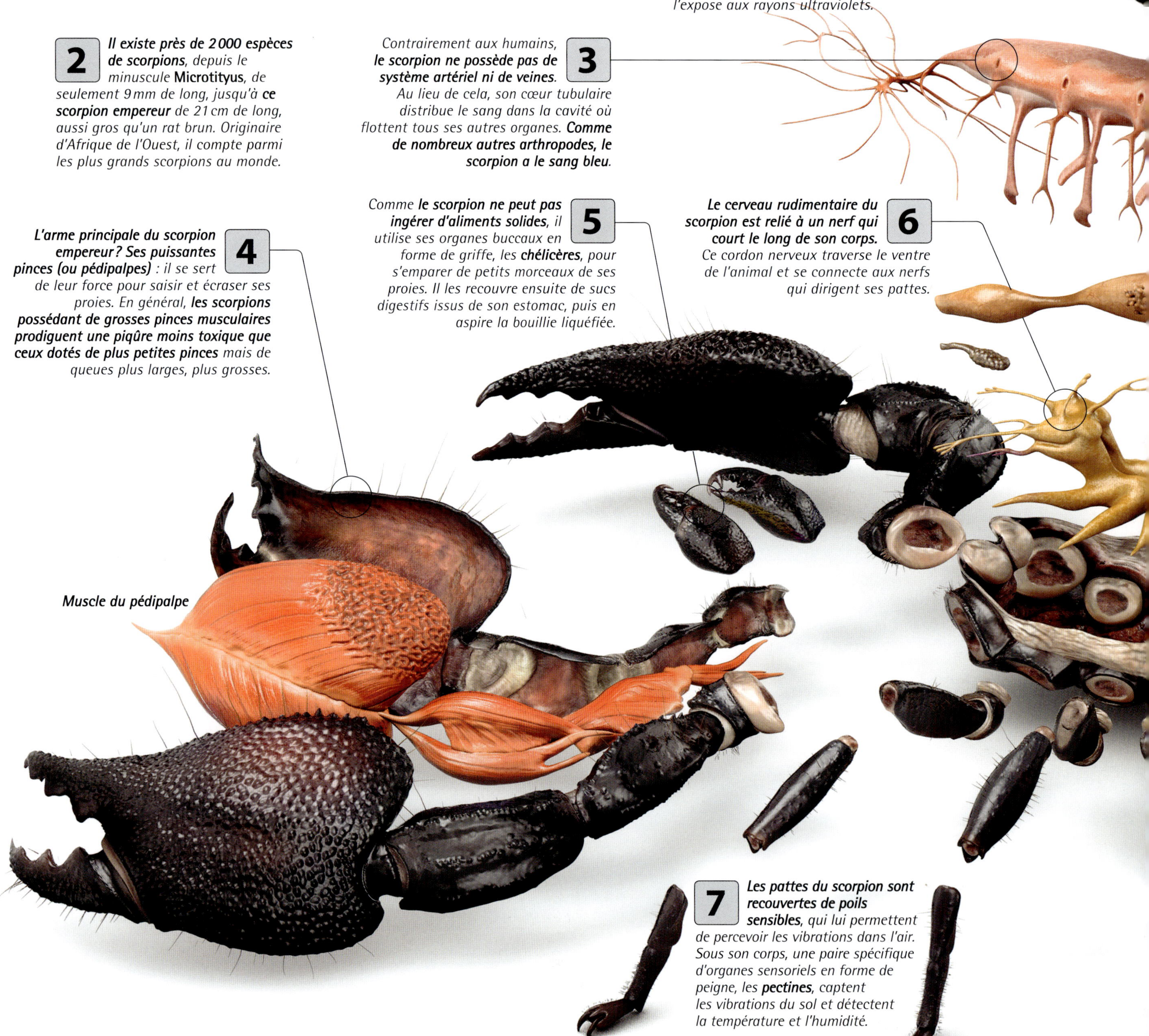

7 ***Les pattes du scorpion sont recouvertes de poils sensibles****, qui lui permettent de percevoir les vibrations dans l'air. Sous son corps, une paire spécifique d'organes sensoriels en forme de peigne, les* ***pectines****, captent les vibrations du sol et détectent la température et l'humidité.*

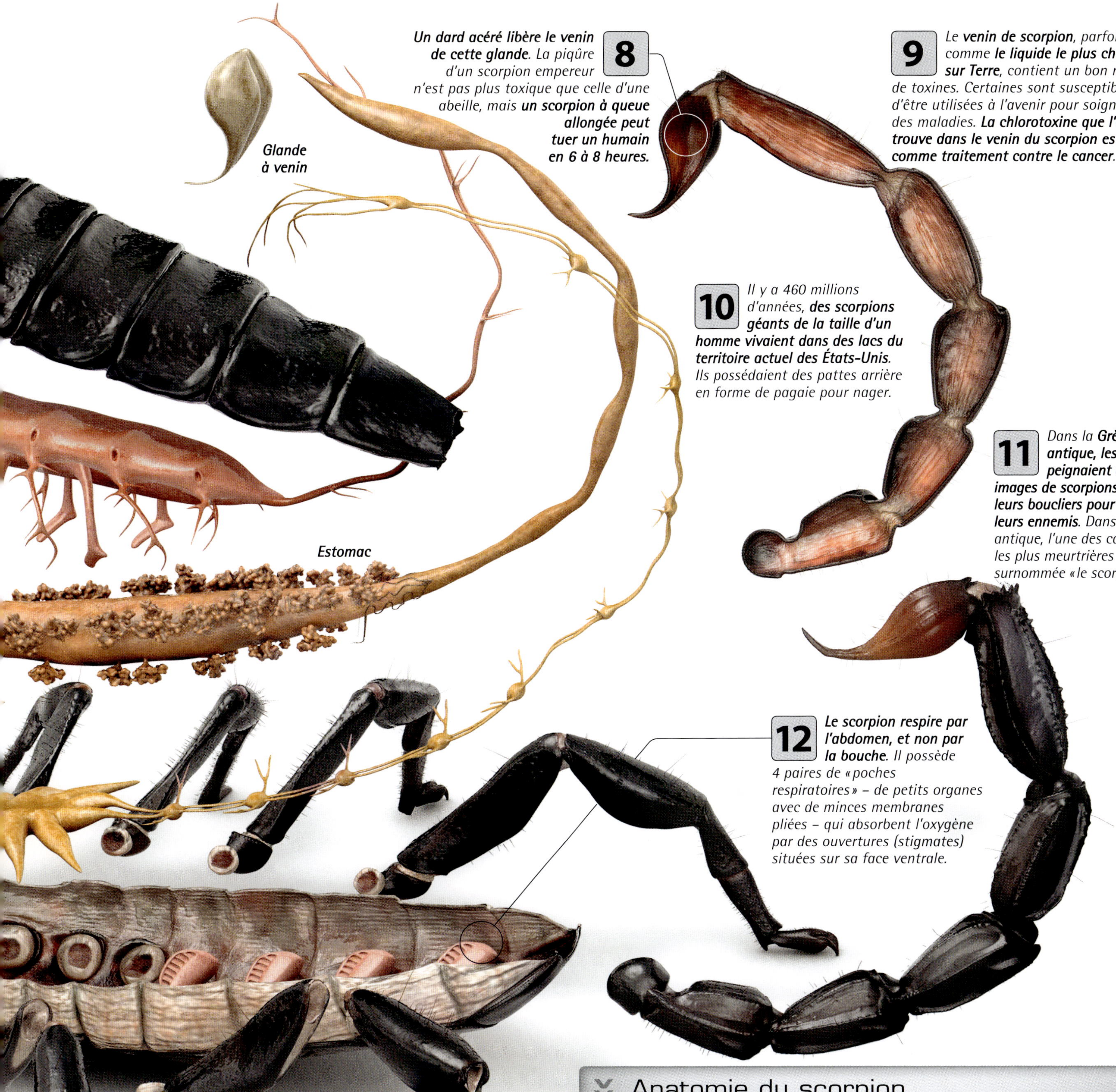

8 ***Un dard acéré libère le venin de cette glande.*** *La piqûre d'un scorpion empereur n'est pas plus toxique que celle d'une abeille, mais* ***un scorpion à queue allongée peut tuer un humain en 6 à 8 heures.***

9 *Le* ***venin de scorpion****, parfois décrit comme* ***le liquide le plus cher sur Terre****, contient un bon nombre de toxines. Certaines sont susceptibles d'être utilisées à l'avenir pour soigner des maladies.* ***La chlorotoxine que l'on trouve dans le venin du scorpion est testée comme traitement contre le cancer****.*

10 *Il y a 460 millions d'années,* ***des scorpions géants de la taille d'un homme vivaient dans des lacs du territoire actuel des États-Unis****. Ils possédaient des pattes arrière en forme de pagaie pour nager.*

11 *Dans la* ***Grèce antique, les soldats peignaient des images de scorpions sur leurs boucliers pour terrifier leurs ennemis****. Dans la Rome antique, l'une des catapultes les plus meurtrières était surnommée «le scorpion».*

12 ***Le scorpion respire par l'abdomen, et non par la bouche****. Il possède 4 paires de «poches respiratoires» – de petits organes avec de minces membranes pliées – qui absorbent l'oxygène par des ouvertures (stigmates) situées sur sa face ventrale.*

13 ***Le scorpion est un aliment populaire en Asie, rôti, frit, grillé en brochettes ou dégusté vivant.*** *Une fois cuit, son dard n'est pas toxique. Certains croient que manger de la poudre de scorpion séché protège de leur piqûre.*

L'INFO EN PLUS *On considère souvent les scorpions comme un danger mortel, mais* ***seules 25 espèces sont potentiellement fatales pour l'homme.*** *Même les scorpions les plus dangereux ne sont généralement pas mortels.*

Anatomie du scorpion

Le scorpion appartient à une classe d'animaux appelés les arachnides, qui compte également les araignées, les tiques... Son corps se divise en 2 parties : le céphalothorax (composé de la tête et du thorax) et l'abdomen. Le scorpion remplace son exosquelette au cours d'une série de mues.

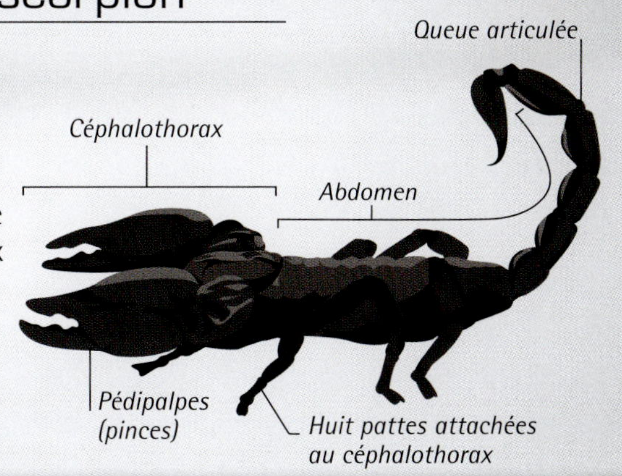

L'EAU, C'EST LA VIE !

Des profondeurs souterraines jusqu'au ciel, l'eau est présente partout sur la Terre, même à l'intérieur de notre corps. Notre planète contient 1,3 milliard de km³ d'eau, essentielle à la survie de tout être vivant.

1 ***Seulement 3 % de l'eau présente sur Terre est de l'eau douce***, *celle dont nous avons besoin pour survivre. L'eau douce est en majeure partie piégée sous forme solide dans les glaciers ou la calotte glacière, ce qui fait qu'**à peine 1 % de l'eau disponible sur Terre est potable.***

2 *Il n'y a pas que dans l'océan que l'eau est salée. Dans certaines mers fermées telle la mer Morte au Moyen-Orient, **l'eau est tellement salée que l'on peut s'asseoir et aisément flotter à sa surface**.*

3 ***La Terre est la seule planète du Système solaire disposant d'eau sous forme liquide, bien que l'on en trouve aussi dans les confins immenses de l'espace.*** *À 12 milliards d'années-lumière de nous, un gigantesque nuage de brume entoure un trou noir. Cette nuée contient assez d'eau pour remplir 140 billions de fois tous les océans terrestres.*

4 ***Les racines des plantes pompent l'eau de la terre puis la libèrent dans l'atmosphère par le processus bien connu de la transpiration.*** *Un grand chêne peut émettre jusqu'à 400 litres d'eau – l'équivalent de 5 bains – dans l'atmosphère en une seule journée.*

5 ***Le fleuve le plus long du monde, le Nil, serpente à travers l'Afrique sur une distance estimée à 6 853 km environ.*** *Cependant, **le fleuve Amazone en Amérique du Sud contient en réalité plus d'eau** et représente 20 % de toute l'eau douce déversée dans la mer.*

6 ***Les séismes et les éruptions volcaniques peuvent déclencher d'immenses vagues : les tsunamis***, *un des phénomènes les plus destructeurs au monde. Ces vagues peuvent s'élever jusqu'à 35 m de haut : l'équivalent d'un immeuble de 10 étages.*

7 ***Si les nuages paraissent légers et moelleux, ils contiennent en réalité d'immenses quantités d'eau.*** *Un cumulus moyen (par temps doux) possède une masse d'environ 500 000 kg, soit l'équivalent de 2 gros avions.*

8 *L'homme invente constamment de nouvelles technologies pour faciliter l'accès à l'eau potable. **Des bouteilles « high-tech » sont capables d'extraire l'eau de l'air ambiant autour d'elles,** et on peut recourir à de minuscules nanoparticules pour purifier l'eau non potable.*

9 ***Les océans couvrent plus de 70 % de la planète.*** *Leurs courants de surface et d'eau profonde brassent continuellement l'eau autour du globe – un voyage qui peut durer 1 000 ans.*

10 ***Un homme adulte est composé en moyenne de 60 % d'eau – environ 40 litres.*** *On retrouve l'eau à l'intérieur de chaque cellule – même **les parties osseuses peuvent contenir jusqu'à 20 % d'eau.***

Cycle de l'eau

La quantité totale d'eau présente sur Terre reste toujours la même. L'eau chauffée par le Soleil s'évapore dans l'air et se transforme en vapeur d'eau. De la vapeur arrive aussi dans l'atmosphère grâce à la transpiration végétale. À mesure que la vapeur d'eau s'élève, elle se refroidit et se transforme en gouttelettes.
Des nuages se forment et sont poussés par les vents. Quand les gouttelettes d'eau s'alourdissent, elles retombent sous forme de pluie, de neige ou de grêle.

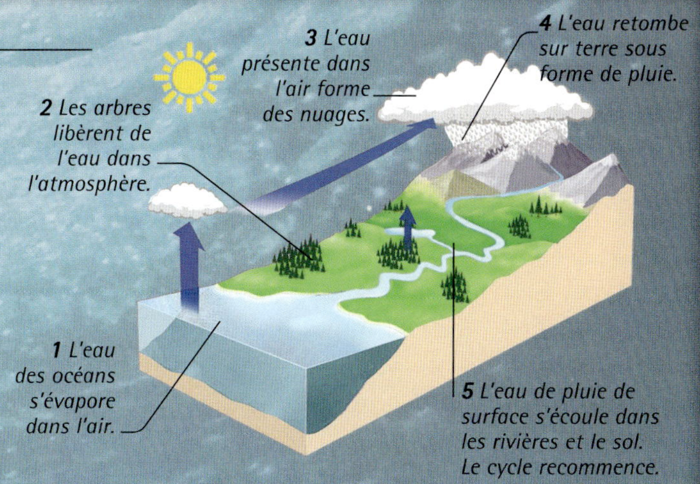

11 *De nombreux animaux peuvent se déplacer dans l'eau bien plus rapidement que nous, grâce à leurs nageoires et palmes.* ***Vers 1717, Benjamin Franklin, un des Pères fondateurs américains, inventa la première paire de palmes de natation,*** *lesquelles se fixaient aux mains plutôt qu'aux pieds.*

12 *Le* ***dieu grec Poséidon – roi de l'océan*** *– est une des plus célèbres divinités associées à l'eau.* ***Quand il se mettait en colère, il faisait couler les navires de ses ennemis.*** *Également connu sous le nom d'« Ébranleur du sol », on lui attribuait de nombreux séismes catastrophiques.*

13 *On compte* ***plus de vestiges archéologiques dans les fonds marins que dans tous les musées du monde.*** *On estime aussi que d'innombrables trésors sont oubliés dans les profondeurs des océans* ***: si on les retrouvait tous, on évalue que chaque habitant de la planète recevrait près de 7 euros.***

L'INFO EN PLUS ***Peut-on marcher sur l'eau ?*** *Le surf est peut-être l'activité humaine se rapprochant le plus de la maîtrise des vagues, mais de nombreuses créatures du règne animal sont capables d'accomplir cet impressionnant exploit.* ***Grâce à leur petite taille, les dolomèdes et des insectes comme les araignées d'eau peuvent se déplacer à la surface de l'eau.***

PRÊTS ? PARTEZ !

À toute pratique sportive correspondent des règles et un équipement spécifique. De même que lui sont associées, séparément ou ensemble, les idées de loisir, de compétition et de santé.

1 ***Il existerait 8000 sports et jeux dans le monde.*** *La plupart d'entre nous pratiquent le sport pour le plaisir, et pour faire de l'exercice. Mais le sport est aussi rentable : en 2015, le boxeur Floyd Mayweather Jr. a empoché 285 millions de dollars !*

2 ***Le mot karaté signifie « main vide »*** *– le seul équipement obligatoire pour cet art martial est son uniforme de coton, ou karategi.* ***La couleur de la ceinture, ou obi, indique le niveau atteint par le concurrent.***

3 ***Le basket-ball tel que nous le connaissons a été inventé en 1891.*** *Or les Aztèques pratiquaient l'ollamalitzli : le lancer d'une balle en caoutchouc dans un cerceau de pierre à l'aide de la tête, des coudes, genoux ou hanches.*

4 ***À l'origine, le ballon de rugby était rond*** *: il s'agissait d'une* ***vessie de porc visqueuse et malodorante enveloppée de cuir.*** *On le gonflait par la bouche, en soufflant dans une pipe d'argile.*

5 *Au moment où une* ***balle de base-ball*** *est frappée par la batte, elle* ***peut atteindre une « vitesse de sortie » de 193 km/h.*** *La balle rigide possède un cœur en liège entouré de caoutchouc, puis de couches de fils, le tout enserré dans 2 pièces de cuir.*

6 ***Le port de gants de boxe est devenu obligatoire en 1867****, mais même dans la Grèce antique, les combattants se bandaient les mains avec des peaux d'animaux.* ***Les gladiateurs romains y ajoutaient du métal.***

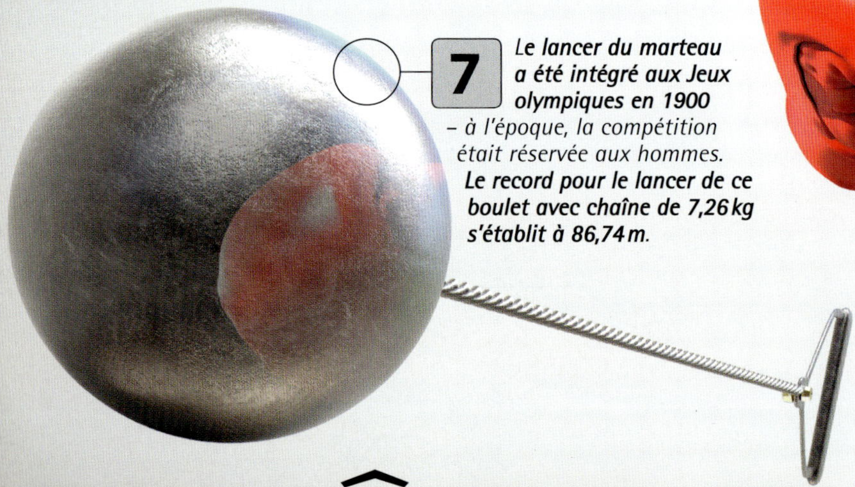

7 ***Le lancer du marteau a été intégré aux Jeux olympiques en 1900*** *– à l'époque, la compétition était réservée aux hommes.* ***Le record pour le lancer de ce boulet avec chaîne de 7,26 kg s'établit à 86,74 m.***

8 *Avec l'escrime, le tennis et le rugby,* ***le basket-ball fait partie des 4 disciplines paralympiques en fauteuil roulant.***

9 *Les* ***épaulières pour le football américain se composent d'une mousse antichoc recouverte de plastique.*** *Elles protègent aussi bien le sternum (os de la poitrine) que les épaules.*

10 *Inventé par des moines du XIIe siècle,* ***le tennis se jouait avec les mains.*** *Il est beaucoup moins douloureux d'utiliser les raquettes d'aujourd'hui, en fibre de carbone ou en graphite.*

11 ***Les lames de course en fibre de carbone ont permis à des sprinters amputés de courir le 100 m en moins de 11 secondes.*** *Lorsque le « pied » heurte le sol, la lame est comprimée comme un ressort, puis rebondit pour pousser le coureur vers l'avant. Des pointes peuvent se fixer sur la lame pour mieux adhérer à la piste de course.*

12 ***Des vestiges de quilles et de balles découvertes en Égypte laissent penser que le bowling fut apprécié dès 3200 av. J.-C.*** *Le bowling moderne à 10 quilles a vu le jour aux États-Unis en 1841.*

13 ***Le football est le sport le plus regardé, avec 3,2 milliards de téléspectateurs devant la Coupe du monde 2014.*** *À l'origine, les hommes de villages entiers jouaient à courir derrière une vessie de porc gonflée, prétexte à des bagarres entre clans.*

L'INFO EN PLUS *On raconte que* ***la distance du marathon correspondrait au parcours d'un messager entre la bataille de Marathon et Athènes, en 490 av. J.-C., soit environ 40 km.*** *En réalité,* ***le marathon qui s'est tenu aux Jeux olympiques de 1908 comptait 42,195 km*** *: la distance entre le château de Windsor et le stade olympique de Londres.*

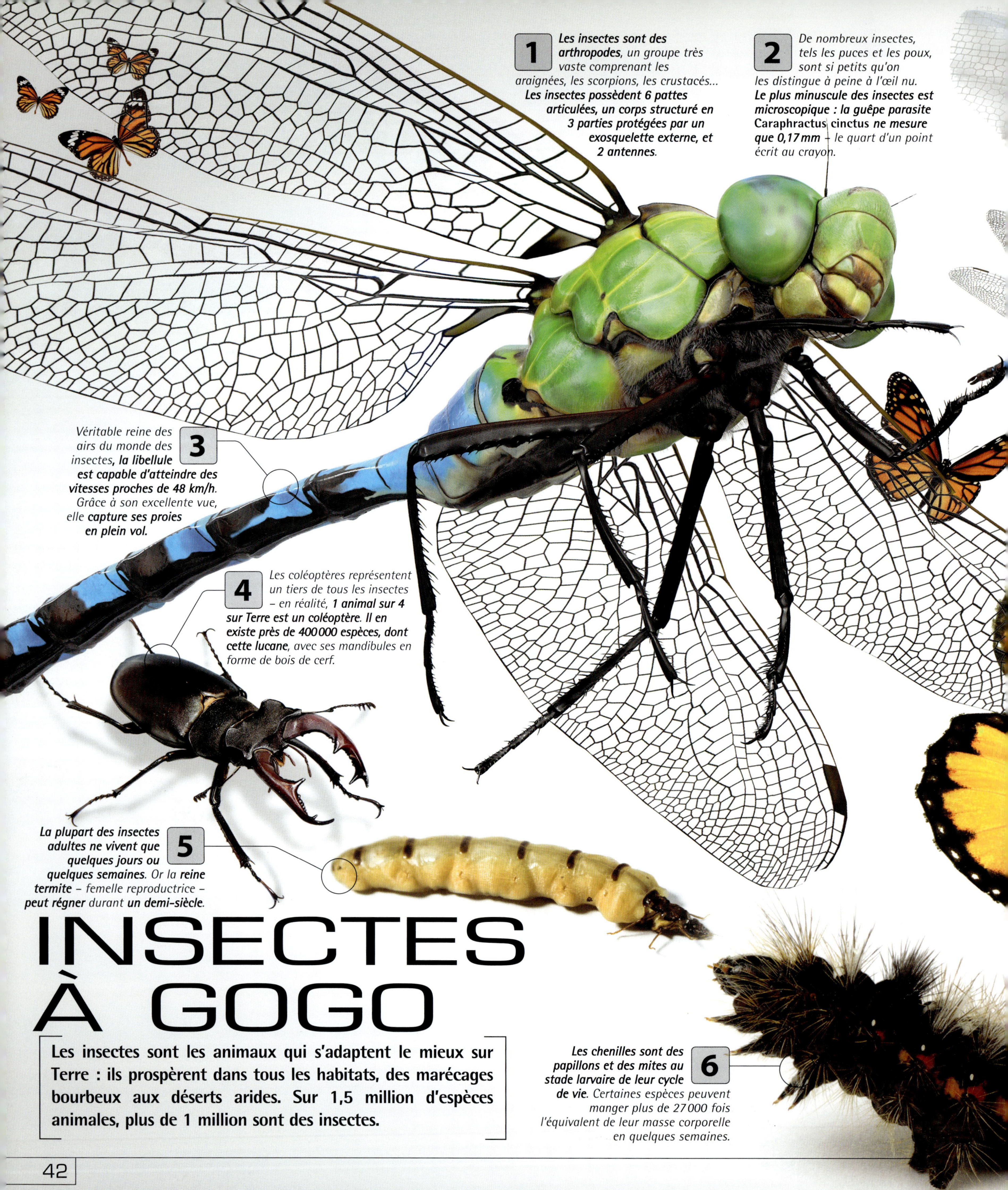

1 ***Les insectes sont des arthropodes**, un groupe très vaste comprenant les araignées, les scorpions, les crustacés… **Les insectes possèdent 6 pattes articulées, un corps structuré en 3 parties protégées par un exosquelette externe, et 2 antennes**.*

2 *De nombreux insectes, tels les puces et les poux, sont si petits qu'on les distingue à peine à l'œil nu.* ***Le plus minuscule des insectes est microscopique : la guêpe parasite** Caraphractus cinctus **ne mesure que 0,17 mm** – le quart d'un point écrit au crayon.*

3 *Véritable reine des airs du monde des insectes, **la libellule est capable d'atteindre des vitesses proches de 48 km/h**. Grâce à son excellente vue, elle **capture ses proies en plein vol**.*

4 *Les coléoptères représentent un tiers de tous les insectes – en réalité, **1 animal sur 4 sur Terre est un coléoptère. Il en existe près de 400 000 espèces, dont cette lucane**, avec ses mandibules en forme de bois de cerf.*

5 ***La plupart des insectes adultes ne vivent que quelques jours ou quelques semaines**. Or la **reine termite** – femelle reproductrice – **peut régner** durant **un demi-siècle**.*

INSECTES À GOGO

Les insectes sont les animaux qui s'adaptent le mieux sur Terre : ils prospèrent dans tous les habitats, des marécages bourbeux aux déserts arides. Sur 1,5 million d'espèces animales, plus de 1 million sont des insectes.

6 ***Les chenilles sont des papillons et des mites au stade larvaire de leur cycle de vie**. Certaines espèces peuvent manger plus de 27 000 fois l'équivalent de leur masse corporelle en quelques semaines.*

7 ***La coloration jaune et noire caractéristique de cette guêpe prévient les autres insectes qu'elle est dangereuse.*** *D'autres guêpes peuvent revêtir différentes couleurs, y compris le brun, le bleu métallisé et le rouge vif.*

8 ***Le papillon monarque est un migrateur exceptionnel.*** *Chaque année, il vole du Canada jusqu'au Mexique pour hiverner –* ***un incroyable parcours de 4 500 km*** *!*

9 ***Les insectes sont dotés d'un exosquelette en chitine.*** *Les ailes postérieures fines et transparentes et les élytres durs et rugueux de cette coccinelle sont constitués de cette molécule polyvalente.*

10 ***Un essaim de cigales peut émettre des sons s'élevant jusqu'à 100 décibels ou plus*** *– presque autant qu'un concert de rock. Les cigales ne chantent pas avec leur bouche, mais* ***avec les muscles de leur abdomen qu'elles contractent****.*

11 *Le* ***weta géant est le plus grand des insectes****. Le plus gros jamais découvert pesait 71 g – l'équivalent de 3 souris ! En voie de disparition, cette espèce ne se trouve qu'en Nouvelle-Zélande.*

L'INFO EN PLUS ***Les insectes les plus dangereux sont ceux qui possèdent un venin mortel ? Faux !*** *Quand* ***les criquets pèlerins*** *se nourrissent, ils sont* ***capables de détruire des surfaces de cultures vivrières, déclenchant des famines****.*

12 ***Une femelle puceron se reproduit en portant non seulement ses filles, mais aussi ses petites-filles.*** *Sa progéniture, qui se développe à l'intérieur d'elle, porte une autre génération d'insectes en elle.*

13 *Les biologistes ont calculé que l'on pourrait dénombrer* ***jusqu'à l'équivalent de*** *1,4 million de fourmis par être humain. Vivant* ***en colonie, elles se comportent comme un seul organisme ou «superorganisme»****, œuvrant en groupe pour atteindre des objectifs communs.*

Ô GRAND PHARAON !

Le nom de Toutankhamon est devenu célèbre dans le monde entier par les trésors prodigieux renfermés dans son tombeau, censés faciliter son voyage vers l'autre monde. Les Égyptiens croyaient en la vie après la mort, une vie éternelle.

1 ***La civilisation égyptienne antique a prospéré sur les rives du Nil pendant plus de 3000 ans****, jusqu'en 30 av. J.-C. Au sommet de la société égyptienne se trouvait le pharaon – un souverain vénéré comme un dieu vivant.*

2 ***Toutankhamon est devenu pharaon en 1336 av. J.-C.****, et mourut 10 ans plus tard.* ***Sa momie fut retrouvée ornée d'un masque mortuaire en or massif, pesant 10,2 kg****. On pense qu'il s'agit d'un portrait réel de son visage.*

3 ***Le tombeau de Toutankhamon est resté intact dans la Vallée des Rois, près de Louxor, pendant 3000 ans****, avant que Howard Carter ne le découvre en 1922. Carter a passé 17 ans à cataloguer les trésors qu'il y a mis au jour.*

4 ***Il fallait 70 jours pour élaborer une momie.*** *On* ***prélevait les organes internes du défunt, puis le corps était lavé et recouvert de natron*** *(une sorte de sel) pour le dessécher. Après traitement,* ***les organes étaient replacés dans le corps.***

5 *Les anciens Égyptiens momifiaient les corps des pharaons* ***pour qu'ils puissent revivre dans l'au-delà****. Ils croyaient que les morts voyageaient vers le royaume du dieu* ***Osiris, qui jugerait s'ils étaient dignes de la vie éternelle****.*

6 *Le corps embaumé était enveloppé dans des rubans de lin.* ***Déroulées, ces bandes pouvaient atteindre 1,6 km de long.*** *Dans l'Angleterre du XIXe siècle, des séances de déballage de momies se tenaient parfois en public au sein des sociétés savantes.*

7 ***Le corps de Toutankhamon reposait dans 3 cercueils emboîtés les uns dans les autres****, puis placés dans un sarcophage de pierre.* ***Le cercueil le plus profond, en or massif, pesait pas moins de 110 kg.***

8 *Les 2 cercueils extérieurs étaient en* ***bois recouverts de feuilles d'or.*** *Certains historiens pensent que* ***le cercueil du milieu et plusieurs autres objets du tombeau étaient « d'occasion »*** *– fabriqués à l'origine pour d'autres dignitaires royaux.*

9 *Aujourd'hui, Toutankhamon est célèbre dans le monde entier, mais au cours de sa vie, il ne fut qu'un souverain sans envergure.* ***Devenu pharaon vers 9 ans, il est mort à l'âge de 19 ans, peut-être assassiné par un rival*** *qui aurait voulu s'emparer du trône. Mais cela n'a jamais été prouvé.*

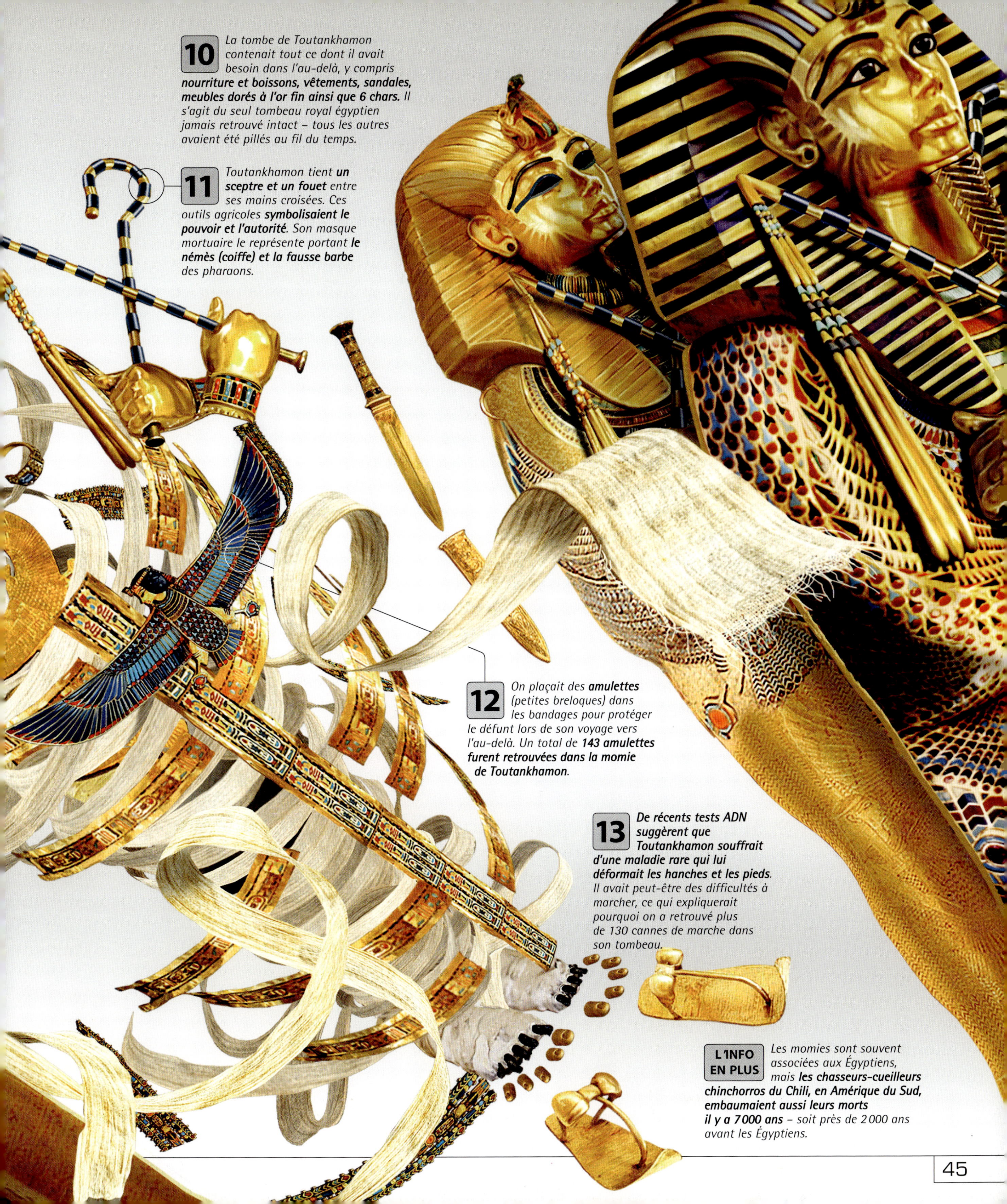

10 *La tombe de Toutankhamon contenait tout ce dont il avait besoin dans l'au-delà, y compris* ***nourriture et boissons, vêtements, sandales, meubles dorés à l'or fin ainsi que 6 chars.*** *Il s'agit du seul tombeau royal égyptien jamais retrouvé intact – tous les autres avaient été pillés au fil du temps.*

11 *Toutankhamon tient* ***un sceptre et un fouet*** *entre ses mains croisées. Ces outils agricoles* ***symbolisaient le pouvoir et l'autorité****. Son masque mortuaire le représente portant* ***le némès (coiffe) et la fausse barbe*** *des pharaons.*

12 *On plaçait des* ***amulettes*** *(petites breloques) dans les bandages pour protéger le défunt lors de son voyage vers l'au-delà. Un total de* ***143 amulettes furent retrouvées dans la momie de Toutankhamon****.*

13 ***De récents tests ADN suggèrent que Toutankhamon souffrait d'une maladie rare qui lui déformait les hanches et les pieds.*** *Il avait peut-être des difficultés à marcher, ce qui expliquerait pourquoi on a retrouvé plus de 130 cannes de marche dans son tombeau.*

L'INFO EN PLUS *Les momies sont souvent associées aux Égyptiens, mais* ***les chasseurs-cueilleurs chinchorros du Chili, en Amérique du Sud, embaumaient aussi leurs morts il y a 7 000 ans*** *– soit près de 2 000 ans avant les Égyptiens.*

LA MOUCHE FAIT LE BUZZZ

On considère souvent les mouches comme des nuisibles, telle la mouche domestique présentée ici. Or il en existe plus de 160000 espèces, et si certaines sont dangereuses, la plupart sont inoffensives, voire très utiles.

1 ***Les premières véritables mouches sont apparues il y a 250 millions d'années.*** *Une vraie mouche possède une seule paire d'ailes, et non deux, comme beaucoup d'autres insectes.*

2 ***Cette mouche domestique bat des ailes jusqu'à 200 fois par seconde, et peut atteindre une vitesse de 8 km/h,*** *qu'elle vole de haut en bas ou de bas en haut, sur le côté ou en arrière.*

3 ***Le corps d'une mouche peut porter jusqu'à 29 millions de germes,*** *contractés quand elle atterrit sur des aliments avariés. Parmi les maladies graves transmises par les mouches : le choléra et la typhoïde.*

4 *Parmi les pantophtalmidés, le plus dangereux est le* ***moustique****. Cet insecte suceur de sang transmet le* ***paludisme, une maladie à l'origine de plus de 400000 décès par an.***

5 ***Les plus grandes mouches au monde sont les pantophtalmidés*** *d'Amérique centrale et du Sud. Ceux-ci peuvent mesurer* ***jusqu'à 8 cm*** *– l'équivalent de la paume d'un enfant.*

6 *La mouche peut marcher au plafond car* ***ses pattes possèdent de minuscules coussinets collants qui se fixent sur la plupart des surfaces.*** *Elle est aussi dotée de* ***papilles gustatives tout le long de ses pattes.***

7 ***La mouche possède des yeux composés, chacun doté de plus de 4 000 lentilles.*** *Si elle détecte une tapette lui fondant dessus, la mouche est capable d'effectuer un bond en un millième de seconde.*

8 *Au cours de sa vie d'environ 30 jours,* ***une mouche femelle pond jusqu'à 900 œufs****. Un seul couple de mouches domestiques, se reproduisant sans arrêt dans de bonnes conditions, est susceptible d'engendrer* ***plus de 191 milliards de billions de descendants en 5 mois !***

9 *La mouche domestique se sert de ses antennes trapues pour capter les odeurs. Elle est* ***capable de détecter une source de nourriture****, comme un dépotoir ou une cour de ferme,* ***à près de 1 km de distance****.*

10 *Une seule espèce de mouche habite toute l'année en Antarctique :* ***la*** **Belgica antarctica** ***est capable de survivre même quand son corps gèle.*** *Véritable mouche, elle ne possède toutefois pas d'ailes.*

11 *Une* ***mouche domestique digère les aliments solides en dehors de son corps.*** *Sortant sa trompe rétractable,* ***elle régurgite sur l'aliment, le transforme en «bouillie» avec sa salive et ses sucs digestifs, puis réabsorbe son repas.*** *Sur cette image, on ne voit que son extrémité poilue.*

12 *Les asticots, ou larves, des mouches sont parfois utilisés par les médecins :* ***les asticots placés sur une plaie mangent les tissus morts, accélérant ainsi la guérison.***

13 *La Station spatiale internationale possède un laboratoire de mouches à fruits.* ***Celles-ci servent de mini-modèles aux astronautes pour faciliter la recherche sur les effets à long terme des vols spatiaux.***

L'INFO EN PLUS *Vous pensez avoir été* ***mordu par une mouche domestique ? Impossible : cette espèce possède des pièces buccales spongieuses incapables de mordre.*** *Sa cousine proche, la mouche d'étable, est probablement la fautive !*

LE TOP DE LA PHILO

Le mot «philosophie» signifie «amour de la sagesse» en grec. Ce domaine d'étude interroge la vie, la réalité du monde. Nous aborderons ici quelques-unes des grandes idées que les penseurs célèbres de l'histoire ont questionnées.

1 *La philosophie est née dans la Grèce antique. Un des plus grands penseurs grecs,* ***Socrate, développa le précepte du «Connais-toi toi-même».*** *En 399 av. J.-C., accusé de corrompre la jeunesse avec ses idées, il fut condamné à mort ou à l'exil. Choisissant la mort, il accepta une coupe empoisonnée de ciguë.*

2 *Autre philosophe de la Grèce antique,* ***Platon s'est intéressé à la question «Qu'est-ce que la beauté?».*** *Il croyait aussi en* ***l'importance de penser le monde à travers le raisonnement.*** *En 387 av. J.-C., Platon a ouvert à Athènes la première université d'Europe : l'Académie.*

3 *Aristote, élève de Platon et grand érudit, a enseigné* ***l'usage de la raison pour résoudre les problèmes de façon logique.*** *Aristote était aussi un grand scientifique, fasciné par la vie animale. Il était* ***le propriétaire de l'un des premiers zoos.***

4 *Le philosophe chinois* ***Confucius*** *a développé un* ***système de pensée visant à mener une vie noble : les Cinq Vertus*** *confucéennes. En 136 av. J.-C., ce code était devenu une religion d'État, le confucianisme.* ***Durant 2000 ans, la philosophie de Confucius a fait partie des examens des fonctionnaires chinois.***

5 *La* ***religion bouddhiste*** *se base sur l'enseignement de* ***Bouddha*** *(environ 563-483 av. J.-C.), qui médita pendant 49 jours sous un figuier sacré jusqu'à atteindre «l'illumination». Le bouddhisme est aussi une* ***philosophie*** *dont l'une des idées principales est* ***«la voie du milieu» : la vérité ne se trouve pas dans les croyances dogmatiques des religions, ni dans le doute systématique, mais dans l'entre-deux.***

6 ***Thomas d'Aquin*** *vécut vers 1225-1274 et fut moine dominicain à une époque où la religion s'opposait à la science et à la philosophie. Dans son enseignement,* ***il plaidait pour une coopération entre chaque champ de la connaissance.*** *Plus tard, l'Église le récompensa en en faisant un saint.*

7 *En 1637, le grand philosophe et mathématicien français* ***René Descartes*** *écrivait :* ***«Je pense, donc que je suis.»*** *La vérité de l'homme est en lui-même.* ***La preuve de mon existence, je la trouve en moi, qui pense.***

8 *Au XVIIIᵉ siècle, un* ***mouvement culturel appelé « les Lumières » a déferlé sur toute l'Europe.*** *Il incitait les gens à réfléchir par eux-mêmes, et ses idées faisaient la promotion de la liberté d'expression. La devise du philosophe allemand Emmanuel Kant était :* ***« Ose savoir ! Aie le courage de te servir de ton propre entendement ! »***

9 *Jean-Jacques Rousseau, l'un des plus célèbres philosophes du XVIIIᵉ siècle,* ***a rédigé de nombreux textes sur la démocratie****, soutenant la souveraineté populaire. Son éternel rival Voltaire est, lui, connu pour ses écrits* ***défendant la liberté contre l'introlérance*** *de l'Église catholique.*

10 *On peut encore rencontrer le philosophe britannique du XVIIIᵉ siècle* ***Jeremy Bentham*** *au University College de Londres : son squelette, vêtu de ses propres habits et surmonté d'un masque de cire représentant son visage, est conservé dans un placard.*

11 ***Comment décide-t-on quoi faire de sa vie ?*** *Le philosophe allemand Friedrich Nietzsche pensait que chacun devrait faire ses propres choix plutôt qu'écouter les autres.* ***Il encourageait chaque individu à faire au maximum l'expérience de la vie : à devenir un « Surhomme ».*** *Nietzsche n'imaginait pas là un super-héros vêtu d'une cape et planant dans les airs, mais plutôt un grand artiste, un penseur ou un meneur d'hommes.*

12 *Le philosophe français* ***Jean-Paul Sartre*** *(1905-1980) estimait que l'on peut choisir entre deux modes de vie.* ***Soit l'on vit comme tout le monde pense que nous le devrions, soit l'on choisit d'être « différent »****, de mener la vie qui nous convient en donnant du sens à cette vie. Ce choix nous appartient.*

13 ***Simone de Beauvoir (1908-1986), philosophe française et pionnière du féminisme****, s'est toujours battue contre l'idée selon laquelle les femmes étaient « naturellement » destinées à endosser certains rôles. Elle était la compagne de Jean-Paul Sartre.*

L'INFO EN PLUS ***La philosophie pose de nombreuses questions, mais qu'en est-il des réponses ?*** *Eh bien il n'en existe aucune de définitive. La philosophie n'est pas une science exacte, dans laquelle les débats sont clos par des preuves irréfutables.*

BON APPÉTIT

La nourriture constitue le « carburant » vital nécessaire pour alimenter notre organisme. Chaque bouchée avalée nous fournit de l'énergie, nous réchauffe et permet à notre corps de grandir et de se régénérer.

Un régime équilibré

Il existe 5 grands groupes d'aliments : les glucides complexes (amidons et féculents tels les pâtes, le riz ou les pommes de terre); les protéines (viande, œufs, haricots secs et lentilles); le lait et les produits laitiers; les fruits et légumes; les graisses et les sucres. Les conseils varient d'un pays à l'autre, mais la plupart des experts s'accordent à dire qu'un repas équilibré devrait se composer au moins de moitié de fruits et légumes, et que les graisses et les sucres devraient être consommées avec parcimonie.

Cette roue alimentaire indique la proportion recommandée de chaque groupe alimentaire dans notre ration alimentaire quotidienne.

1 ***Le pain est fabriqué à partir du blé, une céréale fondamentale.*** *Les céréales constituent une grande partie du régime alimentaire humain et varient d'un pays à l'autre :* ***blé, maïs ou riz. Ce trio de céréales fournit plus de la moitié de l'apport énergétique mondial.***

2 ***Environ 9 milliards de hamburgers sont servis chaque année dans les restaurants américains.*** *Tous les jours, la chaîne de restauration rapide McDonald's écoule à elle seule 75 hamburgers par seconde.*

3 *La mayonnaise est une sauce à base de jaune d'œuf et d'huile.* ***Une cuillère à soupe de mayonnaise contient environ 90 calories*** *– l'équivalent d'une barquette entière de fraises.*

4 ***La moutarde a peut-être un goût piquant, mais elle contient en fait du sucre ajouté,*** *comme la plupart des aliments transformés.* ***Une cuillère à soupe de ketchup à la tomate contient plus de sucre qu'un biscuit aux pépites de chocolat.***

5 ***Chaque année, environ 1,3 milliard de tonnes de nourriture sont gaspillées.*** *Cela représente environ le tiers de toute la nourriture produite.* ***Dans le même temps, 1 personne sur 9 souffre de sous-nutrition.***

6 ***Les fruits et les légumes sont certes gorgés de vitamines et de minéraux essentiels, mais ils contiennent aussi beaucoup d'eau.*** *Environ 20 % de notre ration d'eau provient de notre nourriture.*

7 *La saumure, le salage, le séchage et la congélation sont quelques-unes des* ***techniques de conservation des aliments****. Ce cornichon a été plongé dans une marinade de vinaigre.*

8 *L'homme a commencé à traire les vaches il y a environ 7 500 ans et depuis lors, le lait est utilisé pour élaborer toutes sortes de produits laitiers, tel ce fromage.* ***Les Français sont les plus gros consommateurs de fromage – en moyenne 26,8 kg par personne en 2015.***

9 *Apprendre à cuisiner la viande a peut-être amélioré nos capacités intellectuelles :* ***en inventant la cuisine il y a 1,8 million d'années, nos ancêtres ont connu une augmentation subite de la taille de leur cerveau.***

10 *Aujourd'hui, nous associons le* ***ketchup*** *à la tomate, mais au XVIIe siècle, cette sauce était généralement* ***préparée à base de champignons, de fruits de mer ou de noix.***

11 *En 2013, les scientifiques ont dévoilé* ***le premier hamburger cultivé en laboratoire****. Élaboré à partir de cellules de vaches,* ***le steak haché a coûté 325 000 $*** *et reçu des avis mitigés de la part des critiques gastronomiques.*

12 ***À l'avenir, nous nous nourrirons peut-être tous d'insectes.*** *Leur élevage génère moins de dégâts environnementaux que celui du bétail, et consomme moins de terres et de ressources.*

13 *Il arrive parfois que des aliments de nos ancêtres préhistoriques soient découverts intacts. En fouillant une tombe en Géorgie, les archéologues ont découvert* ***du miel encore comestible datant de plus de 5 000 ans !***

L'INFO EN PLUS *Malgré les rumeurs,* ***rien ne prouve que manger du fromage avant d'aller au lit provoque des cauchemars.*** *Cependant, les aliments riches en graisses sont difficiles à digérer pour notre organisme. Manger du fromage avant de se coucher risque donc de perturber notre sommeil.*

MESSAGE REÇU ?

Qu'il s'agisse d'envoyer une lettre, comme le faisaient les Romains, ou de sonner le tocsin pour prévenir les populations d'une invasion armée, il existe d'innombrables façons de communiquer en dehors d'un simple SMS.

1 *Dans la Grèce antique, on se servait des* ***pigeons voyageurs*** *pour annoncer les vainqueurs olympiques. Plus récemment, ces oiseaux ont pu sauver des vies : pendant la Première Guerre mondiale,* ***malgré ses graves blessures, le pigeon Cher Ami a parcouru 40 km pour transmettre un message qui sauva 194 soldats américains.*** *Il fut récompensé par une médaille de bravoure.*

2 *Dès 800 av. J.-C., les gardes le long de la* ***Grande Muraille de Chine*** *envoyaient des* ***signaux de fumée pour annoncer des invasions.*** *Dans la Grèce antique, on avait* ***conçu un « alphabet de fumée »*** *pour envoyer des messages spécifiques.*

3 ***Le sémaphore – des mouvements de bras particuliers visant à coder les lettres de l'alphabet – est un autre système de communication ancien*** *: au IVᵉ siècle av. J.-C., les Grecs avaient érigé des tours avec des « bras » mobiles pour lancer des messages. Les systèmes de sémaphores modernes ont recours à des drapeaux.* ***En mer, les drapeaux sont rouge et jaune ; sur terre, ils sont bleu et blanc.***

4 ***La communication électronique est née avec le télégraphe en 1816.*** *Un opérateur captait des messages qui étaient transmis sous forme de signaux le long des fils électriques.* ***En 1858, le premier message transatlantique fut envoyé via des câbles sous l'océan*** *: l'opération fut plus rapide qu'un envoi par bateau (10 jours de traversée), mais il fallut tout de même 16 heures pour la transmission en Morse.*

5 ***Le code Morse utilise des signaux courts et longs (points et tirets) pour coder les lettres de l'alphabet.*** *Il a été inventé pour transmettre rapidement des messages télégraphiques. Au début, ces messages oraux étaient retranscrits à la main, mais une machine fut ensuite inventée pour taper les messages sur des* ***rubans de papier à trous*** *qui représentaient les points et les tirets.*

6 ***Le premier appel téléphonique fut donné en 1876.*** *Le plus ancien annuaire (1878) répertorie 391 personnes, mais pas leurs numéros :* ***à l'époque, on appelait l'opérateur pour être mis en relation.***

7 Lors du lancement du colis postal, aux États-Unis, en 1913, **on pouvait presque tout envoyer par la poste.** Dans l'Ohio, **un bébé fut livré à ses grands-parents pour la modique somme de 15 cents.**

8 **Les premiers signaux radio émis et reçus remontent à 1895**, mais il fallut encore 11 ans pour que le premier programme de divertissement radiophonique soit diffusé depuis le Massachusetts, aux États-Unis, par l'inventeur canadien Reginald Fessenden. **De nos jours, le BBC World Service est la station la plus populaire et compte des millions d'auditeurs à travers le monde.**

11 Lancés dans l'espace en 1962, **les satellites de télécommunication Telstar relayaient les signaux de télévision et de téléphone des 2 côtés de l'Atlantique.** Deux Telstar sont encore en orbite aujourd'hui, mais ne sont plus en service : des centaines d'autres satellites ont pris le relais.

9 Les **radios bidirectionnelles portatives ont été inventées dans les années 1930**, mais la première à être baptisée **« talkie-walkie »** était en fait utilisée comme un sac à dos. Développé par l'armée américaine pendant la Seconde Guerre mondiale, ce caisson métallique de 15 kg était équipé d'un récepteur téléphonique pour émettre et recevoir des appels.

12 **Lancé en 1984, le DynaTAC fut le premier téléphone mobile commercialisé.** De la taille d'une brique, il pesait 1 kg et coûtait la coquette somme de 3 995 $.

13 **Le World Wide Web a été mis en service en 1991.** À l'époque, la plupart des gens ne lui voyaient aucune utilité, mais aujourd'hui, on recense plus de 3 milliards d'internautes et 1 milliard de sites Web dans le monde. L'e-mail a 20 ans de plus que l'Internet : **le premier fut envoyé dans les années 1970.**

10 En 1926, l'Écossais John Logie Baird devient le pionnier du « téléviseur » électromécanique. L'Américain Philo Farnsworth a présenté sa **télévision tout électronique en 1934**, quelques années après le lancement de la première chaîne de télévision. **La première publicité fut diffusée en 1941 à New York.**

L'INFO EN PLUS On pourrait croire que le téléphone portable est très moderne, mais la possibilité de téléphoner tout en se déplaçant ne date pas d'hier : **les téléphones de voiture remontent à 1946 !** Ils se composaient d'un combiné rattaché à une boîte de 36 kg fixée dans l'auto. Dans les années 1980, ils étaient plus populaires que les téléphones mobiles...

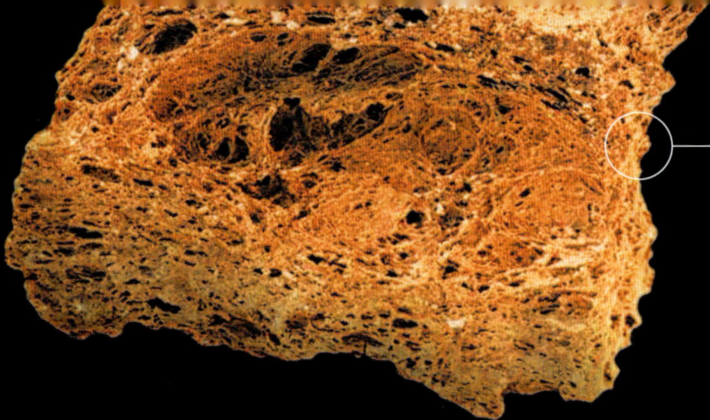

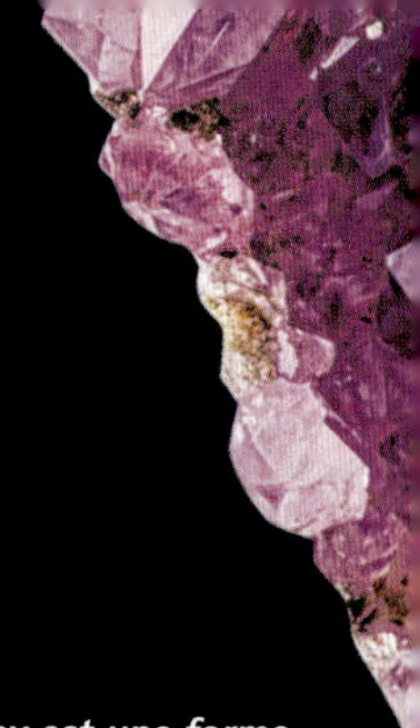

1 ***90 % des roches sont magmatiques : elles se forment quand le magma de l'intérieur de la Terre refroidit et se solidifie.*** *Parfois, ce magma est éjecté avec une grande puissance, ce qui génère des bulles de gaz. En devenant solide, ce magma donne naissance à de la* ***pierre ponce****, une roche trouée tellement légère qu'elle peut flotter sur l'eau.*

2 ***Si les roches magmatiques refroidissent lentement, elles peuvent former des cristaux visibles*** *tels ceux que l'on retrouve dans le* ***granit****.* ***L'obsidienne, cependant, refroidit rapidement et ne présente donc pas de cristaux : c'est un «verre».***

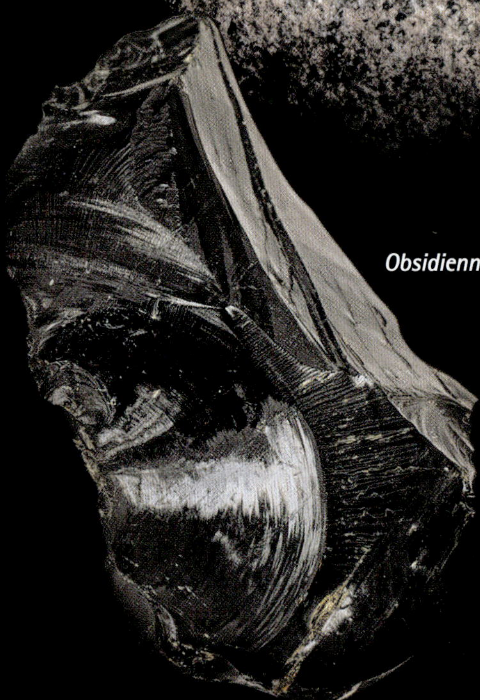

Obsidienne

4 ***Le silex est une forme de quartz minéral que l'on trouve dans les roches sédimentaires*** *comme la* ***craie****. Il peut se briser en morceaux tranchants, dont se servaient les* ***hommes préhistoriques*** *pour fabriquer leurs outils et armes.*

3 ***Les roches sédimentaires se composent de grains de sable, de boue ou d'organismes vivants*** *qui se déposent au fond des mers ou des rivières et, avec le temps, s'agglomèrent à des roches stratifiées comme le grès.*

5 ***Le marbre est une roche métamorphique (qui a changé de forme).*** *Il s'agit au départ d'une roche calcaire, mais transformée par une chaleur intense et une forte pression souterraine.*

C'EST UN ROC !

Les roches sont faites de minéraux solides ; 5000 minéraux ont été identifiés sur notre planète, mais on n'en retrouve que 30 dans la plupart des roches, réparties en trois familles : magmatique, sédimentaire et métamorphique.

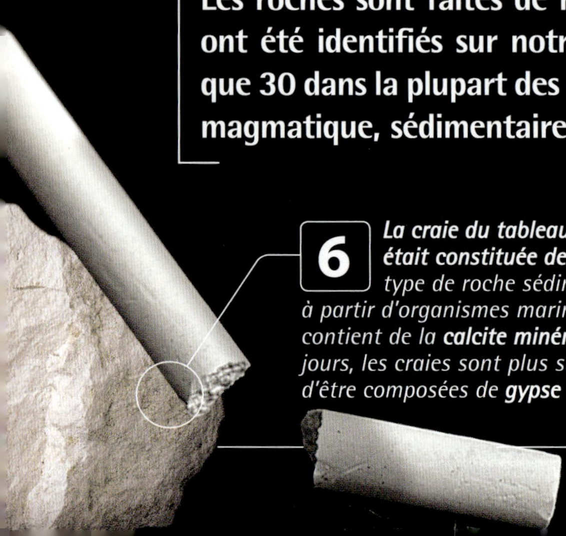

6 ***La craie du tableau noir d'autrefois était constituée de calcaire****, un type de roche sédimentaire formée à partir d'organismes marins, et qui contient de la* ***calcite minérale****. De nos jours, les craies sont plus susceptibles d'être composées de* ***gypse minéral.***

7 *La plupart des* ***fossiles*** *se trouvent dans les* ***roches sédimentaires*** *: il s'agit de* ***restes d'animaux et de plantes enfouis dans les sédiments.*** *Des trilobites comme celui-ci vivaient dans nos océans il y a 520-250 millions d'années.*

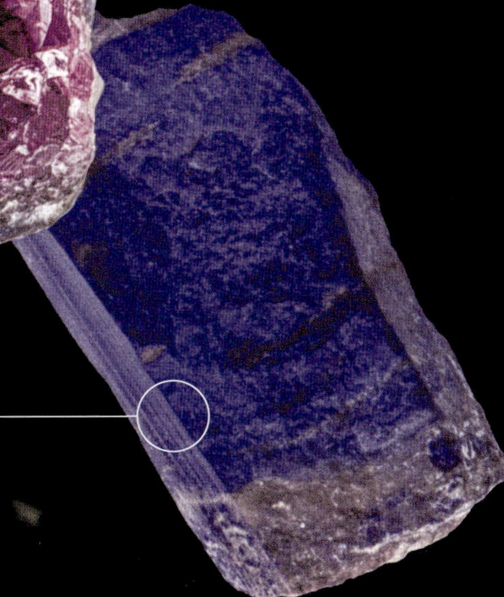

8 ***L'améthyste est une variété violette de quartz*** *– un des minéraux les plus abondants sur Terre.* ***Un cristal de quartz vibre quand il est traversé d'un courant électrique****, c'est pourquoi on l'utilise dans les* ***montres*** *: ces vibrations servent à* ***maintenir les pendules à l'heure !***

9 *Apprécié depuis des siècles, le* ***lapis-lazuli*** *était utilisé pour la fabrication de* ***perles*** *à l'époque néolithique (3000 av. J.-C.). On le broyait aussi pour fabriquer des ombres à paupières et de la peinture.* ***Le mot «azur» vient de la couleur du lazuli.***

10 *De nombreux minéraux se trouvent dans les* ***cristaux brillants****, qui se forment lors de la* ***solidification de certains liquides****. Leur forme dépend de la façon dont leurs atomes s'agglutinent. La* ***crocoïte minérale*** *– constituée de plomb et de chrome – présente de longs cristaux à 4 faces et d'un rouge généralement vif.*

11 *Les* ***cristaux de pyrite*** *en forme de cubes brillent d'un jaune pâle, ce qui donne à ce minéral de fer le surnom d'****«or du fou»****. La pyrite* ***tire son nom du mot grec signifiant «feu»*** *car elle forme des étincelles quand on la frappe contre de l'acier.* ***Au XVIe siècle elle était utilisée dans les canons.***

12 *Environ* ***45 000 météorites (roches spatiales) ont été retrouvées sur Terre****. La plupart sont des météorites rocheuses : seulement 5 % d'entre elles sont composées de fer, tel cet octaédrite. Ses longs cristaux se sont formés lors du refroidissement lent de la météorite. Il est composé des mêmes minéraux (fer et nickel) que le noyau de la Terre. Cela dit,* ***on a détecté dans des météorites 40 minéraux qui n'existent pas sur Terre.***

13 ***Il existe 2 minéraux différents auxquels on attribue le nom de jade*** *: la* ***jadéite*** *et la* ***néphrite****. Dans la Chine ancienne, on attribuait au* ***jade néphrite des vertus de protection des cadavres et d'immortalité*** *: il servait ainsi à fabriquer des costumes funéraires pour les rois.*

L'INFO EN PLUS ***Toutes les roches ne sont pas dures. L'argile*** *est un type de* ***roche sédimentaire*** *: il suffit d'y ajouter de l'eau pour* ***la ramollir*** *puis la modeler. Pour la durcir, il suffit de la cuire.*

LES MAÎTRES DU TEMPS

Pour savoir l'heure, un coup d'œil au poignet, et on sait si on est en avance, en retard ou à l'heure. Depuis toujours, les hommes ont cherché à comprendre le temps qui passe. Le départ du chrono est donné avec l'invention de l'horloge.

1 ***Les premiers hommes gardaient la trace du temps grâce au Soleil.*** *Simples bâtons enfoncés dans le sol, les premiers* ***cadrans solaires*** *sont apparus il y a environ 6000 ans :* ***l'ombre qu'ils projetaient indiquait l'heure.***

2 ***Les Grecs et les Romains de l'Antiquité utilisaient des horloges à eau*** *pour marquer les intervalles de temps. L'eau s'écoulait d'un récipient à l'autre, comme le sable dans un sablier.*

3 ***Les premières horloges mécaniques sont apparues au XIIIe siècle,*** *mais* ***manquaient de précision.*** *Elles recouraient à des poids tombant sur une chaîne pour actionner les engrenages, et* ***retardaient d'environ 15 minutes chaque jour.***

4 ***L'invention de l'horloge à pendule a amélioré la précision à quelques secondes par jour.*** *D'abord mise au point par Christiaan Huygens en 1656, l'horloge utilisait un poids oscillant (le pendule) pour rester à l'heure.*

5 *À l'intérieur d'une montre, le* ***balancier*** *fait le travail du pendule. Cette* ***roue lestée bascule d'avant en arrière, actionnant des engrenages qui font tourner les aiguilles.***

6 ***Un boîtier*** *protège* ***le mécanisme.*** *Les premières montres s'accrochaient à une chaîne autour du cou ou se transportaient dans une poche.*

7 ***Un bouton, ou couronne, situé sur le boîtier de la montre règle les aiguilles.*** *Sur certaines montres mécaniques, la couronne sert également à remonter le mécanisme. D'autres montres mécaniques se remontent automatiquement – le mouvement naturel du poignet du porteur génère l'énergie nécessaire.*

8 On ne peut pas les porter au poignet, mais **les horloges atomiques affichent l'heure la plus précise au monde.** Elles décomptent les ondes émises lorsqu'un électron se déplace dans un atome. Les derniers modèles sont **précis à la seconde près sur 15 milliards d'années !**

9 **Les femmes ont commencé à porter des montres au poignet au XIXe siècle ;** les **montres-bracelets** ne sont devenues courantes chez les hommes qu'après la Première Guerre mondiale.

10 **Un jour représente le temps nécessaire à la Terre pour effectuer un tour complet sur son axe.** Or la division d'une journée en 24 heures, et d'une heure en 60 minutes est une invention humaine. Ce système nous vient probablement des Babyloniens.

11 **Les premières horloges ne possédaient qu'une seule aiguille,** indiquant l'heure. Celle des minutes n'apparaît que dans les années 1690.

12 Un cadran d'horloge se divise en 12 chiffres, mais **sous la Révolution, on fabriquait des horloges à 10 chiffres.** Le passage à l'**« heure décimale révolutionnaire »** – avec 10 heures par jour, 100 minutes par heure et 100 secondes par minute – fut **très impopulaire et ne dura que 18 mois.**

13 **Les montres modernes continuent de fonctionner dans les profondeurs des océans et dans l'espace.** La première montre à faire une sortie dans l'espace fut celle de Leonov en 1965.

L'INFO EN PLUS Si l'on mesure la rotation de la Terre sur elle-même par **rapport à la position du Soleil dans le ciel, un jour dure 24 heures précises.** Mais si on se repère par **la position des étoiles dans le ciel, une journée ne dure que 23 heures et 56 minutes.**

1 Les insectes, les vers, les escargots ne possèdent pas de colonne vertébrale : ce sont des invertébrés ; **97 % des espèces animales sont invertébrées.**

2 Les animaux dotés d'une colonne vertébrale sont des vertébrés. La moitié des espèces vertébrées sont des poissons. **Ce poisson-voilier chasse en groupe, utilisant sa bouche en forme d'épée pour attaquer.**

3 Le **hibou repère ses proies même dans l'obscurité grâce à ses grands yeux** : il ne peut cependant pas les bouger, alors il tourne la tête à 270° d'un côté à l'autre pour voir autour de lui.

4 **De tous les animaux, c'est la crevette-mante qui distingue le mieux les couleurs.** Elle recherche ses proies sur les récifs coralliens, puis brise ses victimes en morceaux grâce à ses griffes en forme de massue.

Araignée lynx verte

5 De nombreux insectes herbivores ont un appétit vorace. **Un essaim de criquets, qui compte au moins 40 millions d'insectes, consomme en une journée autant de nourriture qu'environ 35 000 personnes.**

LE RÈGNE ANIMAL

Des baleines géantes aux vers microscopiques, le règne animal compte 1,5 million d'espèces. Les animaux occupent tous les continents et les océans, et affichent des capacités de survie et des comportements prodigieux.

6 De nombreux animaux font des efforts prodigieux pour éviter de se faire manger. **Le poisson porc-épic avale de l'eau de mer pour doubler de volume et se transformer en une boule piquante.**

7 Certains animaux sont capables de se régénérer après une blessure. **Beaucoup ont une capacité de guérison rapide. La salamandre peut même faire repousser des membres entiers.**

8 ***La grosse bête mange la plus petite*** *: la* ***baleine bleue*** *utilise des filtres pour trier le plancton. Sa bouche distendue engloutit un volume d'eau de mer égal à sa masse corporelle, mais* ***aucun objet plus gros qu'un ballon de plage ne peut franchir son étroite gorge.***

9 *Certains animaux forment des structures vivantes si vastes qu'on peut les observer depuis l'espace.* ***La Grande Barrière de corail****, au large de l'Australie, est une* ***immense colonie de coraux durs qui s'étend sur plus de 2 300 km de long.***

10 ***Sur près de 10 000 espèces de reptiles, plus d'un tiers sont des serpents.*** *La plupart rampent au sol, mais il existe des «* ***serpents volants*** *» qui grimpent aux arbres et sont capables de faire des vols planés jusqu'à 100 m.*

11 *Le* ***calmar*** *est un des prédateurs invertébrés les plus rapides.* ***Capable de bondir jusqu'à 40 km/h****, il déploie ses tentacules visqueux pour s'emparer de ses proies.*

12 *Des membres musculeux permettent à de nombreux animaux de se déplacer rapidement au sol ou de grimper.* ***Le sifaka de Verreaux (lémurien) effectue ses petits bonds au sol, en sautant latéralement sur ses 2 pattes.***

13 ***Avec ses dents et ses épines rigides, l'oursin violet creuse un trou dans un rocher où il peut trouver le repos.*** *Cela lui use les épines, mais elles repoussent. Si ses épines grossissent trop par rapport au trou, l'oursin risque de s'y retrouver coincé et ne jamais pouvoir en sortir.*

L'INFO EN PLUS *On pourrait croire que tous les animaux vieillissent, or ce n'est pas forcément toujours le cas. Les chercheurs pensent avoir découvert des* ***méduses immortelles*** *: quand elles atteignent l'âge adulte, leur processus de vieillissement s'inverse et elles se régénèrent à l'infini !*

LE SOLDAT ROMAIN

Le monde a rarement connu une armée aussi entraînée, organisée et disciplinée que celle du puissant Empire romain. Chaque légionnaire (soldat d'infanterie) était à lui seul une redoutable machine de guerre.

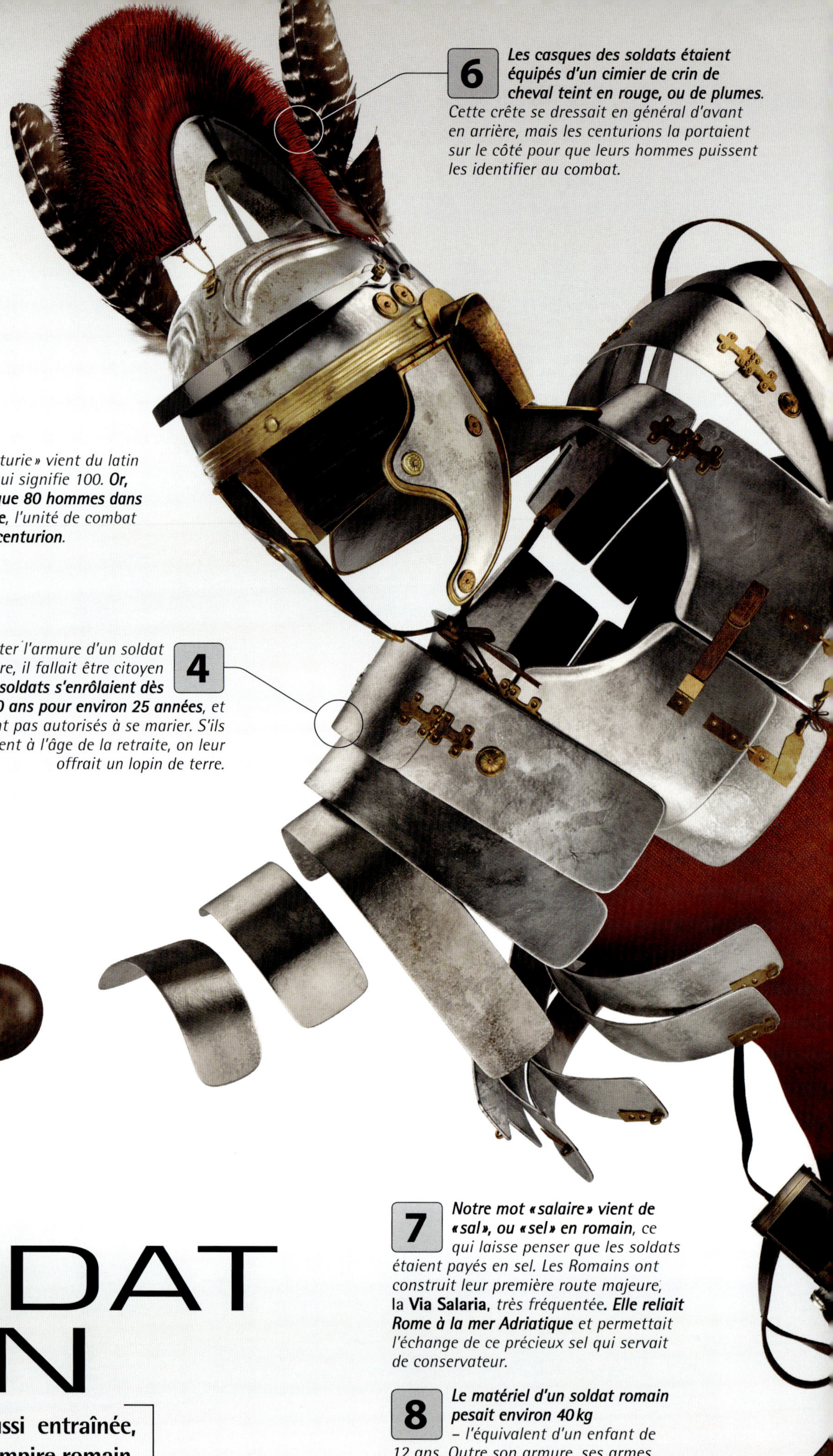

1 *Pendant plus de 500 ans, la ville de Rome en Italie a déployé ses armées* ***pour conquérir et contrôler les terres autour de la Méditerranée et d'une grande partie de l'Europe occidentale.*** *Au début du IIe siècle de notre ère, l'Empire romain s'étendait de l'Écosse, au nord, jusqu'à la Syrie à l'est.*

2 ***Les Romains ont construit près de 130 000 km de routes*** *pour que l'armée puisse se déplacer rapidement au sein de l'empire, là où sa présence était nécessaire. Sur chaque territoire,* ***les soldats importaient les innovations romaines : systèmes d'égouts, bains publics, chauffage par géothermie.***

3 *Le mot « centurie » vient du latin « centum », qui signifie 100.* ***Or, il n'y avait que 80 hommes dans une centurie militaire,*** *l'unité de combat* ***commandée par un centurion.***

4 *Pour porter l'armure d'un soldat légionnaire, il fallait être citoyen romain.* ***Les soldats s'enrôlaient dès leurs 20 ans pour environ 25 années,*** *et n'étaient pas autorisés à se marier. S'ils arrivaient à l'âge de la retraite, on leur offrait un lopin de terre.*

5 ***Facile à lancer, le glaive (petite épée) d'un soldat pouvait sectionner les os et les muscles*** *et était idéal pour le* ***combat rapproché.*** *En effet, très souvent, les lames des épées de l'ennemi étaient trop longues pour être maniées efficacement face aux légionnaires.*

6 ***Les casques des soldats étaient équipés d'un cimier de crin de cheval teint en rouge, ou de plumes.*** *Cette crête se dressait en général d'avant en arrière, mais les centurions la portaient sur le côté pour que leurs hommes puissent les identifier au combat.*

7 ***Notre mot « salaire » vient de « sal », ou « sel » en romain,*** *ce qui laisse penser que les soldats étaient payés en sel. Les Romains ont construit leur première route majeure, la* ***Via Salaria,*** *très fréquentée.* ***Elle reliait Rome à la mer Adriatique*** *et permettait l'échange de ce précieux sel qui servait de conservateur.*

8 ***Le matériel d'un soldat romain pesait environ 40 kg*** *– l'équivalent d'un enfant de 12 ans. Outre son armure, ses armes, son bouclier et son manteau de laine, un légionnaire transportait des outils de terrassement, de l'eau et des casseroles.*

9 ***Les non-citoyens résidant dans l'Empire romain ralliaient l'armée en tant que cavaliers et archers***, *et obtenaient la citoyenneté une fois à la retraite. Ces* ***troupes auxiliaires*** *constituaient environ 60 % de la force de combat globale (450 000 hommes).*

10 *Chaque légionnaire avait le corps protégé par un* ***scutum (bouclier arrondi).*** *Pour attaquer une forteresse,* ***les soldats avançaient en rangs serrés, levant leurs boucliers au-dessus de leurs têtes.*** *Cette* ***technique défensive s'appelait «la tortue romaine»*** *car cet amas de boucliers ressemblait à une carapace de tortue.*

11 *Ce bouclier est orné de motifs* ***d'éclairs et d'ailes d'aigle – emblèmes du puissant Jupiter, roi des dieux romains, le protecteur particulier de la ville de Rome.*** *Chaque unité arborait sur ses boucliers ses propres symboles.*

12 *La discipline était sévère.* ***On réservait les pires châtiments aux déserteurs : ces soldats étaient décapités, crucifiés ou jetés du haut d'une falaise.*** *Si une unité entière se mutinait, elle pouvait être* ***«décimée».*** *En latin, cela signifie «retirer un dixième», cette punition consistait à* ***exécuter un soldat sur dix au hasard.***

13 ***Les bottes de l'armée devaient être résistantes car les soldats romains marchaient jusqu'à 30 km par jour.*** *Équipées d'épaisses semelles cloutées, elles étaient ouvertes sur les côtés, comme des sandales.*

L'INFO EN PLUS *Certaines sculptures de soldats romains les représentent pieds nus, mais* ***dans les régions froides, ils portaient en réalité des chaussettes avec leurs sandales.*** *Une lettre à un soldat servant sur le mur d'Hadrien au nord de l'Angleterre fait référence à des chaussettes – et à sa demande de deux paires de sous-vêtements.*

Graines de tournesol

1 ***Les graines ont besoin de chaleur et d'humidité pour germer*** *(commencer à pousser). Même plantée la tête vers le bas, une graine poussera, malgré tout, dans le bon sens.*

2 ***Certaines graines, comme ce noyau de cerise, s'entourent de chair juteuse.*** *Certains animaux mangent ces* ***fruits*** *puis dispersent leurs graines loin de la plante mère en faisant leurs besoins.*

GRAINES DE STARS

La graine est la capsule de survie de la plante. Chaque graine, aussi minuscule soit-elle, renferme les prémices d'une nouvelle plante, ainsi qu'un stock de nourriture capable de la maintenir en vie jusqu'à la germination.

3 ***Ces graines de bardane pointues, s'accrochent à la fourrure des animaux.*** *Un ingénieur suisse a inventé le* ***Velcro*** *en repérant ces boules emmêlées dans les poils de son chien.*

4 ***En 1946, les semences de maïs placées à bord d'une fusée américaine V2*** *sont devenues les* ***premiers organismes voyageant dans l'espace.***

Pomme cannelle

5 *Plus volumineuses qu'une tête humaine,* ***les graines du cocotier de mer sont les plus grosses du règne végétal.*** *Elles pèsent jusqu'à 25 kg.*

6 *Ces gousses appartiennent à* ***l'impatiente de l'Himalaya****, dont elles contiennent les graines. Elles explosent dès qu'on les touche et* ***peuvent répandre leurs graines jusqu'à 7 m de distance.***

7 ***Les graines de ricin contiennent de la ricine, un poison mortel.*** *En 1978, le Bulgare Georgi Markov fut assassiné après avoir reçu* ***un coup de parapluie qui lui a injecté une minuscule capsule de ricine*** *dans le corps.*

8 ***Le lotus est une plante aquatique qui produit ses graines dans une grosse cosse aplatie.*** *Les graines tombent à l'eau puis se répandent. Une fois sèches et vides, ces cosses servent de test pour déceler les personnes atteintes de trypophobie – la peur des… trous.*

9 *En Grande-Bretagne, les graines brunes et luisantes du* ***marronnier d'Inde*** *sont la vedette d'un jeu. Une fois séchée, on enfile une graine sur une ficelle. Les deux joueurs tentent à tour de rôle* ***d'écraser le marron de l'autre avec le sien.***

10 *Le* ***concombre d'âne*** *contient une surprise gluante. Quand on effleure le fruit mûr,* ***il explose et éjecte des graines partout dans un jet de liquide épais.***

11 ***En 2012, des chercheurs russes ont cultivé une plante à partir de graines de silène vieilles de 32 000 ans.*** *Retrouvées en Sibérie, elles avaient été conservées dans les profondeurs de la terre gelée.*

12 ***Les graines de pissenlit, légères, se dispersent facilement avec le vent.*** *Chacune est attachée à un « parachute » plumeux qui peut la transporter* ***jusqu'à 10 km de la plante d'origine !***

13 ***Chaque graine de grenade est enveloppée d'une couverture charnue, l'arille.*** *La peau à la texture de cuir de ce fruit se fend en deux pour que les oiseaux puissent manger les arilles sucrées et juteuses, puis emporter leurs graines.*

L'INFO EN PLUS

Pas d'inquiétude ***si vous avalez une graine : elle ne se transformera pas en plante dans votre estomac !*** *Une graine a besoin d'oxygène et de soleil pour germer.*

EN AVANT LA MUSIQUE !

Le monde de la musique ressemble à un juke-box géant de différents styles. Du classique à la country en passant par le rock et le reggae, il y en a pour tous les goûts ! Joyeuse, triste ou relaxante… à vous de choisir l'ambiance.

1 *La musique est l'**une des rares activités qui mobilise l'ensemble de notre cerveau, y compris les parties qui contrôlent nos émotions et notre mémoire.** C'est pourquoi la musique peut nous faire monter les larmes aux yeux, voire nous donner envie de sauter et de danser de joie.*

2 **Nos ancêtres pratiquaient la musique avec des tambours, hochets et flûtes faits de bois, de graines ou de peaux d'animaux.** Un sifflet vieux de 35 000 ans, façonné dans la phalange creuse d'un renne, a été retrouvé sur un site préhistorique en Dordogne.

3 *La musique classique est un style européen qui s'est développé au XVIIe siècle. **Le plus grand compositeur classique de tous les temps fut peut-être le prodige autrichien Wolfgang Amadeus Mozart.** En 1764, il composa sa première symphonie, à l'âge de 8 ans seulement. Mort à 35 ans, il avait composé plus de 600 œuvres.*

4 *Pour la « grande » musique, on recourt à **un orchestre, généralement composé de 70 à 100 musiciens, jouant des instruments à cordes, percussions, cuivres, bois et claviers.** Les instruments les plus bruyants s'installent derrière les plus silencieux pour équilibrer leurs sons. En 2016, dans un stade de football à Francfort, en Allemagne, un orchestre a donné un récital avec un nombre record de 7 548 musiciens.*

5 L'instrument le plus cher au monde est **un violon fabriqué à la main en 1721 par le luthier italien Antonio Stradivari.** Il fut vendu pour 16 millions de dollars en 2011. Ce maître a conçu 1 100 instruments, les **stradivarius**, réputés pour la qualité de leur son. **À ce jour, son talent n'a jamais été égalé.**

6 Les grands courants musicaux trouvent souvent leurs racines dans la musique folklorique. **Le blues est né des chants fredonnés par les esclaves noirs dans le sud des États-Unis, pendant qu'ils travaillaient.** Les groupes de blues jouaient du banjo, de la guitare, de l'harmonica, et parfois des instruments fabriqués à partir d'objets de tous les jours.

7 Partout où il y a une fête, il y a de la musique ! **Le carnaval de Rio de Janeiro**, au Brésil, est une des plus grandes fêtes au monde. Chaque année, **environ 300 groupes se déplacent dans ses rues en jouant de la samba**, une musique traditionnelle du Brésil, qui fait danser **2 millions de spectateurs chaque jour.**

8 *La guitare acoustique produit un joli son mais n'est pas assez puissante pour conquérir le devant de la scène. Dans les années 1940,* ***avec l'amplification électrique, la guitare a gagné en puissance.*** *Une des premières guitares électriques fut façonnée dans un bloc en pin massif : « The log » (la bûche).*

9 **Le titre de « King of Rock and Roll » revient à Elvis Presley.** Dans les années 1950, son mélange unique de country, de rythmes et de blues révolutionne la musique pop. **Artiste solo le plus vendu de tous les temps, Elvis aurait écoulé plus d'un milliard de disques.** S'il est mort en 1977, sa légende se perpétue aujourd'hui grâce à ses 80 000 sosies.

10 *Les gens adorent chanter, comme en témoigne la popularité du* ***karaoké. Signifiant « orchestre vide », cette machine à chanter a été inventée en 1971 par le batteur japonais Daisuke Inoue.*** *L'une des chansons karaoké les plus jouées aujourd'hui est « Libérée, délivrée » issue du film* La Reine des neiges *en 2013.*

11 En 1977, une sonde spatiale est partie explorer les confins de l'Univers. Au cas où une forme de vie extraterrestre le trouverait, cet engin a emporté avec lui **un disque de sons et d'images présentant la diversité de la vie sur Terre, notamment la musique** : de la cornemuse azerbaïdjanaise aux chants zaïrois, en passant par le rock and roll de Chuck Berry.

12 **L'album le plus vendu de tous les temps est Thriller de Michael Jackson.** Depuis sa sortie en 1982, il s'en est vendu plus de **65 millions d'exemplaires.** Avec sa séquence de danse de zombies, le vidéoclip de son titre phare est l'un des plus vus de tous les temps.

13 La musique est un marché juteux. **L'industrie musicale américaine a rapporté à elle seule plus de 5 milliards de dollars en 2016.** La même année, Bruce Springsteen, un poids lourd de l'industrie, a encaissé 268,3 millions de dollars pour sa tournée mondiale, suivi de près par Beyoncé (256,4 millions).

L'INFO EN PLUS *En 1993,* ***une étude affirmait qu'écouter Mozart rendait plus intelligent.*** *Des parents ont alors fait écouter ses œuvres à leurs enfants avant même leur naissance. L'****« effet Mozart »*** *fut toutefois de courte durée, car il s'est avéré ensuite que sa musique n'avait* ***aucun effet durable sur le cerveau de ses auditeurs.***

SUPER SONIQUE

Depuis l'invention des véhicules motorisés, l'homme n'a eu de cesse d'améliorer leur vitesse. Ces 70 dernières années, le transport est passé à l'ère supersonique en dépassant la vitesse du son, appelée Mach 1, soit plus de 1 230 km/h.

1 *L'Américain **Charles « Chuck » Yeager fut le premier homme à piloter en mode supersonique. Le 14 octobre 1947, il franchit « le mur du son »** dans un avion en forme d'ogive baptisé X-1, à 13,7 km d'altitude.*

2 *Le 15 octobre 1997 – soit 50 ans et un jour après l'exploit de Chuck Yeager – **le Britannique Andy Green est devenu le premier homme à franchir le mur du son à bord d'un véhicule terrestre.** Sa voiture, baptisée Thrust SSC, était propulsée par 2 réacteurs.*

3 ***Seuls 2 avions de passagers supersoniques ont été en service jusqu'à présent.** Il s'agissait du **Tupolev Tu-144** russe et du **Concorde** franco-britannique. Le Tu-144 effectua son dernier vol commercial en 1978 et le dernier vol du Concorde a eu lieu en 2003.*

4 *L'une des raisons de la fin de l'exploitation du Concorde était le **coût élevé du carburant.** Pour un vol régulier de 3 h 30 entre Londres (Royaume-Uni) et New York (États-Unis), le Concorde consommait environ 90 000 litres de kérosène, soit **900 litres par passager.***

5 *Quand un avion approche la vitesse supersonique, il crée des **ondes de pression atmosphérique qui forment un nuage de courte durée**, le **cône de choc.** Quand ce **« mur du son »** est franchi, une explosion, ou **bang supersonique**, est entendue au sol.*

6 ***En mode supersonique, la résistance à l'air génère beaucoup de chaleur, ce qui fait que le fuselage métallique (la carrosserie de l'avion) s'allonge de plusieurs centimètres.** Un ingénieur du Concorde a un jour placé sa casquette dans l'espace qui se créait dans l'avion au moment de la **dilatation.** L'objet y est resté bloqué lorsque l'avion s'est refroidi.*

7 *Cet **avion de chasse F/A-18F Super Hornet,** construit aux États-Unis, est capable d'atteindre 1 915 km/h **– une fois et demie la vitesse du son.***

8 ***Les voyageurs à bord d'un avion supersonique n'entendent pas le bang supersonique.** En effet, ce bang est généré par une onde de pression qui se propage vers l'extérieur de l'appareil.*

Bang supersonique

Les objets en mouvement chassent l'air devant eux, créant des ondes de pression comme la vague d'eau devant un bateau en mouvement. La vague s'éloigne à la vitesse du son – mais si l'objet se déplace plus rapidement qu'elle, l'onde de pression se transforme en une onde de choc, que l'on entend en un bang supersonique.

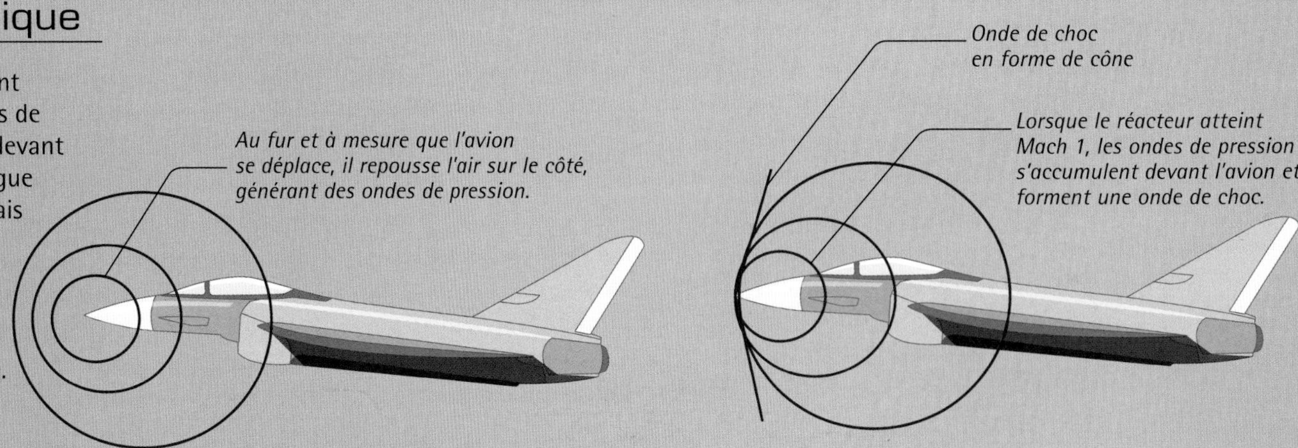

9 ***Lorsqu'un fouet émet un bruit de claquement, c'est parce que la pointe de sa lanière se déplace plus vite que le son.*** *Ce claquement est en réalité un* ***bang supersonique****, version miniature.*

10 ***Le cône de vapeur se forme autour de l'avion à la «vitesse transsonique» (juste en dessous de la vitesse du son).*** *La pression de l'air s'abaisse très rapidement autour de l'avion en accélération, ce qui fait que la vapeur d'eau présente dans l'air se condense en un nuage.*

11 ***Les météorites (étoiles filantes) sont de minuscules roches venues de l'espace, qui pénètrent l'atmosphère terrestre à des vitesses extrêmement élevées.*** *Celles-ci génèrent toujours un* ***bang supersonique*** *– mais en si haute altitude qu'on les entend rarement au niveau du sol.*

12 ***Le 14 octobre 2012, le parachutiste de l'extrême autrichien Felix Baumgartner est devenu le premier homme à franchir le mur du son en chute libre.*** *Il s'est jeté d'une capsule à l'incroyable altitude de 39 km, atteignant une vitesse* ***de 1 358 km/h – dépassant Mach 1*** *– avant d'atterrir sain et sauf avec un parachute.*

13 *Alors que «supersonique» désigne toute vitesse dépassant Mach 1, le mot «hypersonique» concerne tout ce qui dépasse Mach 5 (cinq fois la vitesse du son). L'avion le plus rapide jamais construit* ***est le X-43 expérimental sans pilote de la NASA. En 2004, il a atteint une vitesse «hypersonique» de Mach 9,6, soit près de dix fois la vitesse du son.***

L'INFO EN PLUS *Un* ***bang supersonique*** *peut donner l'impression d'être un son isolé, qui ne se produit que lorsque l'avion passe la vitesse du son. En fait, ce bang est un* ***son continu qui est émis aussi longtemps que l'avion vole en mode supersonique****.*

À LA CHAÎNE!

Les animaux se nourrissent d'autres êtres vivants. Plantes et animaux dépendent les uns des autres pour survivre. Ils sont liés par des chaînes alimentaires où chaque organisme fournit de l'énergie à un autre organisme.

1 ***Le lapin est un herbivore*** *qui se nourrit de verdure en été et survit avec des brindilles, écorces et aiguilles de pin en hiver.* ***Ses dents continuent de pousser toute sa vie – jusqu'à 12 cm par an –*** *mais s'usent à cause de la silice contenue dans l'herbe qu'ils mangent.*

2 ***Les plantes sont riches en nutriments, mais difficiles à digérer.*** *Le système digestif du lapin mesure 5 m de long et travaille dur pour récupérer les éléments nutritifs de l'herbe.* ***Le lapin mange même ses propres excréments,*** *de sorte que son repas lui traverse l'intestin deux fois.*

3 ***Une chaîne alimentaire débute avec les plantes qui captent l'énergie du soleil, le dioxyde de carbone de l'air et de l'eau pour se nourrir.*** *Chaque année, ce processus – la* ***photosynthèse*** *– élimine plus de 100 milliards de tonnes de carbone de l'air.*

4 ***De nombreuses plantes fabriquent des poisons pour dissuader les animaux de les manger.*** *Le trèfle libère du cyanure mortel si on l'écrase : herbivores attention !*

Pyramide écologique

L'énergie parcourt toute la chaîne alimentaire quand des plantes nourricières sont mangées par des herbivores, eux-mêmes mangés par des carnivores. Mais la croissance et le mouvement consomment de l'énergie, et certains éléments finissent par mourir et se décomposer sans être mangés, de sorte que la quantité d'énergie diminue au fur et à mesure qu'elle circule dans la chaîne. Il en résulte une «pyramide écologique» au sein d'un écosystème : on y compte de nombreuses plantes, mais moins d'herbivores et encore moins de carnivores.

5 La morsure des serpents venimeux immobilise puis tue les proies avec un **venin toxique**. Celui de **ce serpent à sonnette peut tuer un lapin en 10 minutes.**

6 **Le crotale localise ses victimes grâce aux cavités thermosensibles sur le côté de sa tête, qui détectent les variations de température.** Il est capable de sentir la chaleur corporelle d'un lapin à 1 m de distance.

7 **Le serpent ne mâche pas sa nourriture et doit donc avaler ses proies en entier.** Sa mâchoire très flexible peut s'ouvrir au-delà de sa tête, mais il lui faut parfois plus de 2 heures pour ingérer un lapin.

8 Les grands prédateurs n'ont pas de prédateurs au-dessus d'eux. **Cette buse à queue rousse est un prédateur de premier plan** dans les champs et les déserts d'Amérique du Nord, où elle vit. **Elle fond sur sa proie et enfonce ses griffes tranchantes dans sa tête et son cou.**

9 La viande est si riche en nutriments que **les carnivores n'ont pas besoin de manger aussi souvent que les herbivores.** Un rapace peut tuer une proie tous les 2 ou 3 jours, mais un gros serpent peut survivre des mois sans se nourrir.

10 **Les animaux se nourrissent d'espèces différentes.** Les chaînes alimentaires simples s'assemblent en **réseaux alimentaires complexes**. Cette buse à queue rousse se nourrit de rongeurs et de serpents.

11 De nombreux animaux sont herbivores et carnivores : ce sont des **omnivores, qui mangent de tout**. L'ours brun est le plus gros omnivore, avec son régime alimentaire varié : baies, noix et feuilles, en passant par le saumon et le bétail.

12 Quand un être vivant meurt ou qu'un animal défèque, **les nutriments qu'il renferme sont recyclés grâce aux bactéries ou aux champignons qui décomposent les déchets.** Sans eux, notre planète serait encombrée de cadavres et d'excréments.

13 **Une grande part de l'énergie contenue dans la nourriture d'un animal sert à sa croissance. La température corporelle en consomme une autre part** : les petits animaux à sang chaud perdent jusqu'à 90 % de leur énergie sous forme de chaleur.

L'INFO EN PLUS Nous aimons penser que les humains occupent le sommet de la chaîne alimentaire. Or nous sommes omnivores (nous mangeons des plantes et de la viande), ce qui nous situe quelque part au milieu de cette chaîne. **D'autant que les vrais prédateurs ne consomment que de la viande.**

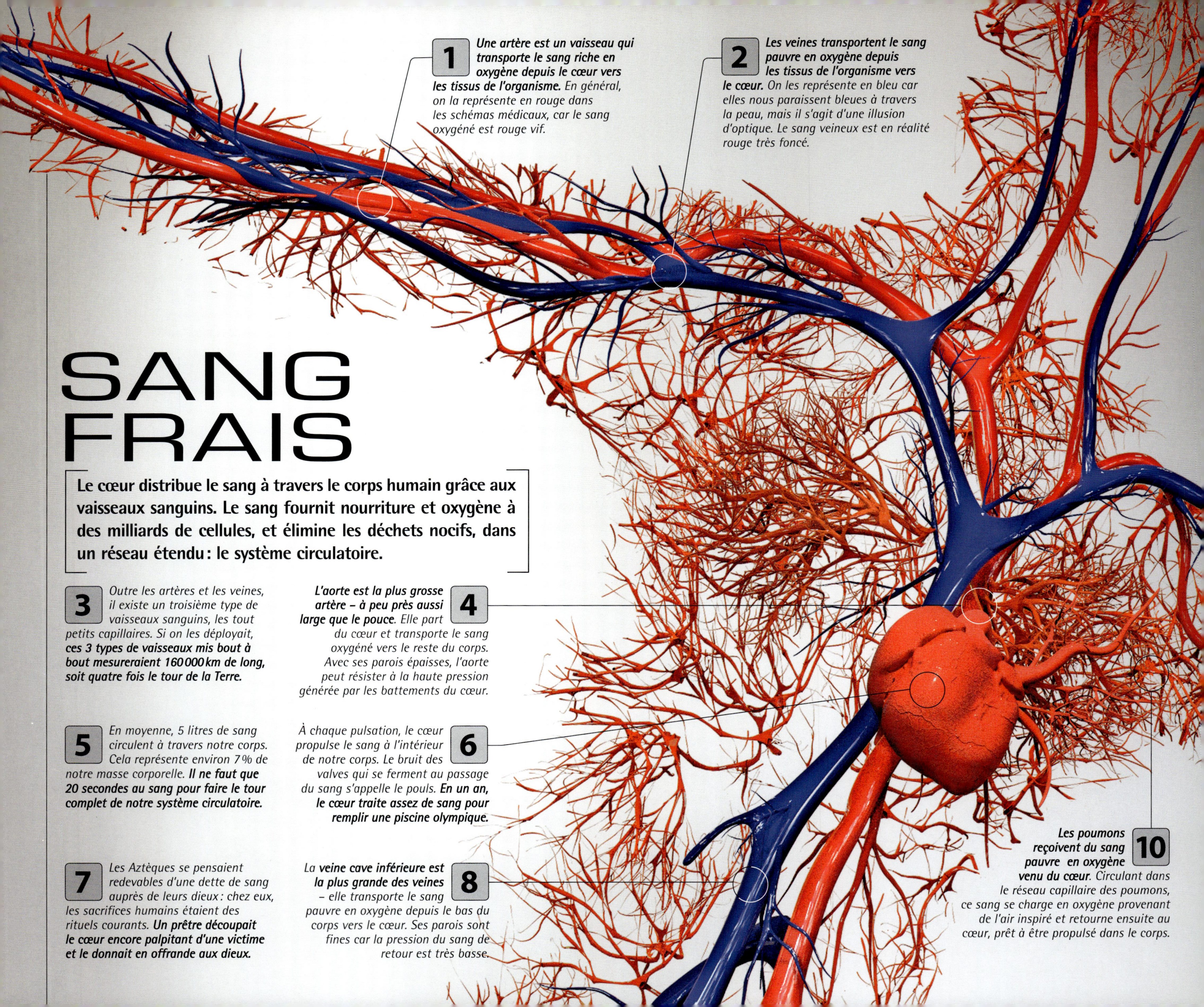

SANG FRAIS

Le cœur distribue le sang à travers le corps humain grâce aux vaisseaux sanguins. Le sang fournit nourriture et oxygène à des milliards de cellules, et élimine les déchets nocifs, dans un réseau étendu : le système circulatoire.

1 ***Une artère est un vaisseau qui transporte le sang riche en oxygène depuis le cœur vers les tissus de l'organisme.*** *En général, on la représente en rouge dans les schémas médicaux, car le sang oxygéné est rouge vif.*

2 ***Les veines transportent le sang pauvre en oxygène depuis les tissus de l'organisme vers le cœur.*** *On les représente en bleu car elles nous paraissent bleues à travers la peau, mais il s'agit d'une illusion d'optique. Le sang veineux est en réalité rouge très foncé.*

3 *Outre les artères et les veines, il existe un troisième type de vaisseaux sanguins, les tout petits capillaires. Si on les déployait,* ***ces 3 types de vaisseaux mis bout à bout mesureraient 160 000 km de long, soit quatre fois le tour de la Terre.***

4 ***L'aorte est la plus grosse artère – à peu près aussi large que le pouce.*** *Elle part du cœur et transporte le sang oxygéné vers le reste du corps. Avec ses parois épaisses, l'aorte peut résister à la haute pression générée par les battements du cœur.*

5 *En moyenne, 5 litres de sang circulent à travers notre corps. Cela représente environ 7 % de notre masse corporelle.* ***Il ne faut que 20 secondes au sang pour faire le tour complet de notre système circulatoire.***

6 *À chaque pulsation, le cœur propulse le sang à l'intérieur de notre corps. Le bruit des valves qui se ferment au passage du sang s'appelle le pouls.* ***En un an, le cœur traite assez de sang pour remplir une piscine olympique.***

7 *Les Aztèques se pensaient redevables d'une dette de sang auprès de leurs dieux : chez eux, les sacrifices humains étaient des rituels courants.* ***Un prêtre découpait le cœur encore palpitant d'une victime et le donnait en offrande aux dieux.***

8 *La* ***veine cave inférieure est la plus grande des veines*** *– elle transporte le sang pauvre en oxygène depuis le bas du corps vers le cœur. Ses parois sont fines car la pression du sang de retour est très basse.*

10 ***Les poumons reçoivent du sang pauvre en oxygène venu du cœur.*** *Circulant dans le réseau capillaire des poumons, ce sang se charge en oxygène provenant de l'air inspiré et retourne ensuite au cœur, prêt à être propulsé dans le corps.*

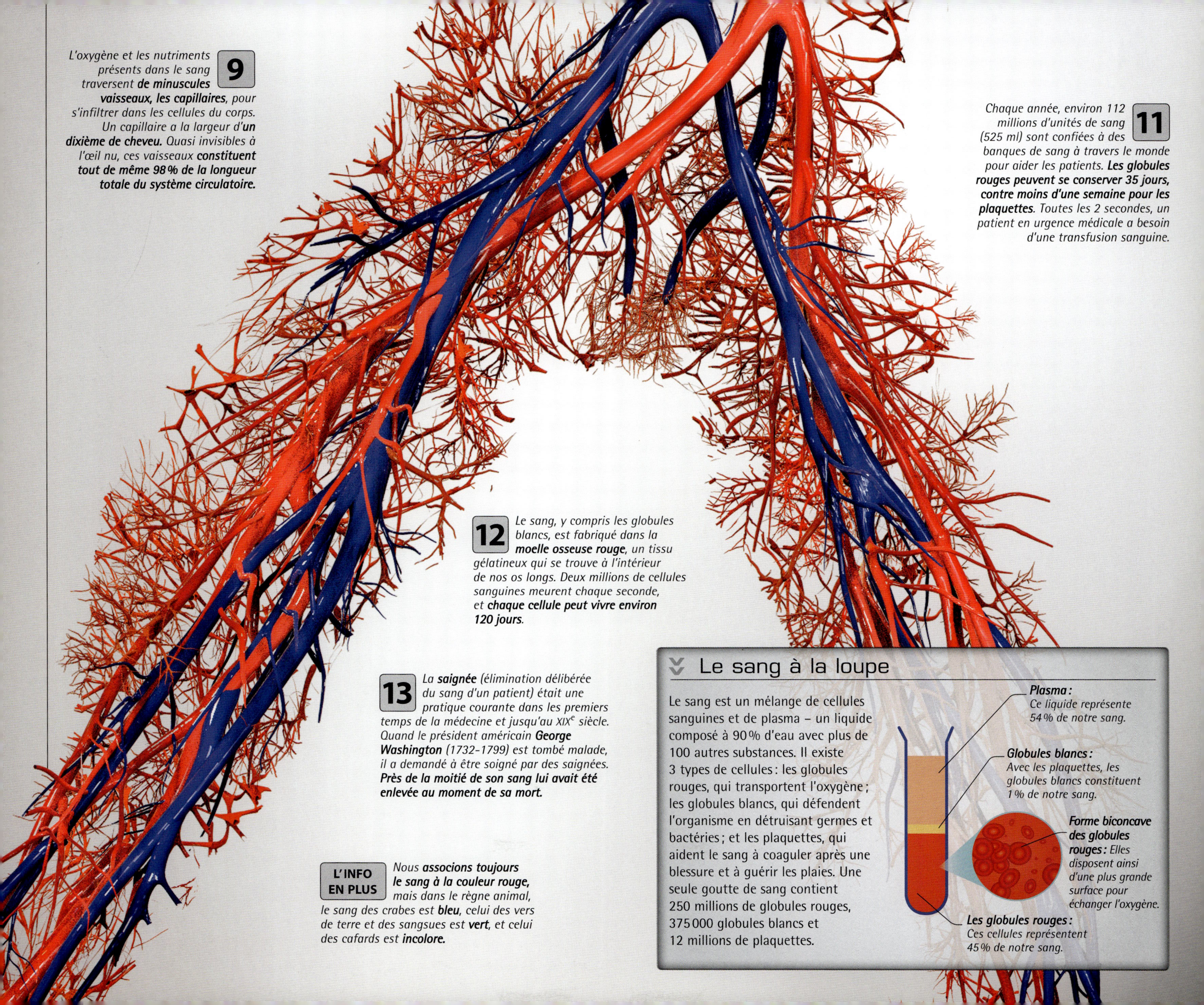

9 L'oxygène et les nutriments présents dans le sang traversent **de minuscules vaisseaux, les capillaires**, pour s'infiltrer dans les cellules du corps. Un capillaire a la largeur d'**un dixième de cheveu**. Quasi invisibles à l'œil nu, ces vaisseaux **constituent tout de même 98 % de la longueur totale du système circulatoire.**

11 Chaque année, environ 112 millions d'unités de sang (525 ml) sont confiées à des banques de sang à travers le monde pour aider les patients. **Les globules rouges peuvent se conserver 35 jours, contre moins d'une semaine pour les plaquettes.** Toutes les 2 secondes, un patient en urgence médicale a besoin d'une transfusion sanguine.

12 *Le sang, y compris les globules blancs, est fabriqué dans la* ***moelle osseuse rouge****, un tissu gélatineux qui se trouve à l'intérieur de nos os longs. Deux millions de cellules sanguines meurent chaque seconde, et* ***chaque cellule peut vivre environ 120 jours.***

13 *La* ***saignée*** *(élimination délibérée du sang d'un patient) était une pratique courante dans les premiers temps de la médecine et jusqu'au XIX*[e] *siècle. Quand le président américain* ***George Washington*** *(1732-1799) est tombé malade, il a demandé à être soigné par des saignées.* ***Près de la moitié de son sang lui avait été enlevée au moment de sa mort.***

L'INFO EN PLUS *Nous* ***associons toujours le sang à la couleur rouge****, mais dans le règne animal, le sang des crabes est* ***bleu****, celui des vers de terre et des sangsues est* ***vert****, et celui des cafards est* ***incolore****.*

Le sang à la loupe

Le sang est un mélange de cellules sanguines et de plasma – un liquide composé à 90 % d'eau avec plus de 100 autres substances. Il existe 3 types de cellules : les globules rouges, qui transportent l'oxygène ; les globules blancs, qui défendent l'organisme en détruisant germes et bactéries ; et les plaquettes, qui aident le sang à coaguler après une blessure et à guérir les plaies. Une seule goutte de sang contient 250 millions de globules rouges, 375 000 globules blancs et 12 millions de plaquettes.

Plasma : Ce liquide représente 54 % de notre sang.

Globules blancs : Avec les plaquettes, les globules blancs constituent 1 % de notre sang.

Forme biconcave des globules rouges : Elles disposent ainsi d'une plus grande surface pour échanger l'oxygène.

Les globules rouges : Ces cellules représentent 45 % de notre sang.

1 *Plus de 60 % de notre planète est recouverte d'océans de plus de 1 600 m de profondeur.* ***La fosse des Mariannes, à 11 034 m sous la surface, est le fond le plus profond du monde*** *: le mont Everest s'y nicherait sans atteindre la surface !*

2 *Cette* ***crevette*** *habite au fond de la fosse des Mariannes, où la nourriture est rare. Elle* ***survit de fragments de bois et de coques de noix de coco qui dérivent jusqu'à ses profondeurs.***

3 ***La femelle baudroie des abysses possède un appât lumineux*** *pour attirer ses proies. Son mâle, minuscule, mesure moins d'un dixième de sa taille.*

4 ***Le corps du poisson-dragon est constitué à 83 % d'eau, ce qui lui permet de flotter en dépit de la pression extrême.*** *La pression océanique comprime l'air à l'intérieur des organismes : au lieu d'une vessie natatoire gazeuse pour flotter, les poissons d'eau profonde ont un squelette plus léger et sont gorgés d'eau.*

5 *Les profondeurs de l'océan sont peuplées de monstres gigantesques.* ***Le plus grand des invertébrés, le calmar colossal, y vit et peut mesurer jusqu'à 14 m de long*** *– la taille d'un bus. Ses globes oculaires, les plus gros du règne animal, font la taille d'un ballon de football.*

DANS LES ABYSSES

Nous voici dans un monde aussi noir que la nuit, glacial, et soumis à une pression inimaginable. Pourtant, la vie est toujours présente dans les fonds océaniques : de drôles d'animaux occupent ces profondeurs abyssales.

6 ***La myxine est un charognard qui s'enfouit dans les cadavres grâce à sa bouche-ventouse.*** *Elle peut faire levier avec son corps pour arracher des lambeaux d'un cadavre.*

7 Avec ses yeux globuleux placés haut sur sa tête, le **poisson-hachette** peut détecter ses proies dans les profondeurs sombres. En captant le plus de lumière descendante possible, il discerne le plancton.

8 Pour s'adapter à la rareté et à la frugalité des repas dans l'océan, **l'estomac du grand avaleur est incroyablement élastique. Il peut absorber une proie dix fois plus grosse que lui.** Ce qui équivaut pour nous à avaler tout le contenu d'un réfrigérateur, y compris l'appareil !

9 Le **calmar bioluminescent** vit dans les profondeurs frôlant l'obscurité totale, mais où règne une faible lueur bleue. **Son corps est recouvert de points lumineux qui lui permettent d'attirer ses proies.** De nombreux autres poissons génèrent leur propre lueur, d'un bleu fantomatique.

10 Parent des cloportes, **le bathynome géant est un énorme crustacé d'environ 36 cm de long – la taille d'un lapin.** Il alterne les périodes de gavage et de jeûne stationnaire dans les fonds marins, afin d'économiser son énergie.

L'INFO EN PLUS On a parfois surnommé l'espace « l'ultime frontière », mais l'homme a plus voyagé dans l'espace proche que dans les profondeurs océaniques. **Moins de 5 % de l'océan ont été explorés jusqu'à présent.**

11 Le **poisson-vipère possède des dents phénoménales : les plus longues de tous les poissons en proportion de la taille corporelle.** Ces crocs sont tellement longs qu'il ne peut pas complètement fermer la bouche.

12 **Le ver tubicole géant vit autour des cheminées volcaniques des fonds océaniques.** Son énergie provient de sulfures volcaniques : il est l'une des rares créatures à appartenir à une chaîne alimentaire qui se passe de la lumière du soleil.

13 Dans les endroits riches en matières en décomposition, ce **cochon de mer** affamé – lointain parent de l'étoile de mer – peut s'agglutiner. **Son corps translucide est doté de nombreuses pattes qu'il gonfle puis dégonfle pour se déplacer.**

Zones sous-marines

Juste en dessous de la surface de l'océan la lumière du soleil pénètre : les algues peuvent se développer. Plus on descend, plus la vie se fait rare. À partir de 1 000 m de fond, plus aucune lumière ne filtre, et les créatures doivent souvent attendre que leur nourriture leur tombe dessus. La zone hadale constitue la zone la plus profonde.

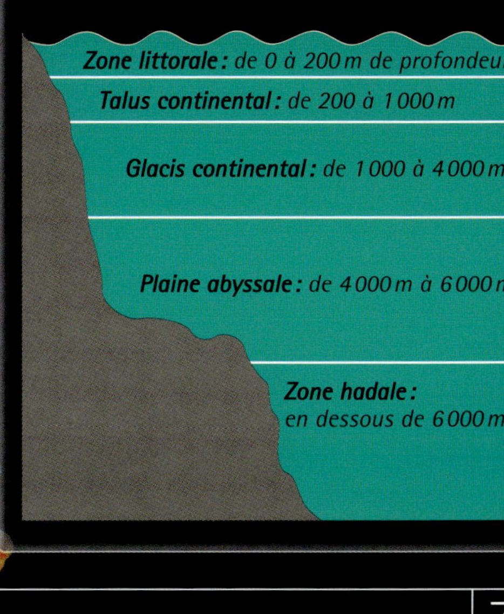

AU CŒUR DU VOLCAN !

Une éruption volcanique se produit lorsque des roches en fusion venues de l'intérieur de la Terre jaillissent en surface. Elles sont expulsées sous forme de blocs incandescents, de lave bouillonnante et de gaz tourbillonnants.

1 *On dénombre **environ 1 500 volcans actifs dans le monde**, et en moyenne **jusqu'à 20 d'entre eux sont en éruption chaque jour**. Il existe aussi de nombreux autres volcans sous-marins, mais on ne connaît pas encore leur nombre exact.*

2 *La plupart des volcans se situent aux frontières des plaques tectoniques de la planète. **Environ 75 % des volcans actifs se trouvent sur la « ceinture de feu » de l'océan Pacifique**, le long des fosses océaniques.*

3 ***Le magma (roche en fusion) qui transperce la surface terrestre s'appelle la lave.** Elle peut être **épaisse ou fluide**, selon le type de roche dont elle est faite. Une coulée de lave fluide s'écoule plus rapidement que la lave épaisse, mais sans dépasser les **10 km/h** – ce qui laisse le temps de fuir !*

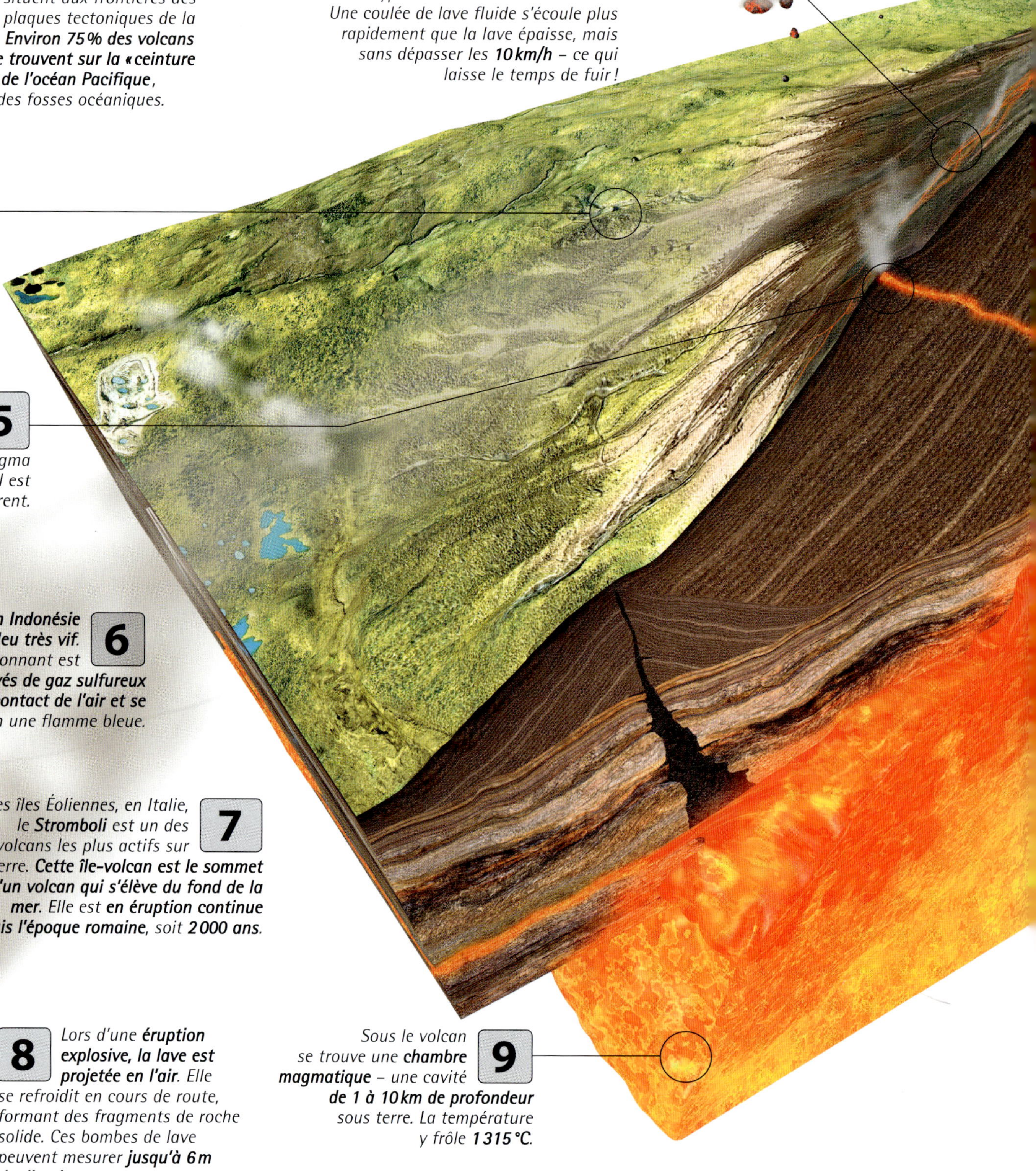

4 *Ce type de volcan, avec ses **parois abruptes**, est un **volcan conique** ou **stratovolcan**. Constitués de couches de matériaux provenant d'éruptions antérieures, les **stratovolcans ont tendance à se former à partir de lave épaisse et collante. La lave fluide et liquide forme des volcans « boucliers » moins coniques.***

5 ***Le magma est parfois expulsé par des tuyaux secondaires, formant de plus petites cheminées (ouvertures).** Le magma remonte de l'intérieur de la Terre car il est plus léger que les roches qui l'entourent.*

6 ***Le volcan Kawah Ijen en Indonésie émet des flammes d'un bleu très vif.** Ce phénomène rare et étonnant est causé par les **niveaux élevés de gaz sulfureux qui s'enflamment au contact de l'air et se consument** en une flamme bleue.*

7 *Sur les îles Éoliennes, en Italie, le **Stromboli** est un des volcans les plus actifs sur Terre. **Cette île-volcan est le sommet d'un volcan qui s'élève du fond de la mer.** Elle est **en éruption continue depuis l'époque romaine**, soit **2 000 ans**.*

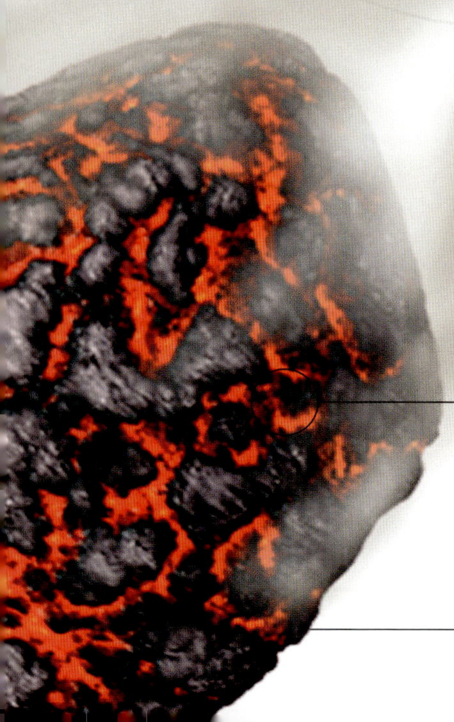

8 *Lors d'une **éruption explosive, la lave est projetée en l'air**. Elle se refroidit en cours de route, formant des fragments de roche solide. Ces bombes de lave peuvent mesurer **jusqu'à 6 m de diamètre**.*

9 *Sous le volcan se trouve une **chambre magmatique** – une cavité **de 1 à 10 km de profondeur** sous terre. La température y frôle **1 315 °C**.*

10 Le **nuage de cendres** déversé lors d'une éruption **contient des gaz issus de la chambre magmatique, et de minuscules particules de magma solidifié**. Une grosse éruption peut produire une colonne de cendres atteignant **60 km d'altitude**.

11 La **coulée pyroclastique** caractérise la dangerosité de certaines éruptions explosives. **Cette avalanche mortelle de gaz incandescents, de cendres et de roches chauffées à plus de 800 °C** peut dévaler le volcan à plus de **500 km/h**.

12 Certains volcans sont si puissants et gigantesques qu'on les surnomme les **« supervolcans »** – capables d'éruptions mille fois plus puissantes que celles observées dans l'histoire proche. Le parc national américain de **Yellowstone** héberge l'un d'entre eux : **sa dernière éruption, il y a 640 000 ans, a projeté des cendres sur la moitié de la surface des États-Unis.**

13 **Le plus grand volcan de la Terre est le massif Tamu**, un volcan bouclier inactif sous l'océan Pacifique, **haut d'environ 4 km**. Mais sur la planète Mars, **l'Olympus Mons** culmine **à 21,2 km d'altitude** : c'est le **plus grand volcan du Système solaire**.

L'INFO EN PLUS On pourrait croire que les volcans mettent des années à apparaître… **Or le Parícutin est apparu dans le champ d'un paysan mexicain en une seule nuit**. En 24 heures, il formait un cône de 50 m de haut et 1 semaine plus tard, il avait atteint 150 m !

AURORES BORÉALES

Les aurores polaires et leurs magnifiques couleurs apparaissent dans le ciel nocturne, au-dessus des deux pôles magnétiques, sous la forme de rayons lumineux verticaux, de longs arcs ou de bandes qui ondulent au firmament.

1 ***Les aurores boréales se produisent autour du pôle Nord magnétique.*** *Celle de cette image a été photographiée au-dessus du Manitoba, dans le **nord du Canada**, juste **au sud du cercle polaire arctique**. Ce phénomène s'observe aussi fréquemment **en Alaska, en Scandinavie, en Islande, au Groenland et dans le nord de la Russie**.*

2 ***Les aurores tirent leur nom de la déesse romaine Aurore,*** *chargée de survoler le ciel pour annoncer le lever du Soleil. « Boréale » vient du mot grec désignant le vent du nord, tandis qu'« australe » signifie « vent du sud ».*

3 ***Autour du pôle Sud magnétique, on parle d'aurores australes.*** *Aussi fréquentes que les aurores boréales, elles sont toutefois moins documentées, car elles **se produisent surtout au-dessus de l'Antarctique et de l'océan Austral**. On en observe parfois au sud du Chili, de l'Argentine, de la Nouvelle-Zélande et de l'Australie.*

4 ***Une tablette d'argile babylonienne de 568 av. J.-C. relate probablement le premier récit écrit d'une aurore.*** *Observée par les astronomes officiels du roi Nabuchodonosor II, elle décrit une « lueur rouge » dans le ciel nocturne.*

5 ***Les aurores sont provoquées par une réaction des particules chargées du vent solaire avec les gaz de l'atmosphère terrestre.*** *Ces particules solaires pénètrent en anneaux dans l'atmosphère terrestre autour de chacun des pôles, où elles colorent les gaz atmosphériques de nuances vives.*

6 *L'astronome italien **Galilée, inventeur de l'expression « Aurore boréale », croyait qu'une aurore projetait la lumière réfléchie du Soleil**. En **1908** le physicien **Kristian Birkeland** comprit que ces lueurs résultaient de la pénétration dans l'atmosphère de particules chargées. Mais sa **théorie ne fut prouvée que près de 60 ans plus tard**.*

7 *Certaines* ***éruptions solaires géantes*** *peuvent déclencher des aurores boréales spectaculaires sur Terre. En* ***mars 1989****, une de ces éruptions, aussi puissante que des milliers de bombes nucléaires explosant en même temps, expédia vers la Terre un nuage de particules d'un milliard de tonnes. Les* ***aurores boréales furent alors visibles très au sud, jusqu'en Floride et à Cuba****.*

Formation d'une aurore

Le champ magnétique terrestre s'étend dans l'espace sur des dizaines de milliers de kilomètres. Il forme une cage protectrice autour de notre planète, la magnétosphère, qui dévie en grande partie les particules d'énergie du Soleil. Quelques-unes retombent dans l'atmosphère, mais certaines s'y retrouvent piégées. Quand la magnétosphère est perturbée par le souffle d'une tempête solaire, les particules piégées s'agglutinent dans l'atmosphère et forment des anneaux entourant les pôles Nord et Sud magnétiques.

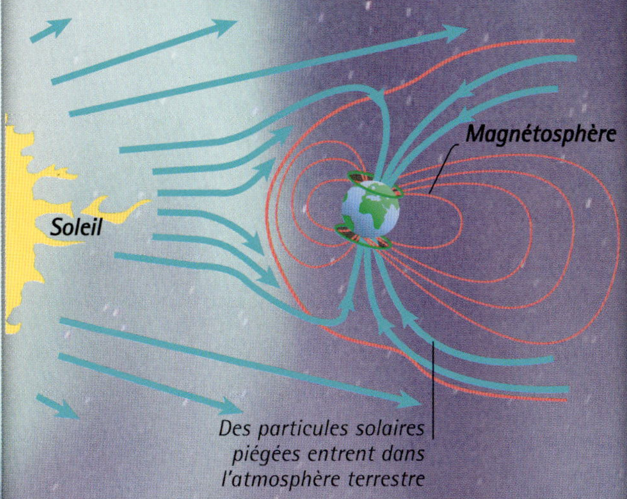

8 *La* ***couleur d'une aurore dépend du gaz avec lequel les particules solaires réagissent****. L'oxygène génère la lueur jaune verdâtre caractéristique de cette image, mais peut virer au rouge si la réaction se produit à une altitude plus élevée. L'azote génère des nuances roses et bleues.*

9 *Dans la* ***mythologie scandinave****, l'aurore boréale était* ***un arc de feu coloré qui reliait la Terre à Ásgard****, le domaine des dieux. Appelé* ***Bifröst*** *(« Chemin scintillant », arc-en-ciel), ce pont entre terre et ciel était gardé par le dieu Heimdall.*

10 *Le spectacle éblouissant des* ***aurores boréales*** *peut se dérouler à des altitudes vertigineuses – jusqu'à 1 000 km au-dessus de la Terre.* ***La plupart se produisent à 80-120 km d'altitude****.*

11 ***L'aurore n'est pas seulement un phénomène terrestre : on peut aussi en observer sur Mars, Jupiter ou encore Saturne.*** *Une naine brune lointaine (un astre plus gros qu'une planète mais plus petit qu'une étoile) abrite les aurores polaires les plus puissantes jamais observées – un million de fois plus lumineuses que nos aurores boréales.*

12 *Les astronautes de la* ***Station spatiale internationale*** *bénéficient d'une vue latérale époustouflante sur les aurores boréales. La Station est* ***en orbite à la même altitude à laquelle ces lueurs se produisent : les astronautes les perçoivent donc comme des pics imposants qui s'accrochent à la Terre****.*

13 ***Les néons brillent selon le même procédé qu'une aurore boréale.*** *Un tube ou une ampoule est rempli d'un gaz qui se colore dès qu'un courant électrique le traverse. Le gaz néon émet une lumière orange, le mercure du bleu et le sodium du jaune vif.*

L'INFO EN PLUS *Les aurores boréales sont certes plus spectaculaires dans un ciel nocturne, mais* ***elles se produisent aussi en journée. Si le phénomène est invisible à l'œil nu****, les scientifiques ont prouvé son existence en envoyant des caméras infrarouges dans le ciel sur un ballon.*

TOUT UN CINÉMA !

Un écran de cinéma, c'est comme une fenêtre ouverte sur des mondes nouveaux et magiques. Voilà pourquoi nous aimons le cinéma. Mais, pour les magnats de l'industrie cinématographique, le grand écran est d'abord une affaire d'argent.

1 **C'est en Inde que l'on vend le plus de places de cinéma au monde. En 2016, les Indiens ont acheté près de 2,3 milliards de tickets.** Le public chinois a atteint 1,2 milliard d'entrées, à égalité avec les cinéphiles américains.

2 **Un film fait le plus de bénéfices grâce à la billetterie**, mais les ventes de DVD, la vidéo à la demande, les jouets et autres produits dérivés sont aussi très rémunérateurs. **En 2009, Avatar a battu tous les records avec des recettes mondiales de 2,78 milliards de dollars.**

3 Pourquoi tout ce battage à propos du week-end de sortie? **Un film peut générer un tiers de son revenu total au cours de son premier week-end de diffusion.** En 2017, Fast and Furious 8 a battu le record lors de son week-end de sortie : 542 millions de dollars de gains.

4 **Certains films coûtent une fortune à produire.** Le film le plus cher réalisé jusqu'à présent est **Pirates des Caraïbes : la Fontaine de Jouvence.** Il a coûté 338 millions de dollars aux studios Disney en 2011. **À eux seuls, les effets spéciaux ont coûté plus de 1 million de dollars la minute.**

5 *Autant voir grand !* ***Le plus vaste écran de cinéma du monde se trouve à Jiangsu, en Chine, avec 34,6 m de large et 26,8 m de haut.*** *L'équivalent du fuselage d'un Boeing 737 !*

6 La Chine construit des écrans de cinéma à un rythme effréné : jusqu'à 27 par jour ! **Avec près de 40 000 écrans au total, ce pays dépassera bientôt le record américain du plus grand nombre d'écrans disponibles.**

7 **Les bandes-annonces existent depuis 1913.** À l'origine, les publicités étaient diffusées après le long métrage, jusqu'à ce que l'on s'aperçoive que **la plupart des spectateurs avaient déjà quitté la salle.**

11 *Et maintenant ? Nous pourrions bientôt expérimenter la 3D sans lunettes, la 4D (3D combinée à des effets simulés comme la pluie ou des lumières stroboscopiques) et la* ***réalité virtuelle : le film entourera le spectateur assis sur des chaises pivotantes à 360°.***

10 *Les studios ont tenté toutes sortes d'astuces pour attirer les spectateurs : des fauteuils vibrants (lors d'un film d'épouvante,* ***des sièges vibraient aléatoirement pour secouer certains spectateurs****)* ***au Smell-o-Vision (des odeurs nauséabondes étaient diffusées dans le cinéma)****.*

12 *S'il est difficile de définir quel genre de film est le plus populaire, on sait que* ***les films d'action incitent à plus grignoter devant l'écran****. Une étude a montré que le rythme haletant de ces superproductions faisait consommer deux fois plus de nourriture aux téléspectateurs que lorsqu'ils regardaient un talk-show, même sans le son !*

9 ***Le cinéma 3D existe depuis bien plus longtemps qu'on ne le pense – il est devenu très populaire dès les années 1950.*** *Les lunettes que l'on porte pour visionner ces films fonctionnent en montrant à chaque œil une image légèrement différente. Notre cerveau assemble alors automatiquement ces images. Aujourd'hui, il existe plus de 75 000 écrans 3D dans le monde.*

8 *Les effets sonores d'un film proviennent souvent d'astuces insolites – on se sert de noix de coco pour imiter le trot d'un cheval, ou de gants avec lesquels on applaudit pour imiter l'envol d'un oiseau.* ***Le son mythique des sabres laser dans Star Wars fut créé avec le bruit d'un microphone placé trop près d'un téléviseur.***

L'INFO EN PLUS

On pourrait croire que Hollywood est la plus grosse industrie cinématographique au monde, mais en réalité c'est l'Inde qui produit le plus de films – jusqu'à 2 000 par an. *À Bombay, les superproductions de « Bollywood », en langue hindi, sont parmi les plus connues. Suivent l'industrie du Nigeria, puis celle des États-Unis, en troisième position seulement.*

13 ***Tout le monde ne se gave pas de pop-corn au cinéma.*** *Les Chinois raffolent des prunes marinées, et parmi les autres gourmandises en salles, on trouve les sardines séchées au Japon, du renne séché en Norvège, de la seiche râpée en Corée du Sud, de la réglisse salée aux Pays-Bas ou des samossas en Inde.*

CHEVALIERS DE MÉTAL

Dans l'Europe médiévale, le chevalier combattait à cheval pour le compte d'un roi ou un seigneur. Ce redoutable guerrier en armure jurait de protéger son seigneur et de défendre l'Église, la veuve et l'orphelin.

1 ***À l'origine, l'armure était en cotte de mailles*** *– des petits anneaux de fer emboîtables. On y a peu à peu ajouté des plaques de métal pour protéger les zones vulnérables.* ***Au XVe siècle, l'armure intégrale en acier devint la norme,*** *et pesait environ 25 kg.*

2 ***La « bavière », mot issu du vieux français « baver », était une pièce blindée qui protégeait le bas du visage et le cou du chevalier.*** *Elle disposait de trous d'aération pour respirer, mais le souffle du chevalier se condensait à l'intérieur, la rendant très humide.*

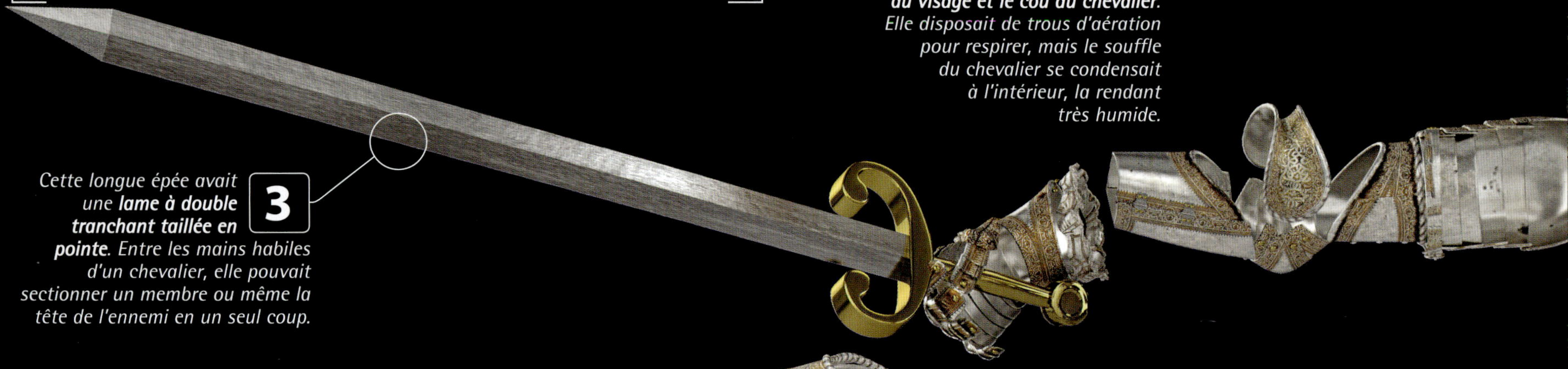

3 *Cette longue épée avait une* ***lame à double tranchant taillée en pointe****. Entre les mains habiles d'un chevalier, elle pouvait sectionner un membre ou même la tête de l'ennemi en un seul coup.*

4 *On équipait l****es chevaux de combat avec leur propre armure, la barde****. Le chevalier leur offrait au moins un casque protégeant les oreilles et le museau. En général, un chevalier possédait plusieurs bêtes – 2 destriers de combat, 1 palefroi sur lequel il voyageait, et des chevaux de somme pour transporter ses effets personnels.*

7 ***L'écuyer était fait chevalier lors d'une cérémonie spéciale, l'adoubement****. Il se voyait accorder un lopin de terre par son seigneur ou le roi, et promettait en retour d'accomplir certains services, y compris militaires.*

5 *Pour devenir chevalier, il fallait des années d'entraînement.* ***À l'âge de 7 ans, un garçon bien né quittait sa famille pour devenir le page d'un chevalier.*** *Il se mettait à son service et s'initiait à l'équitation et au maniement des armes.*

6 ***À 14 ans, le page devenait écuyer.*** *On lui confiait les soins aux chevaux et aux armes du chevalier, et il l'aidait à revêtir son armure.* ***Après environ 7 ans de service, un écuyer pouvait lui-même devenir chevalier.***

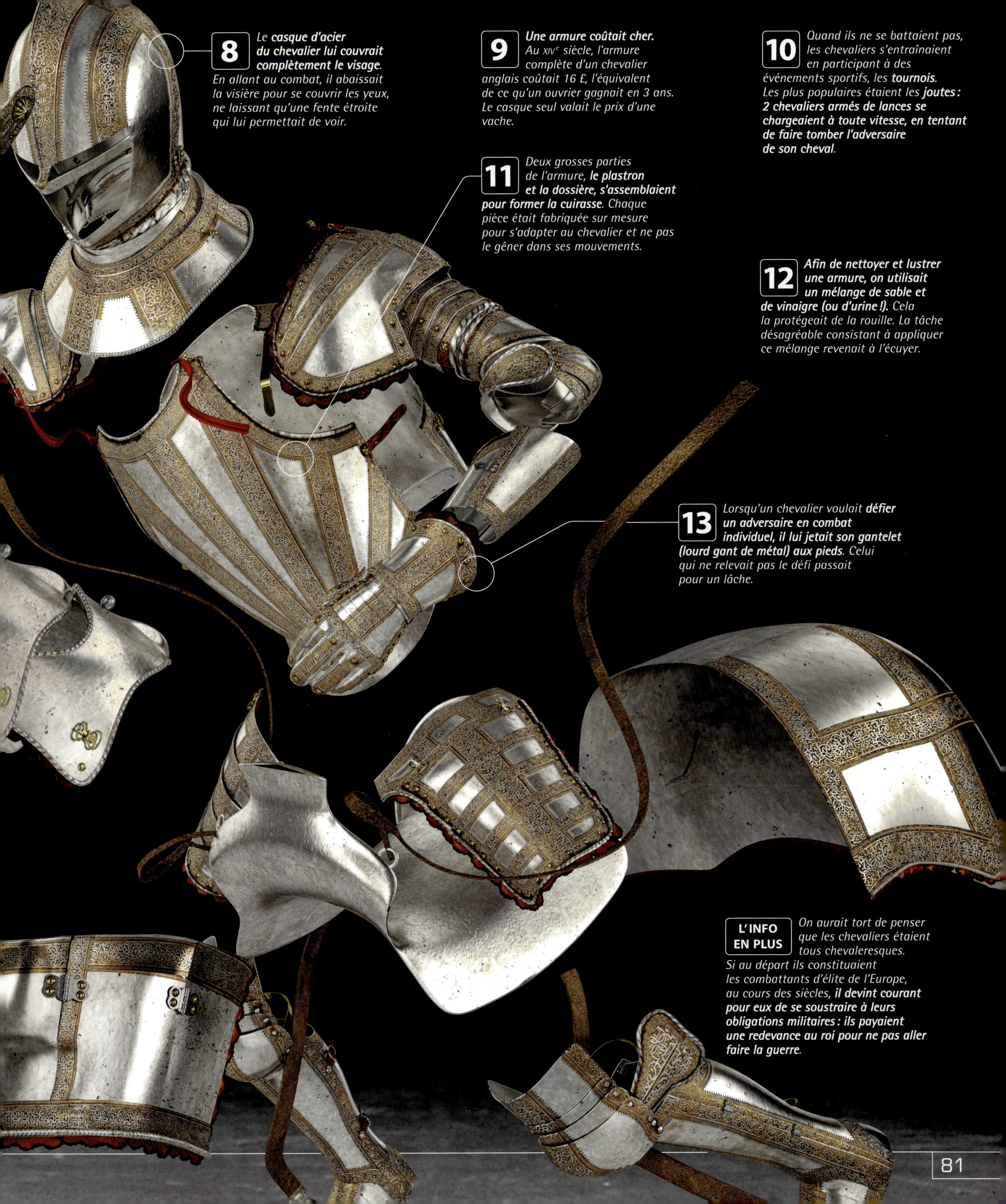

8 Le **casque d'acier du chevalier lui couvrait complètement le visage**. En allant au combat, il abaissait la visière pour se couvrir les yeux, ne laissant qu'une fente étroite qui lui permettait de voir.

9 **Une armure coûtait cher.** Au XIVe siècle, l'armure complète d'un chevalier anglais coûtait 16 £, l'équivalent de ce qu'un ouvrier gagnait en 3 ans. Le casque seul valait le prix d'une vache.

10 Quand ils ne se battaient pas, les chevaliers s'entraînaient en participant à des événements sportifs, les **tournois**. Les plus populaires étaient les **joutes : 2 chevaliers armés de lances se chargeaient à toute vitesse, en tentant de faire tomber l'adversaire de son cheval**.

11 Deux grosses parties de l'armure, **le plastron et la dossière, s'assemblaient pour former la cuirasse**. Chaque pièce était fabriquée sur mesure pour s'adapter au chevalier et ne pas le gêner dans ses mouvements.

12 **Afin de nettoyer et lustrer une armure, on utilisait un mélange de sable et de vinaigre (ou d'urine !).** Cela la protégeait de la rouille. La tâche désagréable consistant à appliquer ce mélange revenait à l'écuyer.

13 Lorsqu'un chevalier voulait **défier un adversaire en combat individuel, il lui jetait son gantelet (lourd gant de métal) aux pieds**. Celui qui ne relevait pas le défi passait pour un lâche.

L'INFO EN PLUS On aurait tort de penser que les chevaliers étaient tous chevaleresques. Si au départ ils constituaient les combattants d'élite de l'Europe, au cours des siècles, **il devint courant pour eux de se soustraire à leurs obligations militaires : ils payaient une redevance au roi pour ne pas aller faire la guerre.**

PALES ET ROTORS

Faciles à manœuvrer, les hélicoptères assurent la surveillance aérienne, les opérations de sauvetage ainsi que de nombreuses autres missions. Ce Seahawk SH-60, par exemple, décolle depuis d'énormes porte-avions.

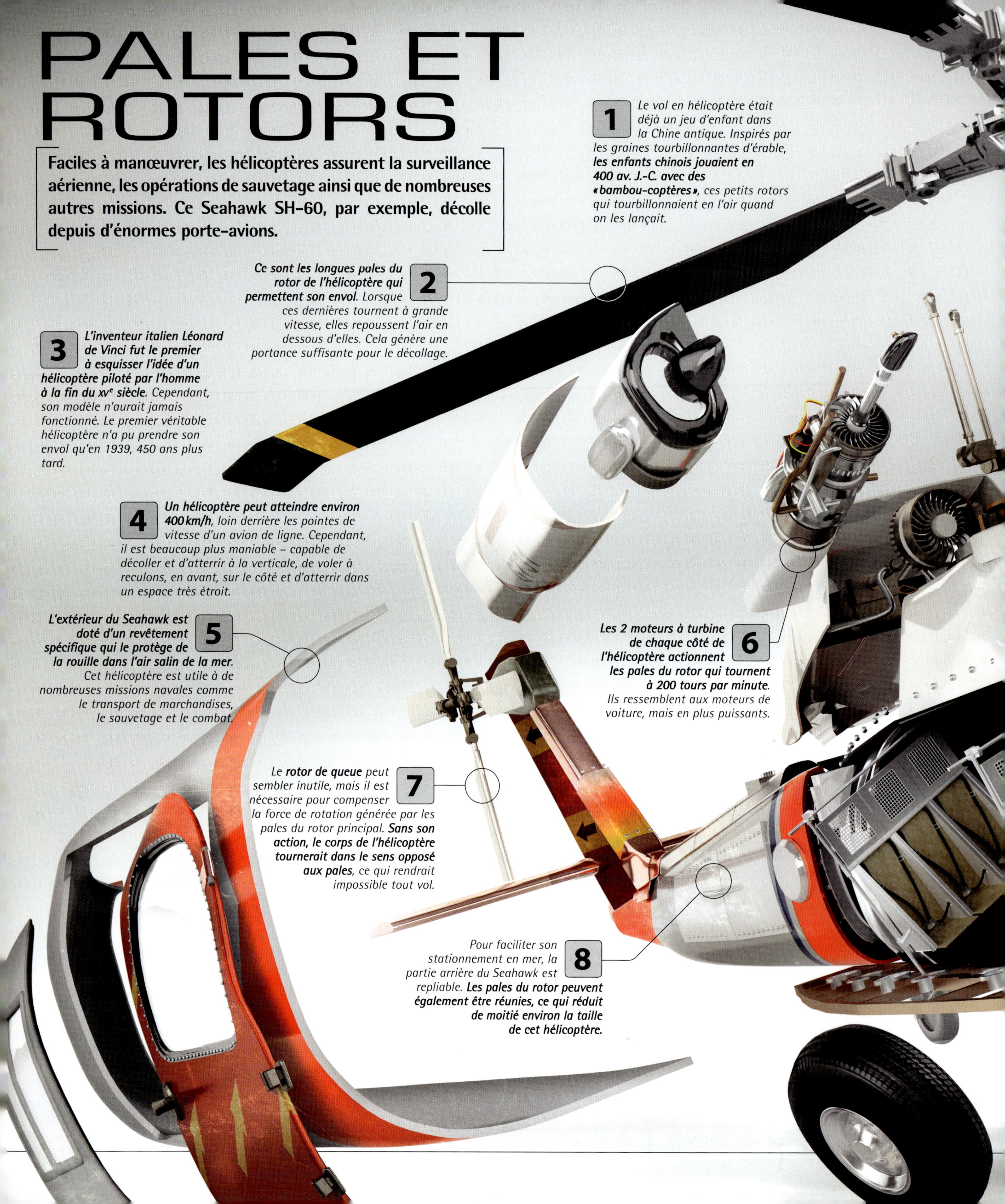

1 *Le vol en hélicoptère était déjà un jeu d'enfant dans la Chine antique. Inspirés par les graines tourbillonnantes d'érable,* ***les enfants chinois jouaient en 400 av. J.-C. avec des « bambou-coptères »****, ces petits rotors qui tourbillonnaient en l'air quand on les lançait.*

2 ***Ce sont les longues pales du rotor de l'hélicoptère qui permettent son envol.*** *Lorsque ces dernières tournent à grande vitesse, elles repoussent l'air en dessous d'elles. Cela génère une portance suffisante pour le décollage.*

3 ***L'inventeur italien Léonard de Vinci fut le premier à esquisser l'idée d'un hélicoptère piloté par l'homme à la fin du xve siècle.*** *Cependant, son modèle n'aurait jamais fonctionné. Le premier véritable hélicoptère n'a pu prendre son envol qu'en 1939, 450 ans plus tard.*

4 ***Un hélicoptère peut atteindre environ 400 km/h****, loin derrière les pointes de vitesse d'un avion de ligne. Cependant, il est beaucoup plus maniable – capable de décoller et d'atterrir à la verticale, de voler à reculons, en avant, sur le côté et d'atterrir dans un espace très étroit.*

5 ***L'extérieur du Seahawk est doté d'un revêtement spécifique qui le protège de la rouille dans l'air salin de la mer.*** *Cet hélicoptère est utile à de nombreuses missions navales comme le transport de marchandises, le sauvetage et le combat.*

6 ***Les 2 moteurs à turbine de chaque côté de l'hélicoptère actionnent les pales du rotor qui tournent à 200 tours par minute.*** *Ils ressemblent aux moteurs de voiture, mais en plus puissants.*

7 *Le* ***rotor de queue*** *peut sembler inutile, mais il est nécessaire pour compenser la force de rotation générée par les pales du rotor principal.* ***Sans son action, le corps de l'hélicoptère tournerait dans le sens opposé aux pales****, ce qui rendrait impossible tout vol.*

8 *Pour faciliter son stationnement en mer, la partie arrière du Seahawk est repliable.* ***Les pales du rotor peuvent également être réunies, ce qui réduit de moitié environ la taille de cet hélicoptère.***

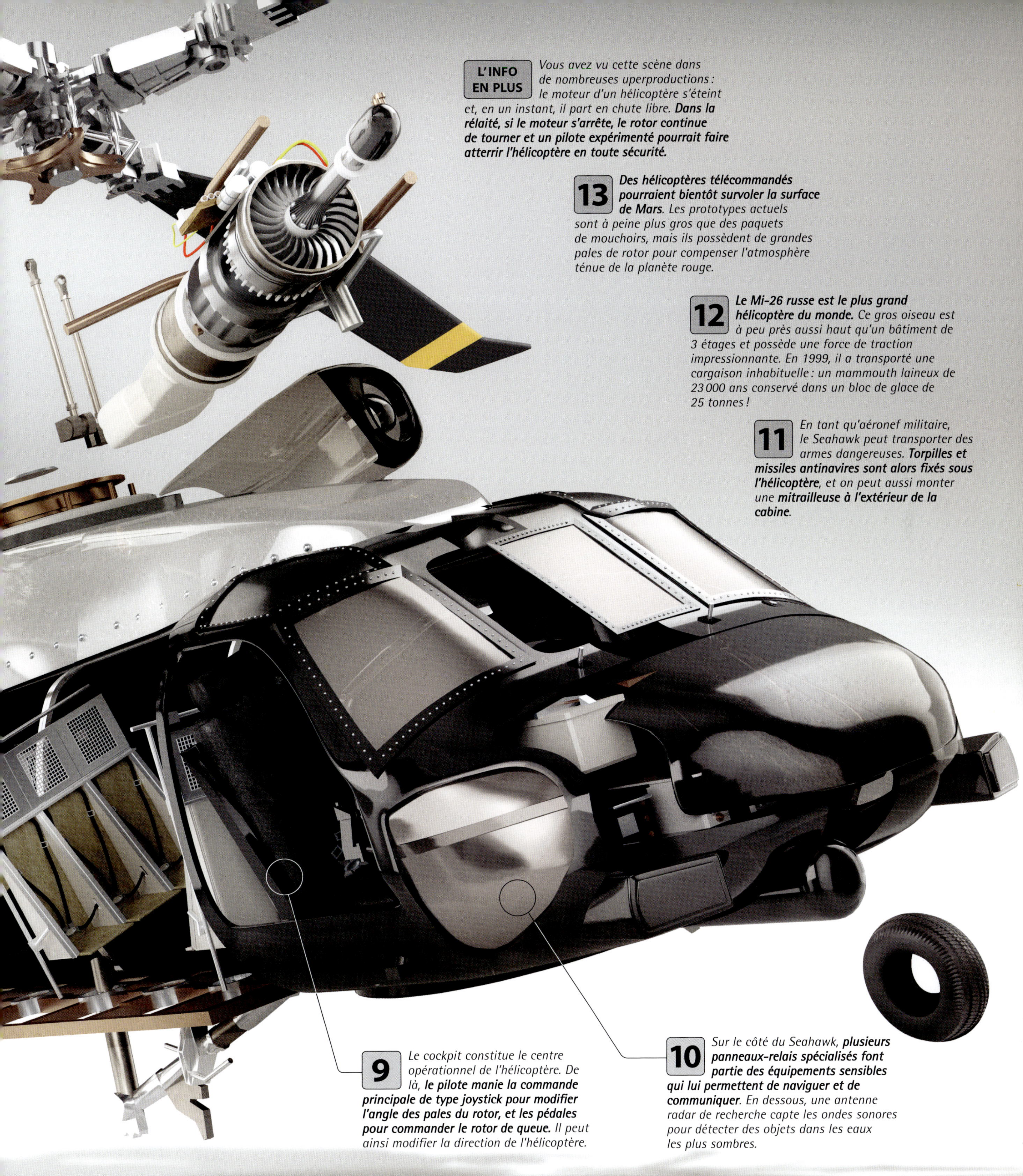

L'INFO EN PLUS *Vous avez vu cette scène dans de nombreuses uperproductions : le moteur d'un hélicoptère s'éteint et, en un instant, il part en chute libre.* ***Dans la rélaité, si le moteur s'arrête, le rotor continue de tourner et un pilote expérimenté pourrait faire atterrir l'hélicoptère en toute sécurité.***

13 ***Des hélicoptères télécommandés pourraient bientôt survoler la surface de Mars.*** *Les prototypes actuels sont à peine plus gros que des paquets de mouchoirs, mais ils possèdent de grandes pales de rotor pour compenser l'atmosphère ténue de la planète rouge.*

12 ***Le Mi-26 russe est le plus grand hélicoptère du monde.*** *Ce gros oiseau est à peu près aussi haut qu'un bâtiment de 3 étages et possède une force de traction impressionnante. En 1999, il a transporté une cargaison inhabituelle : un mammouth laineux de 23 000 ans conservé dans un bloc de glace de 25 tonnes !*

11 *En tant qu'aéronef militaire, le Seahawk peut transporter des armes dangereuses.* ***Torpilles et missiles antinavires sont alors fixés sous l'hélicoptère****, et on peut aussi monter une* ***mitrailleuse à l'extérieur de la cabine****.*

9 *Le cockpit constitue le centre opérationnel de l'hélicoptère. De là,* ***le pilote manie la commande principale de type joystick pour modifier l'angle des pales du rotor, et les pédales pour commander le rotor de queue.*** *Il peut ainsi modifier la direction de l'hélicoptère.*

10 *Sur le côté du Seahawk,* ***plusieurs panneaux-relais spécialisés font partie des équipements sensibles qui lui permettent de naviguer et de communiquer****. En dessous, une antenne radar de recherche capte les ondes sonores pour détecter des objets dans les eaux les plus sombres.*

LA MATIÈRE RÉVÉLÉE

La matière, c'est tout ce qui compose l'Univers, l'être humain y compris. Sur notre planète, elle s'observe sous 3 états principaux : solide, liquide et gazeux.

1 ***Toute matière est faite de molécules minuscules qui vibrent et se déplacent constamment.*** *L'état d'une substance – solide, liquide ou gazeux – dépend de la* ***quantité de molécules en mouvement****.*

2 ***Les molécules qui composent la matière solide, comme le métal de cette cuillère à café, ne peuvent pas se déplacer librement.*** *Elles vibrent en un chassé-croisé permanent, mais restent* ***liées*** *les unes aux autres.* ***C'est pourquoi un solide a une forme définie.***

3 ***Les molécules qui composent la matière liquide sont rapprochées, désordonnées et peu liées.*** *Les liquides ont un volume défini mais* ***pas de forme définie*** *: le thé prend la forme de la tasse dans laquelle on le verse.*

4 ***Les molécules des gaz sont éloignées les unes des autres et se déplacent librement en tout sens.*** *Sans* ***forme ni volume fixes****, les gaz s'étalent pour s'adapter à un contenant. Ce processus s'appelle la* ***diffusion*** *: c'est par lui qu'une odeur se répand dans une pièce.*

5 ***Quand un liquide chauffe, certaines de ses molécules quittent sa surface pour se transformer en vapeur invisible*** *– un gaz qui peut facilement redevenir liquide. Ce processus s'appelle* ***l'évaporation****.*

6 *Au fur et à mesure que l'eau du thé s'évapore en refroidissant,* ***certaines molécules se rassemblent (se condensent) en minuscules gouttelettes liquides****.*

7 *Une grande partie de la matière qui nous entoure est un mélange de plusieurs états.* ***Le zeste d'un citron présente un aspect solide, mais c'est un mélange de solide et de liquide****.*

8 ***Toute la matière connue fut créée lors de la naissance de l'Univers****, il y a 13,8 milliards d'années. Les scientifiques appellent ce moment « le big bang ».*

9 *Un liquide maintient sa forme par l'attraction entre ses molécules. À la surface d'un liquide, les molécules sont davantage attirées par d'autres molécules de surface.* ***Cela s'appelle la tension superficielle, et c'est ce qui fait qu'un liquide forme des gouttes.***

Trois états

Quand on chauffe un solide comme la glace, ses molécules vibrent plus rapidement et se séparent les unes des autres. Le solide change de forme et devient liquide. Si on continue de chauffer, les molécules peuvent se séparer complètement et s'échapper sous forme de gaz. Ces étapes sont également inversées : passage du gaz au liquide ou au solide. Ces 3 dessins montrent le mouvement des particules dans chacun des 3 états.

Les molécules d'un solide ne bougent pas.

Les molécules d'un liquide se déplacent les unes près des autres.

Les molécules d'un gaz sont totalement séparées les unes des autres.

L'INFO EN PLUS

*On pourrait croire qu'il n'existe que 3 états de la matière, mais **il en existe un quatrième : l'état plasma.** Il se forme à des températures très élevées, dans les étoiles, la foudre et les néons. En fait, le plasma constitue 99 % de la matière dans l'Univers.*

13 *Certains liquides sont fluides et s'écoulent facilement. D'autres sont épais et collants, et s'écoulent lentement. **La façon dont un liquide s'écoule s'appelle la viscosité.** Le bitume est un liquide tellement visqueux qu'il lui faut 10 ans pour former une seule goutte.*

12 *__La pluie qui tombe aujourd'hui est la même que celle que buvaient les dinosaures.__ Dans le cycle de l'eau, celle-ci s'élève du sol vers le ciel, avant de retomber au sol. Elle passe sans cesse de l'état solide à l'état liquide à l'état gazeux.*

11 *Le volume de la plupart des liquides rétrécit quand ils refroidissent. Au contraire, l'eau se dilate quand elle se transforme en glace. **Ce passage à l'état solide peut faire éclater les conduites d'eau et fendre la roche.***

10 *__L'eau est une matière particulière, car elle se trouve en abondance sur notre planète dans les 3 états : liquide (eau), gazeuse (vapeur) et solide (glace).__ Aucune des autres planètes de notre Système solaire ne possède d'eau liquide – elles sont soit trop chaudes, soit trop froides.*

FEU SUR LE SOLEIL

L'étoile la plus proche de la Terre est une boule d'hydrogène et d'hélium en fusion. Sa gravité façonne le Système solaire, et sa surface bouillonnante baigne les planètes autour d'elle dans la lumière, rendant possible la vie sur Terre.

1 *Avec le Soleil en son centre, le Système solaire regroupe les planètes, lunes, astéroïdes et comètes qui se sont formées il y a 4,6 milliards d'années* à partir du même nuage de poussière que le Soleil.

2 ***Avec 1,4 million de km de diamètre, le Soleil constitue 99,8 % de la masse de notre Système solaire.*** *Il est tellement énorme qu'il pourrait accueillir 1,3 million de Terres en son sein.*

3 *Par rapport à d'autres étoiles, le* ***Soleil*** *est une* ***étoile naine*** *– relativement petite et faible.* ***La plus grosse étoile connue, UY Scuti, pourrait contenir 3 milliards de Soleils.***

4 *Au cours de l'histoire,* ***le Soleil a été tour à tour craint ou adoré.*** *Les Égyptiens vénéraient Râ, leur dieu-soleil ; les Aztèques, eux, adoraient une divinité solaire nommée Tonatiuh.*

5 ***À chaque seconde, le Soleil libère 400 000 milliards de watts d'énergie****, soit un million de fois plus que tous les humains de la Terre en un an !*

6 ***Le Soleil se trouve à 150 millions de km de la Terre, mais il suffit de 8 minutes pour que l'énergie solaire parvienne jusqu'à nous.*** *En revanche, il faut jusqu'à 100 000 ans à l'énergie du noyau du Soleil pour atteindre sa surface.*

7 *Le Soleil éjecte un flux continu de particules.* ***Ce vent solaire balaie notre étoile jusqu'à 900 km/s,*** *charriant un million de tonnes de gaz dans l'espace à chaque seconde.*

8 ***Sa haute atmosphère, ou couronne, n'est pas visible à l'œil nu, mais apparaît dans cette photo en ultraviolet.*** *La couronne est 500 fois plus chaude que la surface visible, mais on ignore pourquoi.*

9 *Cette région d'une luminosité intense s'appelle une* ***facule****. Ces* ***taches brillantes*** *sont associées à des taches temporairement plus sombres, refroidies, qui varient en nombre sur un cycle de 11 ans.*

10 ***La surface du Soleil apparaît granuleuse ou criblée****, telle une peau d'orange. Chaque « granule » est une cellule de gaz ascendante d'environ 1 000 km de largeur.*

11 ***Ce gigantesque jet de gaz incandescent s'appelle une protubérance.*** *Elle s'étend sur environ 300 000 km dans l'espace, soit près de 25 fois le diamètre de la Terre.*

12 *Cette protubérance date d'août 2012, issue d'une* ***éjection de masse coronale*** *(EMC). Une grande EMC peut projeter un milliard de tonnes de particules dans l'espace.*

13 ***Le Soleil en est à la moitié de sa vie.*** *Dans 5 milliards d'années, il se transformera en géante rouge, engloutissant Mercure et Vénus. Puis il se départira de ses couches extérieures, ne laissant qu'un tout petit noyau dense.*

L'INFO EN PLUS

Le Soleil peut nous paraître prodigieux, or c'est une étoile assez banale au milieu des milliards que compte notre Voie lactée. Celle-ci n'étant qu'une des 2 000 milliards de galaxies observables dans l'Univers…

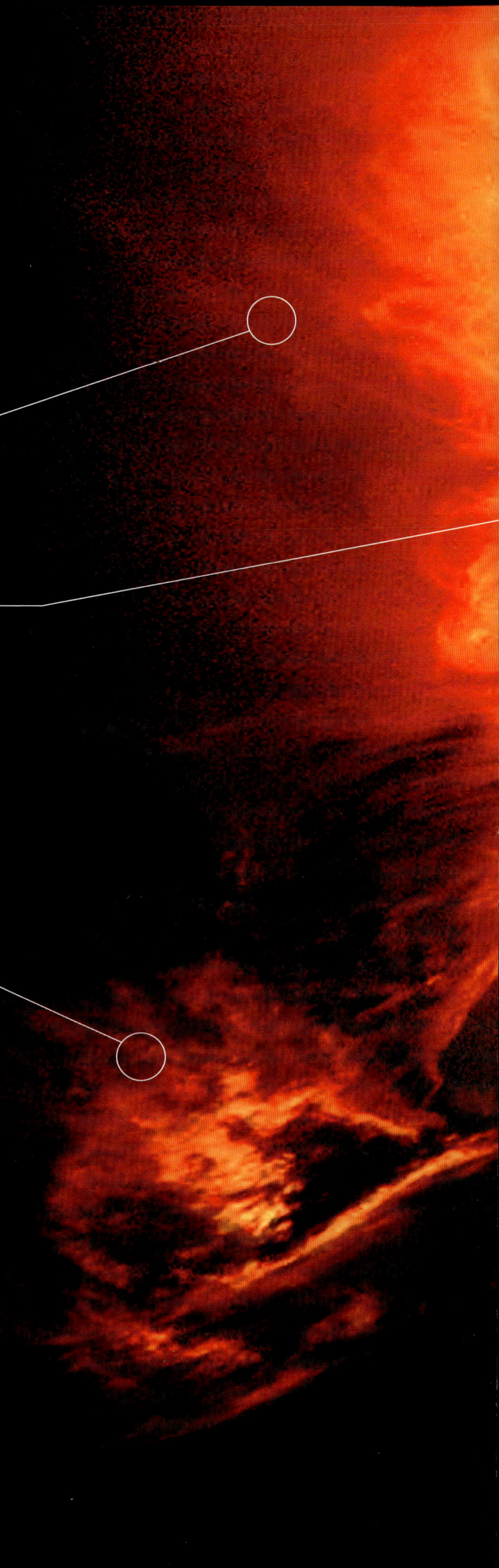

Structure du Soleil

L'énergie du Soleil trouve sa source en son noyau, qui contient plus de la moitié de la masse du Soleil. En son cœur, plus de 600 millions de tonnes d'hydrogène sont converties en hélium à chaque seconde, à une température de 15 millions de degrés Celsius. L'énergie produite par ces fusions nucléaires remonte lentement vers la surface visible du Soleil.

Œuf de grenouille

TÊTE D'ŒUF !

Les œufs sont un élément vital du cycle de vie des amphibiens, reptiles, poissons et invertébrés : ils protègent leurs petits avant leur naissance. Certains animaux en pondent en grande quantité, alors que d'autres en produisent peu.

1 *Les œufs que nous mangeons proviennent de poules domestiques, mais ils ne contiennent pas de poussins, car ils ne sont pas fécondés.* ***Nous consommons plus d'un milliard d'œufs de poule dans le monde chaque année.***

2 *Les autruches pondent les plus gros œufs du monde animal.* ***Le plus lourd jamais trouvé faisait 2,6 kg****, quasiment le poids d'une brique.*

3 *La plupart des œufs sont camouflés, mais pas ceux du grand tinamou.* ***Leur teinte vert brillant serait destinée à attirer d'autres femelles de cet oiseau.*** *Elles regroupent leurs œufs pour mieux les surveiller.*

4 ***Les œufs d'oiseaux doivent rester au chaud pour pouvoir éclore.*** *Les parents parviennent à maintenir une température constante en couvant leurs œufs.*

5 ***Les embryons des œufs du crocodile du Nil n'ont pas de sexe lorsqu'ils sont pondus.*** *Le sexe se détermine en fonction de la température environnante. Les œufs exposés à moins de 31 °C donneront des femelles, et les autres, des mâles.*

6 ***Les œufs de nombreux reptiles, tel ce serpent des blés, ne sont pas aussi durs que ceux des oiseaux.*** *Peut-être ces derniers sont-ils plus robustes afin de supporter le poids des adultes qui les couvent.*

7 ***Plusieurs espèces de reptiles et d'oiseaux enfouissent leurs œufs sous des végétaux qui pourrissent*** *et dégagent de la chaleur en se décomposant.*

8 *Les insectes sont souvent prolifiques.* ***L'abantiades, un papillon australien, peut pondre 29 000 œufs en une seule fois.*** *Il ne s'occupe toutefois pas de sa progéniture, il se contente d'éparpiller ses œufs en vol.*

9 *Pour s'extraire de l'œuf,* ***les oisillons s'aident d'une « dent » spéciale présente sur leur bec.*** *Elle leur permet de fendre la dure coquille, qui finit par tomber lorsqu'ils n'en ont plus besoin.*

Limace

Gecko léopard

*Cette Meta menardi pond des centaines d'œufs dans une **poche soyeuse**, qu'elle suspend dans le coin d'une grotte, afin de mettre sa future progéniture à l'abri.* **10**

11 *Les œufs du requin à bosse sont cachés par une curieuse enveloppe en tire-bouchon, qui **permet à la femelle** de caler ses œufs dans des crevasses pour les protéger des prédateurs.*

*Une fois qu'elles ont pondu leurs œufs, les pieuvres les couvrent de leur corps pour les protéger. **Une mère pieuvre dévouée a passé plus de 4 années et demie à couver**, sans même s'éloigner pour s'alimenter.* **12**

Serpent ratier

Truite arc-en-ciel

Tortue léopard

*La plupart des œufs sont sphériques, mais **ceux du guillemot sont longs et pointus**. Ainsi, ils ne roulent pas et ne risquent pas de tomber du haut des falaises où ces oiseaux nichent.* **13**

Dans un œuf d'oiseau

Lorsqu'un œuf quitte le corps de l'oiseau parent, l'embryon qu'il contient est minuscule. Nourri par le jaune et stimulé par la chaleur de l'incubation, il commence à grandir. La coquille poreuse laisse entrer l'air pour qu'il respire. Un fœtus de poulet se développe durant environ 3 semaines avant d'éclore.

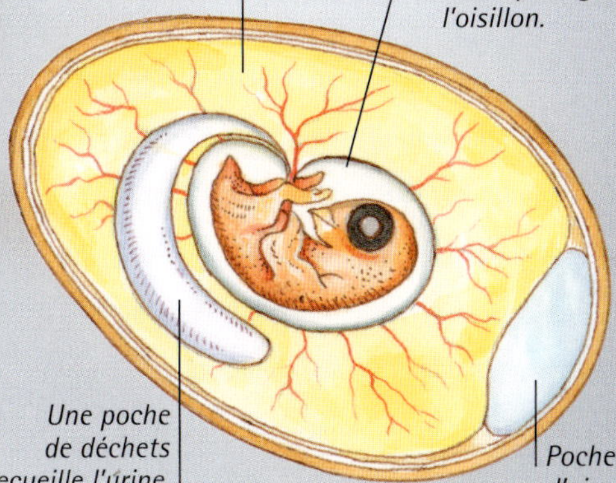

L'INFO EN PLUS *Les mammifères sont généralement définis comme étant des créatures qui donnent naissance à des petits bien développés. Il existe cependant un **groupe spécial, les monotrèmes, qui pondent des œufs**. Cette famille rassemble les ornithorynques et les échidnés, qui vivent uniquement en Australie et en Nouvelle-Guinée.*

Saturnie du chêne du Japon

UN OS À RONGER

Notre squelette est notre structure, il protège nos organes vitaux et constitue le point d'attache des muscles qui assurent le mouvement. Les os sont huit fois plus résistants que le béton. Le squelette ne représente que 15 % du poids du corps.

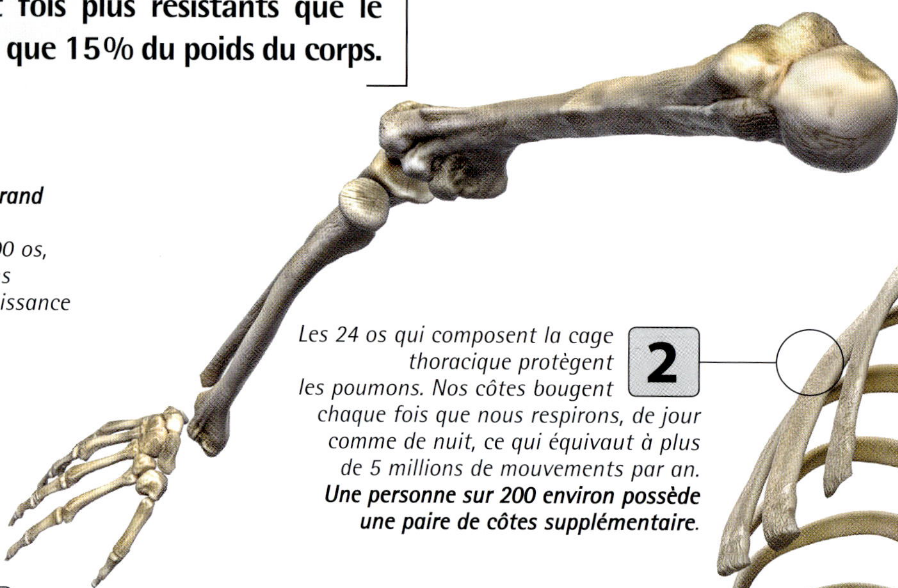

1 ***Les bébés possèdent un plus grand nombre d'os que les adultes.*** *Nous naissons avec plus de 300 os, mais lorsque nous grandissons, certains fusionnent. Les os poursuivent leur croissance jusqu'à 20 ans, âge auquel nous en possédons seulement* ***206****.*

2 *Les 24 os qui composent la cage thoracique protègent les poumons. Nos côtes bougent chaque fois que nous respirons, de jour comme de nuit, ce qui équivaut à plus de 5 millions de mouvements par an.* ***Une personne sur 200 environ possède une paire de côtes supplémentaire****.*

3 *L'os de la cuisse, ou* ***fémur, est le plus long et le plus robuste du corps humain****. Il peut résister à une force supérieure à* ***1 110 kg****, ce qui signifie qu'il faut subir un accident de voiture ou une chute vertigineuse pour qu'il se brise.*

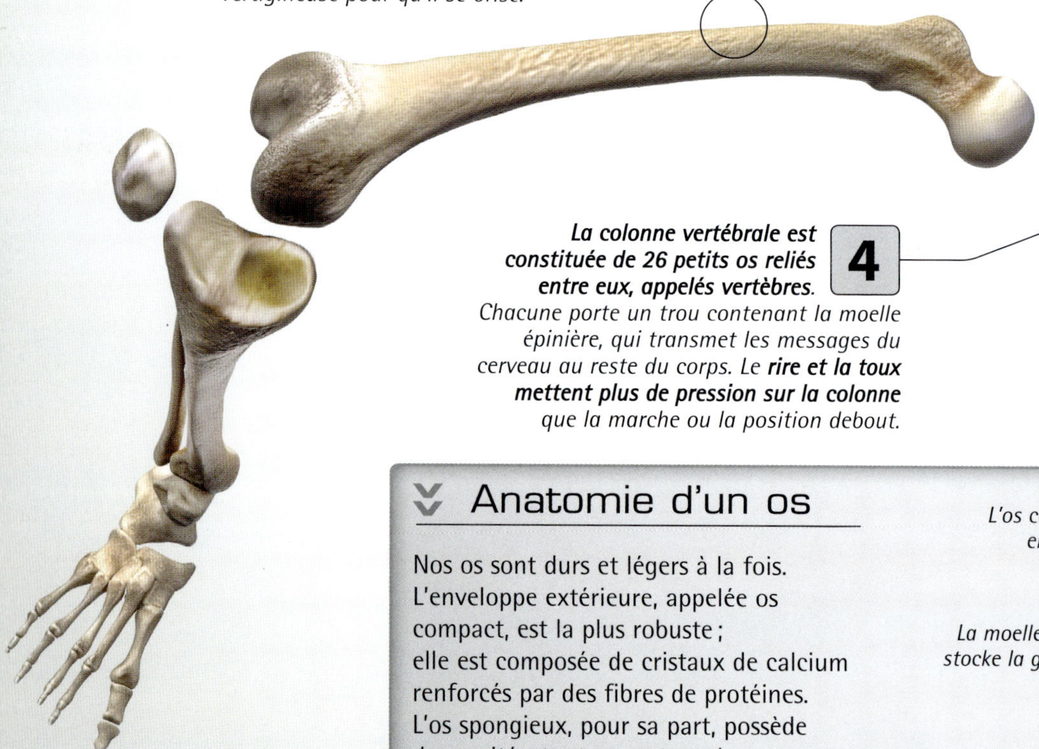

4 ***La colonne vertébrale est constituée de 26 petits os reliés entre eux, appelés vertèbres****. Chacune porte un trou contenant la moelle épinière, qui transmet les messages du cerveau au reste du corps. Le* ***rire et la toux mettent plus de pression sur la colonne*** *que la marche ou la position debout.*

Anatomie d'un os

Nos os sont durs et légers à la fois. L'enveloppe extérieure, appelée os compact, est la plus robuste ; elle est composée de cristaux de calcium renforcés par des fibres de protéines. L'os spongieux, pour sa part, possède des cavités, tout en restant dur. Les cavités sont remplies de moelle osseuse. Certaines contiennent de la moelle rouge, qui produit les globules rouges et les libère dans le sang à raison de 2 millions de cellules par seconde.

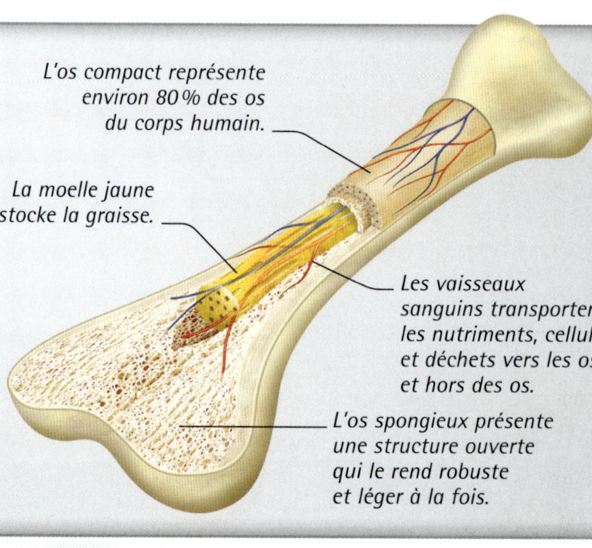

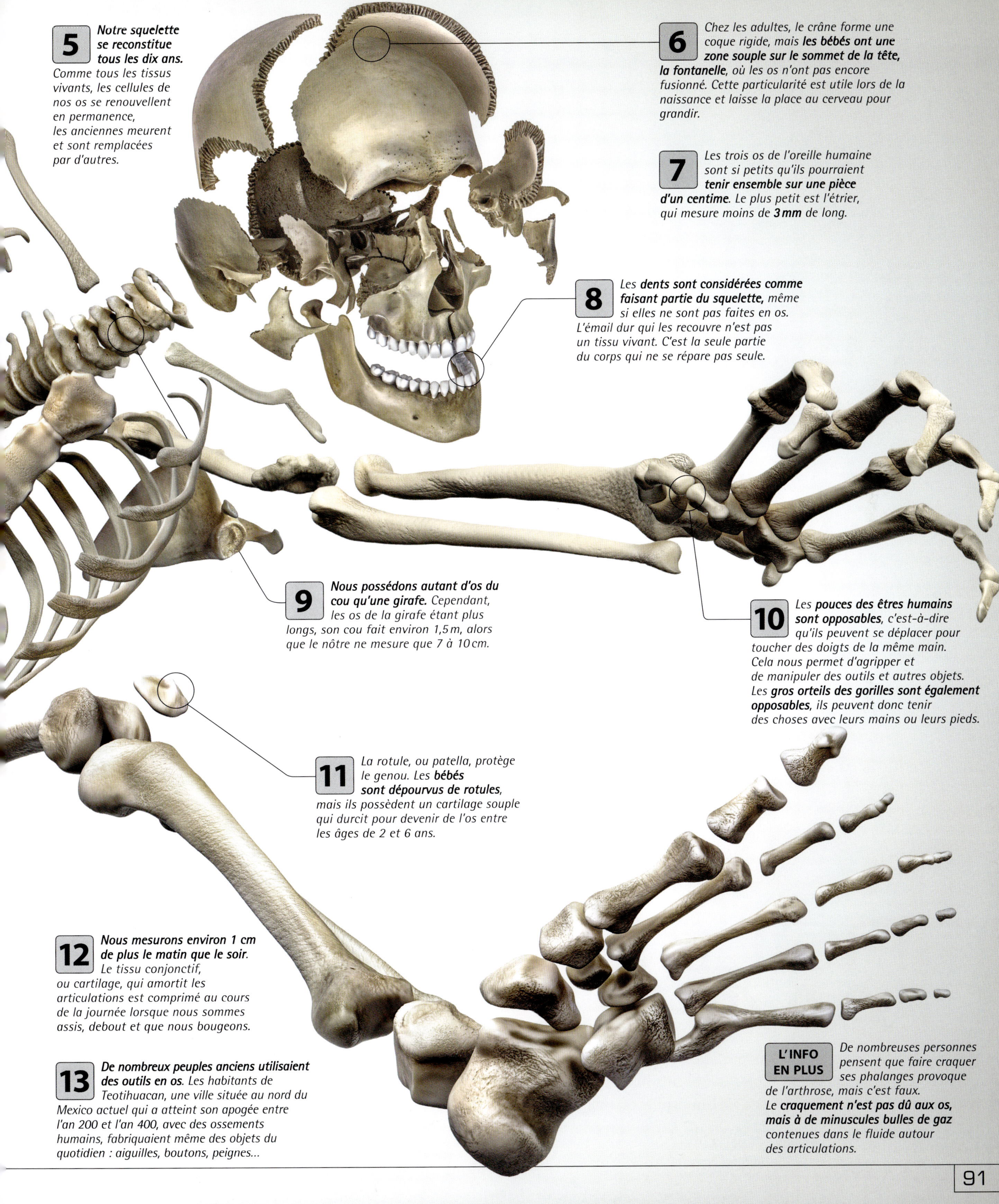

5 ***Notre squelette se reconstitue tous les dix ans.*** *Comme tous les tissus vivants, les cellules de nos os se renouvellent en permanence, les anciennes meurent et sont remplacées par d'autres.*

6 *Chez les adultes, le crâne forme une coque rigide, mais* ***les bébés ont une zone souple sur le sommet de la tête, la fontanelle****, où les os n'ont pas encore fusionné. Cette particularité est utile lors de la naissance et laisse la place au cerveau pour grandir.*

7 *Les trois os de l'oreille humaine sont si petits qu'ils pourraient* ***tenir ensemble sur une pièce d'un centime****. Le plus petit est l'étrier, qui mesure moins de* ***3 mm*** *de long.*

8 *Les* ***dents sont considérées comme faisant partie du squelette,*** *même si elles ne sont pas faites en os. L'émail dur qui les recouvre n'est pas un tissu vivant. C'est la seule partie du corps qui ne se répare pas seule.*

9 ***Nous possédons autant d'os du cou qu'une girafe.*** *Cependant, les os de la girafe étant plus longs, son cou fait environ 1,5 m, alors que le nôtre ne mesure que 7 à 10 cm.*

10 *Les* ***pouces des êtres humains sont opposables****, c'est-à-dire qu'ils peuvent se déplacer pour toucher des doigts de la même main. Cela nous permet d'agripper et de manipuler des outils et autres objets. Les* ***gros orteils des gorilles sont également opposables****, ils peuvent donc tenir des choses avec leurs mains ou leurs pieds.*

11 *La rotule, ou patella, protège le genou. Les* ***bébés sont dépourvus de rotules****, mais ils possèdent un cartilage souple qui durcit pour devenir de l'os entre les âges de 2 et 6 ans.*

12 ***Nous mesurons environ 1 cm de plus le matin que le soir.*** *Le tissu conjonctif, ou cartilage, qui amortit les articulations est comprimé au cours de la journée lorsque nous sommes assis, debout et que nous bougeons.*

13 ***De nombreux peuples anciens utilisaient des outils en os.*** *Les habitants de Teotihuacan, une ville située au nord du Mexico actuel qui a atteint son apogée entre l'an 200 et l'an 400, avec des ossements humains, fabriquaient même des objets du quotidien : aiguilles, boutons, peignes…*

L'INFO EN PLUS *De nombreuses personnes pensent que faire craquer ses phalanges provoque de l'arthrose, mais c'est faux.* ***Le craquement n'est pas dû aux os, mais à de minuscules bulles de gaz*** *contenues dans le fluide autour des articulations.*

DRÔLES D'AMPHIBIENS

Les amphibiens – grenouilles et crapauds, salamandres, tritons et cécilies – se développent dans les endroits humides. Durant leur vie, beaucoup subissent des métamorphoses, de l'état de têtard aquatique à celui d'adulte vivant sur la terre ferme.

Rainette arboricole

Grenouilles tomates

1 *Les amphibiens vivent généralement aussi bien au sec que dans l'eau.* ***Le grand triton crêté passe une grande partie de son temps sur terre****, mais se reproduit dans les mares. Les mâles exhibent leur crête pour attirer les femelles.*

2 *La plupart des amphibiens déposent dans l'eau* ***leurs œufs, enveloppés d'une gelée transparente, comme cet œuf de grenouille****. La grenouille de Darwin mâle, elle, couve les œufs dans son grand sac vocal.*

3 *Cette cécilie bleue est l'une des nombreuses cécilies tropicales. Les* ***jeunes de certaines espèces ont une méthode de survie originale*** *: ils déchirent et dévorent la peau de leur mère. Elle n'en meurt pas, son enveloppe est reconstituée en seulement 3 jours.*

4 *L'amphiuma means est une cécilie de type serpent, dotée de 2 doigts sur chacune de ses minuscules pattes. Elle s'enfouit profondément dans la boue pour survivre en cas de sécheresse.* ***Elle peut même passer 3 ans sans s'alimenter.***

5 *La couleur vive de cette grenouille* ***dendrobate avertit les prédateurs*** *que sa peau est toxique. Ce spécimen de la famille des grenouilles venimeuses contient suffisamment de poison pour tuer 10 personnes.*

6 ***La salamandre du Mexique, ou axolotl, ne grandit pas.*** *Elle ne quitte jamais l'eau et conserve toute sa vie un corps de bébé, qui la fait ressembler à un têtard à pattes.*

7 *Les amphibiens ne vivent pas tous près de l'eau. La rainette aux yeux rouges vit dans les hauteurs des forêts tropicales. Malgré sa peau visqueuse, elle grimpe avec une grande agilité aux arbres* ***grâce aux ventouses sur ses doigts, qui lui permettent de s'agripper aux branches.***

9 *Les amphibiens ne pondent pas tous des œufs,* ***certains donnent naissance à des petits vivants.*** *Plusieurs espèces de cécilies nourrissent leurs jeunes à l'intérieur de leurs corps, jusqu'à ce que ceux-ci soient prêts à émerger sous la forme d'adultes miniatures.*

8 *La plupart des amphibiens meurent jeunes, mais la* ***salamandre blanche peut vivre un siècle.*** *Créature aveugle, au corps blanc, elle passe sa vie dans des grottes souterraines.*

10 *En dépit du fait qu'elles naissent dans l'eau, les salamandres ont toujours été associées au feu. Le* ***philosophe grec Aristote croyait que la salamandre était un lézard magique*** *capable de survivre au feu et de l'éteindre selon sa volonté.*

11 *Nombre de grenouilles et crapauds communiquent par des cris, coassements ou sifflements.* ***Ceux du crapaud des steppes sont si forts qu'ils s'entendent à 1 km.*** *L'animal gonfle son sac vocal pour amplifier le son.*

12 ***La longue langue du crapaud commun est d'une efficacité redoutable pour attraper les proies.*** *Elle surgit en un cinquième de seconde et son extrémité est collante.*

13 *Les amphibiens changent de peau très souvent, chaque jour en fait. Celle-ci est* ***riche en protéines et de nombreux crapauds et grenouilles la mangent !***

L'INFO EN PLUS

Les pluies de grenouilles peuvent sembler relever de la fiction, mais de nombreuses averses de ce type ont été observées au fil du temps. ***Certains pensent que les amphibiens sont pris dans des tourbillons et relâchés plus loin,*** *mais personne n'en est sûr.*

RIEN QUE DES MOTS

Vous avez quelque chose à dire ? Le langage nous permet de partager nos pensées et nos idées, d'exprimer nos sentiments, bref, de communiquer. C'est un outil universel.

1 *Quelque 7 000 langues et dialectes (variantes régionales de langues) sont parlés actuellement sur la planète.* ***On dénombre 2 200 langues en Asie et 850 rien qu'en Papouasie-Nouvelle-Guinée.*** *Mais, seules 23 langues sont parlées par un peu plus de la moitié de la population mondiale.*

您好

hola

2 *Une personne qui parle plusieurs langues est un polyglotte.* ***Sir John Bowring, gouverneur de Hong Kong au XIXe siècle, prétendait parler 100 langues*** *et en avoir étudié beaucoup plus.*

3 *Nous écrivons le langage avec un* ***ensemble de lettres qui constituent un alphabet****. Ce mot vient d'aleph (qui signifie « bœuf ») et bet (« maison »), les deux premières lettres de l'alphabet phénicien. Une représentation de la tête d'un bœuf a donné notre « a » et le symbole d'une maison, la lettre « b ».*

4 *Les ordinateurs possèdent leur propre langage, que nous utilisons pour les programmer.* ***Il existe plus de 500 langages de programmation****, tous composés de lignes complexes de code.*

здравствуйте

5 *Les linguistes* ***estiment à 2 000 000 le nombre des mots de la langue française****. Chaque année des mots nouveaux sont ajoutés au dictionnaire.*

jambo

6 *Les sourds peuvent utiliser les gestes pour communiquer, c'est ce que l'on appelle la langue des signes.* ***Comme pour la langue parlée, il existe des différences régionales.*** *Il peut s'agir de signes différents selon les zones géographiques ou de variations dans la rapidité ou l'expressivité de l'exécution des gestes.*

bonjour

olá

नमस्ते

7 ***Une idioglossie est une langue pratiquée par une seule personne.*** *Un enfant qui grandit dans un foyer où se côtoient plusieurs langues peut inventer son propre langage. Certains jumeaux créent un langage secret, la cryptophasie.*

8 *Dans certains films, livres et jeux vidéo,* ***les personnages communiquent dans une langue fictive.*** *Star Trek a inventé le klingon pour sa série télé et ses films. C'est une véritable langue structurée, que l'on peut apprendre et pratiquer. Il existe même un dictionnaire de klingon.*

hello

sannu

9 *Différentes langues possèdent divers sons.* ***Plusieurs langues de l'est de l'Afrique émettent des « clics » en guise de consonnes.*** *Certains habitants de l'île de La Gomera, aux Canaries, pratiquent une langue unique, le silbo gomero, qui est de l'espagnol traduit en sons sifflés qui portent sur de longues distances.*

10 *Les* ***applications parlantes telles que Siri d'Apple connaissent plus de 20 langues*** *et reproduisent les accents et les voix masculines ou féminines. Leur ton monocorde et neutre ne parvient toutefois pas à reproduire les inflexions de la voix humaine. En effet, ce n'est pas tant ce que l'on dit qui a du sens, mais la façon dont on l'exprime.*

11 *Bien avant l'avènement des textos, le* ***code Morse a été mis au point pour envoyer des messages grâce à une série d'impulsions électriques plus ou moins longues, matérialisées par des points et des traits.*** *Son inventeur, Samuel Morse, a attribué aux lettres les plus courantes les impulsions les plus courtes. Comme trois points symbolisent le « S » et trois traits le « O », SOS est devenu un signal de détresse car il était rapide et facile à envoyer.*

merhaba

مرحبا

12 *La* ***Déclaration universelle des droits de l'homme des Nations unies a été traduite*** *dans 530 langues, ce qui en fait le texte le plus traduit au monde.*

13 ***« Abracadabra ! » est un mot magique dans toutes les langues.*** *Il est apparu pour la première fois dans les registres d'un médecin romain du IIIe siècle. Celui-ci demandait aux malades du paludisme d'écrire le mot magique sur un papier, puis de l'envelopper dans un linge, noué autour du cou pendant 9 jours. Malheureusement, ce remède magique était sans effet.*

L'INFO EN PLUS *Une langue qui n'est plus utilisée au quotidien est considérée morte.* ***On pense que le latin a disparu avec le déclin de l'Empire romain, mais il est toujours vivant.*** *C'est la langue internationale de la science, du droit et du catholicisme. La cité du Vatican, à Rome, possède même un distributeur de billets de banque qui donne des instructions en latin.*

FASHION VICTIME

Le vêtement a toujours constitué un moyen d'afficher sa richesse. Entre le XIVe et le XVIe siècle, la découverte de nouveaux mondes a permis l'introduction de tissus inconnus en Europe, d'où l'apparition de tenues plus sophistiquées.

1 *Les nobles à la mode* ***portaient tellement de couches de vêtements*** *qu'ils avaient besoin d'aide pour s'habiller. Pour la reine Élisabeth Ire (qui régna sur l'Angleterre entre 1558 et 1603),* ***ce rituel prenait plus de 2 heures chaque jour.***

2 *Les dames portaient des corsets, composés de 2 vêtements lacés, pour mettre en forme le buste.* ***Certains étaient renforcés avec du bois, du métal, voire des os de baleine ;*** *ils obligeaient donc les femmes à se tenir droites.*

3 *Les vêtements étaient parsemés de petits trous et de fentes qui laissaient entrevoir la couleur contrastée de la doublure.* ***Une robe pouvait comporter jusqu'à 9000 petits trous.***

4 ***Le tissu était trempé dans l'urine avant la réalisation de vêtements****, car l'ammoniaque contenue dans celle-ci conservait la vivacité des couleurs.*

5 *Sous le règne d'Élisabeth Ire, la plupart des femmes ordinaires possédaient 1 ou 2 robes.* ***La reine, pour sa part, en détenait 3000.*** *C'était l'icône de la mode de son époque.*

6 ***Le vertugadin était une sorte de bourrelet qui faisait bouffer les jupes.*** *En outre, un pouf, attaché autour de la taille, élargissait les hanches.*

7 *Les fraises étaient portées aussi bien par les hommes que par les femmes. Le dramaturge anglais Ben Jonson (1572-1637) affirma* ***qu'une grande fraise donnait l'impression que la personne portait sa tête sur un plateau.***

8 *En 1571, une loi anglaise stipula que* ***les hommes âgés de plus de 6 ans, hormis les nobles, devaient porter un bonnet le dimanche.*** *Cette loi a permis d'assurer du travail aux fabricants de bonnets.*

9 *Les hommes portaient un pourpoint par-dessus leur chemise. Celui-ci était souvent* ***rembourré de poils de cheval*** *pour donner l'impression qu'il était plus large aux épaules et plus étroit à la taille.*

10 *Les hauts-de-chausse étaient des vêtements bouffants, qui tombaient au-dessus du genou. On raconte qu'un homme y cacha :* ***2 nappes, 10 serviettes de table et 4 chemises.***

11 *Le* ***pantalon le plus ancien connu a été réalisé en Chine il y a environ 3 300 ans.*** *Sa forme laisse penser qu'il était destiné à assurer le confort des cavaliers.*

12 ***Les enfants furent habillés comme des adultes jusqu'au XIXe siècle,*** *époque où les premiers vêtements pour enfants furent créés.*

13 *À la Renaissance, les courtisans portaient des talons rouges comme signe distinctif, d'où l'expression « talon rouge », qui désigne un membre de la noblesse.*

L'INFO EN PLUS *On pense que les personnes qui vivaient il y a plusieurs siècles étaient sales. Cependant, même s'ils ne lavaient pas leurs vêtements aussi souvent que nous, ils* ***changeaient de linge de corps tous les jours.***

PÉPITES DE CHOCOLAT

Le chocolat est fabriqué à partir des fèves amères du cacaoyer. De nos jours, les amateurs du monde entier dépensent plus de 92 milliards d'euros par an pour assouvir leur gourmandise.

1 *Le chocolat est fabriqué à partir de fèves de cacao, qui sont les graines du cacaoyer.* ***Il faut environ 40 fèves pour faire une tablette,*** *ce qui correspond à une cabosse.*

2 *Les* ***cabosses colorées du cacaoyer s'ouvrent pour révéler une pulpe blanche gorgée de jus sucré et une fève amère****. Le nom scientifique de la plante,* Theobroma cacao, *signifie « nourriture des dieux » en latin. Ce petit arbre est présent en Amérique centrale et en Amérique du Sud.*

3 *Environ* ***5 millions de producteurs fabriquent 3,8 millions de tonnes de fèves de cacao*** *par an. La Côte d'Ivoire en commercialise environ 30 % à elle seule.*

4 *Pour faire du chocolat,* ***les fèves de cacao sont fermentées, séchées, nettoyées, torréfiées et écoquillées*** *avant d'être moulues pour donner un liquide. Le cacao solide et le beurre de cacao, les deux principaux ingrédients du chocolat, sont ensuite extraits.*

5 ***Dans les vieux films en noir et blanc, le sirop de chocolat était utilisé pour représenter le sang,*** *à cause de sa consistance visqueuse.*

6 *Le* ***chocolat solide vit le jour en1847****, lorsqu'un Anglais, Joseph Fry, mélangea du beurre de cacao fondu à du chocolat liquide. Cette préparation crémeuse contenait d'autres ingrédients, dont du sucre.*

7 Peut-être que les insectes au chocolat ne vous font pas envie, mais des **scorpions enrobés de chocolat** sont vendus dans diverses parties du monde. On retire leur venin au préalable...

8 **Les civilisations antiques d'Amérique centrale et du Sud ont été les premières à consommer le chocolat.** Le breuvage amer qu'elles dégustaient, le xocolatl, était plus pimenté que le chocolat actuel, car, outre les fèves de cacao, il contenait du piment et des épices. **L'empereur aztèque Montezuma en buvait environ 50 tasses par jour dans son calice en or.**

9 Pour les Aztèques et les Mayas, qui **les utilisaient comme monnaie**, les fèves de cacao étaient plus précieuses que l'or.

10 Les Européens mangent environ la moitié de la production mondiale de chocolat. **Les Suisses en consomment 11,9 kg par an par personne**, soit l'équivalent du poids de 4 briques.

11 Des **fragments d'insectes** peuvent se cacher dans des barres chocolatées, car **il arrive que certains soient moulus avec les fèves de cacao.** Les personnes présentant des allergies au chocolat pourraient en réalité faire une réaction à ces impuretés.

12 **La poudre de cacao contient un puissant stimulant, la théobromine.** Sans danger pour l'homme, elle est **toxique pour les chiens.** Il faudrait que nous en consommions d'énormes quantités pour qu'elle ait un effet néfaste sur nous.

L'INFO EN PLUS Malgré son nom, **le chocolat blanc n'a en réalité pas grand-chose à voir avec le chocolat**, car il ne contient aucun cacao solide, uniquement du beurre de cacao.

13 Le dentifrice au chocolat n'est pas aussi mauvais pour la santé que l'on pourrait le penser. En fait, des études montrent que la **théobromine contenue dans la poudre de cacao est plus efficace que le fluor pour protéger les dents.**

HEAVY METAL

Impossible d'imaginer le monde moderne sans métal. Robuste, facile à travailler, il est omniprésent : voitures, boîtes de conserve, casseroles, gratte-ciel… Les métaux purs sont des matériaux constitués d'un seul type d'atome.

1 *Le type de métal le plus courant est un **métal de transition (fer, cuivre, argent, etc.).** Dur et brillant, il peut être plié ou martelé en une forme donnée et son point de fusion est élevé.*

2 *La plupart des métaux **n'existent pas au naturel sous une forme pure, mais pris dans des roches appelées minerai.** Il faut chauffer le minerai pour en extraire le métal.*

3 *Le fer est le 6ᵉ élément le plus abondant dans l'Univers. Le **cœur de la Terre est un gigantesque cristal de fer,** dont la température atteint 6000 °C : plus que la surface du Soleil.*

4 ***Le cuivre fut le premier métal utilisé par les êtres humains,** il y a environ 10 000 ans. Il était trouvé pur et employé dans la bijouterie. Les premières mines de cuivre remontent au cinquième millénaire avant notre ère.*

5 ***Le plomb est si dense que même les rayons X ne parviennent pas à le traverser,** d'où son usage en radiologie.*

6 ***Le plomb n'est pas le plus lourd des métaux.** Ce titre revient à l'osmium, deux fois plus dense. Un morceau d'osmium de la taille d'un four à micro-ondes pèserait autant qu'une petite voiture.*

13 ***L'aluminium est le métal le plus répandu*** *dans la croûte terrestre. Plus de 20 millions de tonnes d'aluminium sont produites chaque année.*

L'INFO EN PLUS ***Contrairement à ce que l'on pense*** *le* ***rhodium*** *est le métal le plus précieux, très rare et réfléchissant, il coûte jusqu'à* ***dix fois plus cher que l'or.***

12 ***Un alliage est un mélange de différents métaux qui crée un nouveau matériau utile.*** *Ce* ***trombone*** *est en laiton, un alliage de cuivre et de zinc.*

11 ***Le mercure est le seul métal liquide à température ambiante.*** *Toxique, il était utilisé par les fabricants de chapeaux. Les personnes qui le travaillaient étaient pris de tremblements et de changements d'humeur, à tel point que l'on* ***désignait leur souffrance «maladie du chapelier fou».***

10 ***Les métaux sont malléables*** *: on peut leur donner toutes les formes que l'on souhaite sans qu'ils se cassent. Cela explique en partie leur utilité. Mais si on refroidit un métal suffisamment,* ***il devient si fragile*** *qu'on peut le briser.*

9 *De nombreux métaux sont vitaux pour le corps humain : le zinc, le cuivre et le fer, entre autres. Le calcium,* ***un composant clé de nos os et nos dents****, est un élément métallique gris.*

8 ***L'or n'est pas réactif.*** *En 2015, un galion espagnol a été découvert au large des côtes de la Colombie chargé de pièces d'or, intactes* ***après 300 ans passés sous l'eau.***

7 ***L'or existe toujours sous sa forme pure dans la nature.*** *La plus grosse pépite jamais trouvée fut «Welcome Stranger», découverte en Australie en 1869. Elle pesait 78 kg,* ***soit le poids d'un homme.***

Liaisons métalliques

Les métaux sont des minéraux dont la structure atomique est très dense. Les atomes de métal perdent leurs électrons extérieurs, qui forment une mer d'électrons flottants. Ceux-ci sont responsables de la bonne conductivité de la chaleur et de l'électricité. Si une partie du métal est chauffée, les électrons transmettent rapidement la chaleur à d'autres parties.

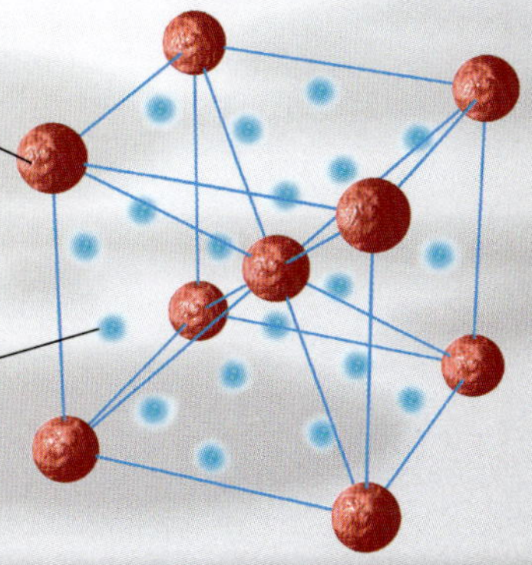

Les atomes forment un motif 3D régulier.

Les électrons flottent librement entre les atomes.

RÊVE D'ICARE

Depuis toujours l'homme rêve de voler, mais la véritable histoire de l'aviation a commencé il y a environ 230 ans, avec l'invention de la montgolfière. L'avènement de l'avion à moteur, au xxe siècle a contribué à façonner le monde moderne.

1 *L'ère de l'aviation a décollé en 1783, lorsque la première montgolfière, créée par les frères Montgolfier,* ***a opéré son premier vol avec un canard, un mouton et un coq à bord.***

2 *En 1903, les frères Wright ont réalisé le premier vol attesté en avion, le Wright Flyer, aux États-Unis (les vols du Français Clément Ader, dix ans plus tôt, ne sont pas certifiés). L'astronaute* ***Neil Armstrong avait emporté un petit morceau de cet avion lorsqu'il a marché sur la Lune*** *en 1969.*

3 *En 1919, John Alcock et Arthur Brown furent les premiers à traverser l'Atlantique* ***sans escale. Pendant le vol, Alcock dut se hisser sur les ailes de l'avion afin de retirer la glace*** *qui recouvrait le moteur.*

4 *L'Américaine Amelia Earhart* ***fut la première femme à traverser l'Atlantique seule*** *en 1932. En 1937, elle disparut lors d'un vol autour du monde.*

5 *L'un des plus grands dirigeables, le LZ 219 Hindenburg allemand,* ***mesurait la longueur de 3 terrains de football et contenait même un bureau de poste.*** *En 1937, l'hydrogène contenu dans l'appareil explosa, faisant 36 victimes.*

6 *Les avions ont été utilisés pour la* ***première fois en nombre lors de la Première Guerre mondiale.*** *En 1944, lors de la Seconde Guerre mondiale, l'Allemagne a mis au point le* ***premier avion à réaction****, le plus sophistiqué de son époque, le* ***Messerschmitt Me 262****.*

L'INFO EN PLUS *La peur de l'avion est compréhensible, mais en réalité,* ***la probabilité de mourir dans un accident d'avion est d'une sur 11 millions.*** *On a plus de risques de se faire foudroyer !*

13 *Le plus gros avion commercial, l'Airbus 380, peut transporter 853 passagers sur 2 niveaux.* ***Son envergure de 80 m est deux fois supérieure à celle du premier avion des frères Wright.***

12 ***Le nez du Concorde pouvait s'abaisser lorsque les pilotes avaient besoin de voir la piste d'atterrissage.*** *Il était levé en vol, pour que l'avion ait une forme aérodynamique de flèche.*

11 ***Le nombre de personnes se trouvant dans les airs à un même moment est proche du million.*** *Cependant, seuls 5 % de la population mondiale sont déjà montés dans un avion.*

10 *Le lancement du Concorde, construit en 1976 par le Royaume-Uni et la France, a ouvert l'ère du voyage supersonique pour les gens fortunés.* ***Le trajet Londres-New York,*** *qui prend 8 heures pour un avion de ligne à réaction,* ***durait un peu moins de 3,5 heures.***

9 *L'avion à réaction américain SR-71 Blackbird détient le record de vitesse dans les airs pour un vol avec équipage. En 1974, il rallia* ***New York à Londres,*** *soit une distance de 5 571 km, en seulement* ***1 heure et 54 minutes.***

8 ***Dans les années 1950, les voyages en avion étaient très onéreux.*** *En 1958, le billet aller-retour le moins cher entre Londres et New York coûtait l'équivalent de 5 900 € actuels. Le même vol coûte maintenant environ 400 €.*

7 *Le premier avion de ligne à réaction commercial, le de Havilland Comet britannique, est entré en service en 1952.* ***Son vol inaugural, de Londres, en Angleterre, à Johannesburg, en Afrique du Sud, a duré 23 heures et 38 minutes*** *(escales comprises), contre 11 heures (sans arrêt) aujourd'hui.*

EN PLEINE LUMIÈRE

En appuyant sur un interrupteur, des milliards de particules chargées se déplacent dans les fils métalliques, propulsées par la force de l'électricité. Si désormais elle a de multiples usages, à l'origine la lumière servait uniquement à l'éclairage.

1 ***Un courant électrique est un flux*** *composé de minuscules particules chargées. Dans les sources d'alimentation ces particules sont des électrons, que l'on trouve dans les atomes et qui portent une charge négative.*

2 *La première ampoule pratique a été créée en 1881 par* ***l'inventeur américain Thomas Edison.*** *En l'espace de 25 ans, elle s'était imposée dans des millions de foyers.*

3 *Les premières ampoules étaient « à incandescence ». Elles transmettaient un courant électrique par un filament fin. Edison testa plus de 6000 matériaux différents pour le filament,* ***même des poils de barbe****, avant d'opter pour du bambou carbonisé.*

4 *Les ampoules à incandescence sont toujours utilisées aujourd'hui, mais leurs filaments sont en tungstène (un type de métal) enroulés en torsade. Si on pouvait dérouler le filament d'une ampoule moderne, on verrait qu'il* ***mesure plus de 50 cm de long****.*

5 *Edison a entre autres imaginé la douille à visser pour améliorer le fonctionnement de son ampoule. Il a* ***déposé plus de 1000 brevets*** *pour diverses inventions, allant de prises et interrupteurs à du matériel pour centrale électrique.*

6 *Certains animaux sont capables de générer leur propre électricité. L'anguille électrique, qui est un poisson, électrocute ses proies en leur envoyant une* ***puissante décharge de plusieurs centaines de volts****.*

7 *Le métal est un conducteur : ses électrons flottent librement à partir de ses atomes et se déplacent pour que le courant électrique puisse s'écouler. Une ampoule est dotée d'un* ***plot central métallique*** *qui transmet l'électricité à l'ampoule lorsque celle-ci est reliée à une alimentation électrique.*

8 *L'ampoule allumée le plus longtemps* ***brille depuis 1901, à Livermore, en Californie****. Elle utilise environ 4 watts, alors que la plupart des ampoules à incandescence utilisent 60 watts ou 100 watts.*

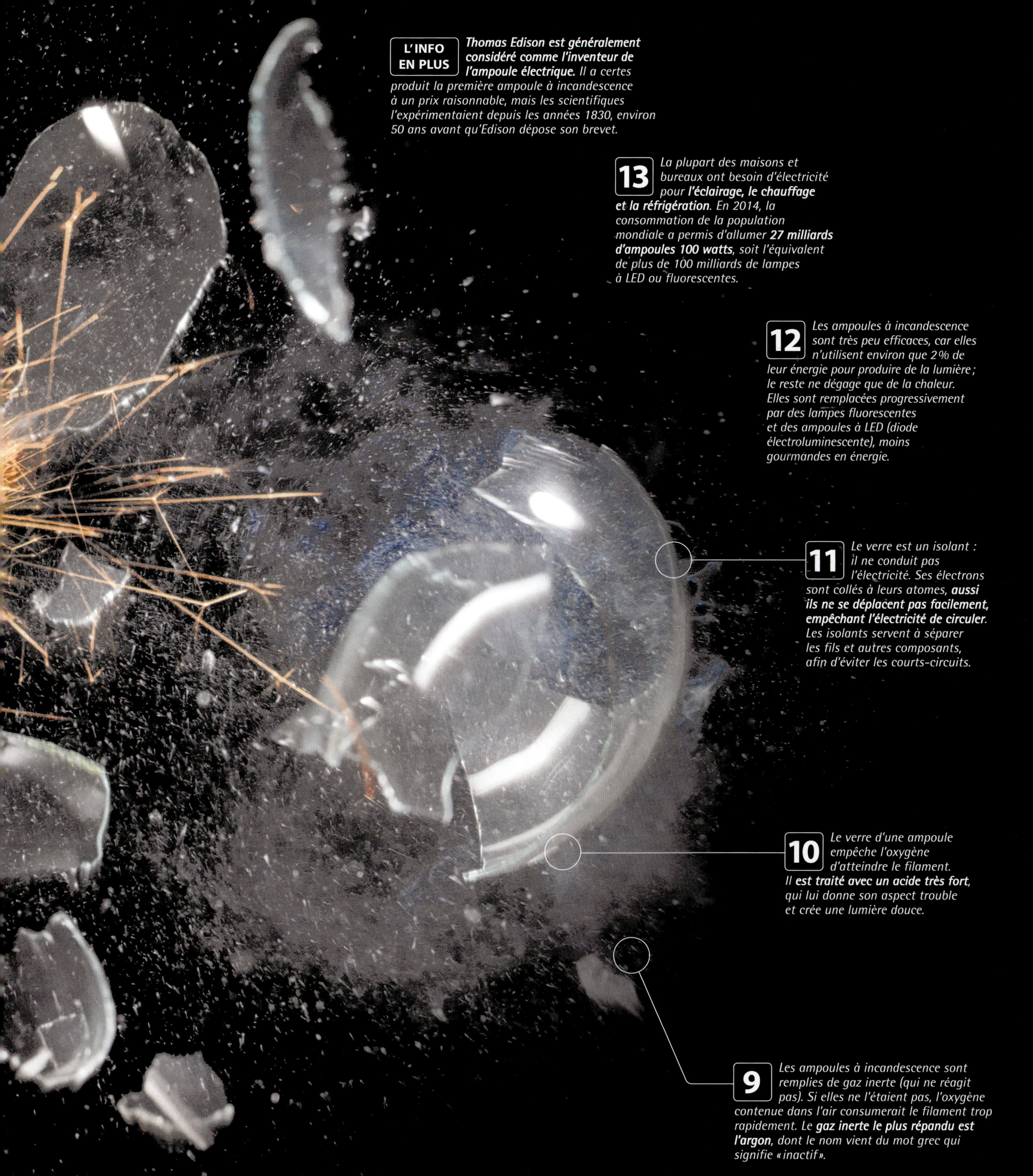

L'INFO EN PLUS ***Thomas Edison est généralement considéré comme l'inventeur de l'ampoule électrique.*** *Il a certes produit la première ampoule à incandescence à un prix raisonnable, mais les scientifiques l'expérimentaient depuis les années 1830, environ 50 ans avant qu'Edison dépose son brevet.*

13 *La plupart des maisons et bureaux ont besoin d'électricité pour* ***l'éclairage, le chauffage et la réfrigération****. En 2014, la consommation de la population mondiale a permis d'allumer* ***27 milliards d'ampoules 100 watts****, soit l'équivalent de plus de 100 milliards de lampes à LED ou fluorescentes.*

12 *Les ampoules à incandescence sont très peu efficaces, car elles n'utilisent environ que 2 % de leur énergie pour produire de la lumière ; le reste ne dégage que de la chaleur. Elles sont remplacées progressivement par des lampes fluorescentes et des ampoules à LED (diode électroluminescente), moins gourmandes en énergie.*

11 *Le verre est un isolant : il ne conduit pas l'électricité. Ses électrons sont collés à leurs atomes,* ***aussi ils ne se déplacent pas facilement, empêchant l'électricité de circuler****. Les isolants servent à séparer les fils et autres composants, afin d'éviter les courts-circuits.*

10 *Le verre d'une ampoule empêche l'oxygène d'atteindre le filament. Il* ***est traité avec un acide très fort****, qui lui donne son aspect trouble et crée une lumière douce.*

9 *Les ampoules à incandescence sont remplies de gaz inerte (qui ne réagit pas). Si elles ne l'étaient pas, l'oxygène contenue dans l'air consumerait le filament trop rapidement. Le* ***gaz inerte le plus répandu est l'argon****, dont le nom vient du mot grec qui signifie « inactif ».*

HISTOIRES D'ORQUE

Les orques, qui font partie des mammifères les plus puissants du monde, sont de redoutables chasseurs. Leur corps immense leur permet de s'attaquer aux proies les plus effrayantes, telles que d'autres grands prédateurs, les requins blancs.

1 *Les baleines et les dauphins appartiennent à la même famille de mammifères marins, les cétacés.* ***L'orque est le plus grand membre de la famille des dauphins.*** *Les plus grands spécimens sont longs comme des bus et peuvent peser 10000 kg.*

2 *Les orques ont une vision efficace, même si elles voient en noir et blanc.* ***Elles sont même capables de se reconnaître dans des miroirs, un comportement observé chez les animaux intelligents,*** *comme les singes, les éléphants et les autres dauphins.*

3 *Les orques sont des créatures bavardes ; elles communiquent entre elles par des clics, sifflements et autres sons. Différents groupes possèdent des cris et des dialectes distinctifs.* ***On pense même qu'elles s'attribuent des noms.***

4 *Sous l'eau, les orques entendent en interceptant les vibrations sonores avec leur mâchoire inférieure.* ***Elles perçoivent les appels d'autres orques à plus de 16 km.***

5 *Une orque possède environ 50 dents coniques, toutes de 5 cm de long.* ***Puisqu'elles ne peuvent pas mâcher, leurs dents servent à attraper les proies et à couper leur chair en morceaux.*** *Les petits animaux, et même des phoques, peuvent être avalés en entier.*

6 *Chaque nageoire compte 5 doigts osseux semblables aux doigts d'une main humaine.* ***C'est parce que les orques ont évolué à partir de mammifères terrestres.***

7 ***Comme tous les cétacés, les orques possèdent une couche de graisse sous la peau, qui peut atteindre 10 cm d'épaisseur.*** *La graisse de cétacé était très utilisée aux XVIIIe et XIXe siècles, dans les lampes à huile, des bougies, les savons, voire les cosmétiques.*

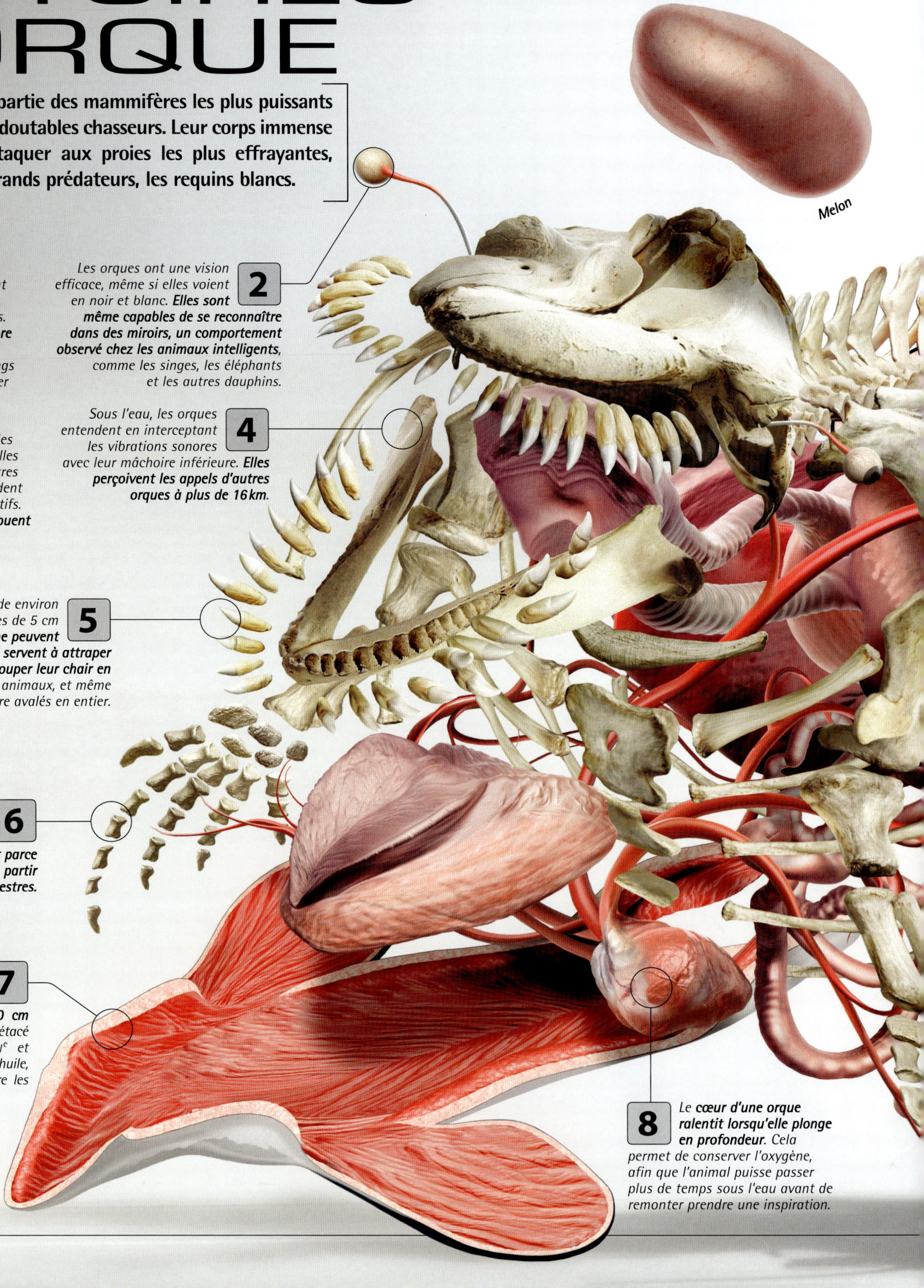

8 *Le* ***cœur d'une orque ralentit lorsqu'elle plonge en profondeur.*** *Cela permet de conserver l'oxygène, afin que l'animal puisse passer plus de temps sous l'eau avant de remonter prendre une inspiration.*

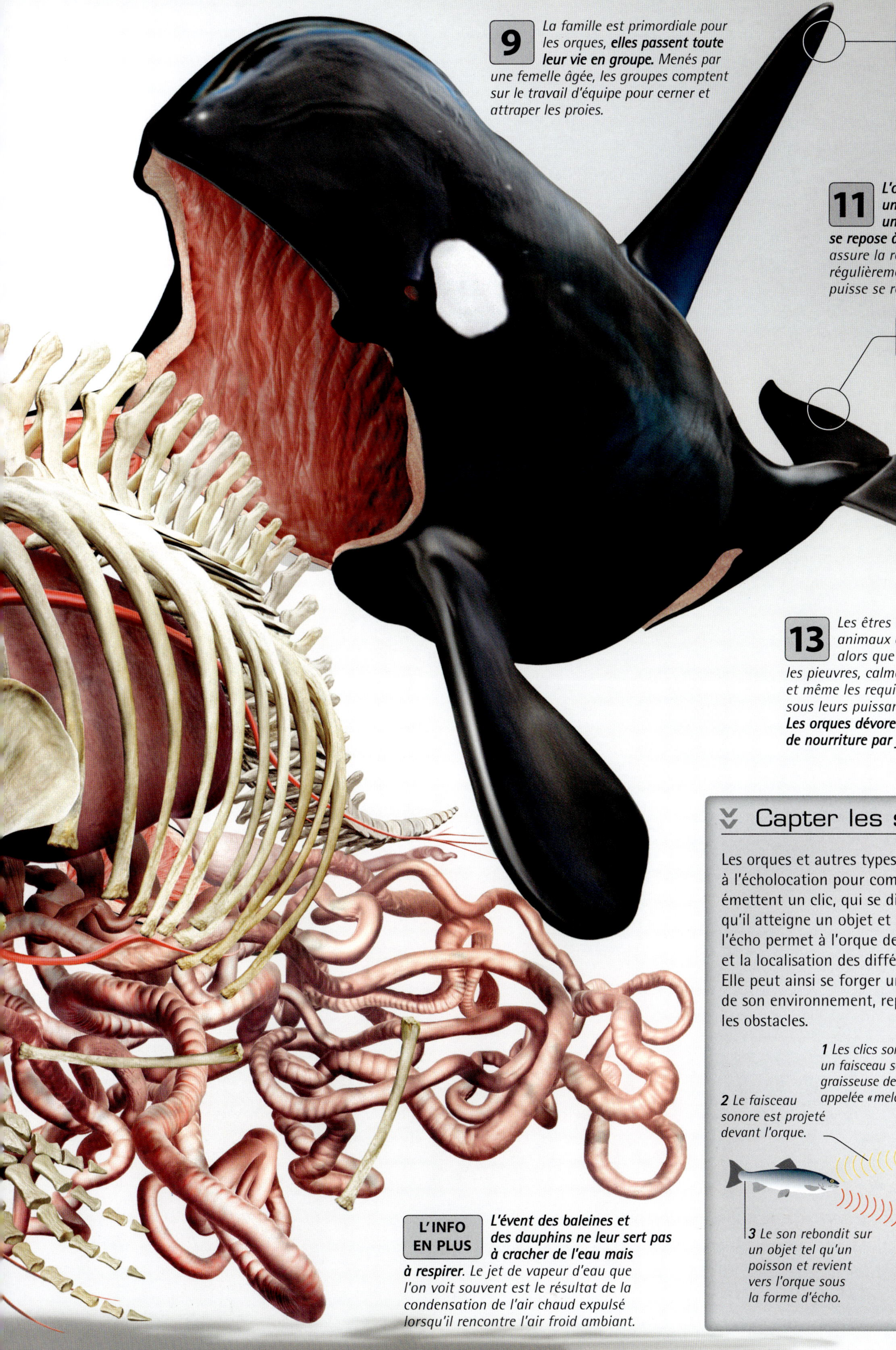

9 La famille est primordiale pour les orques, **elles passent toute leur vie en groupe.** Menés par une femelle âgée, les groupes comptent sur le travail d'équipe pour cerner et attraper les proies.

10 La nageoire dorsale d'une orque l'empêche de se retourner pendant qu'elle nage. **Les orques mâles possèdent la plus haute nageoire des mammifères aquatiques**, qui peut atteindre 2 m, soit plus qu'un adulte humain moyen.

11 ***L'orque dort souvent avec un œil ouvert, car seule une moitié de son cerveau se repose à la fois.*** *L'autre moitié assure la respiration. L'animal change régulièrement, afin que chaque côté puisse se reposer.*

12 La queue d'une orque peut mesurer 2,7 m de large. **Elle s'abat avec une force inouïe et peut assommer plus de 16 poissons d'un coup**, ce qui facilite leur capture et leur consommation.

13 Les êtres humains sont les seuls animaux qui menacent les orques, alors que les oiseaux marins, les pieuvres, calmars, tortues, poissons et même les requins peuvent succomber sous leurs puissantes mâchoires. **Les orques dévorent plus de 200 kg de nourriture par jour.**

Capter les sons

Les orques et autres types de dauphins font appel à l'écholocation pour communiquer et chasser. Elles émettent un clic, qui se diffuse dans l'eau jusqu'à ce qu'il atteigne un objet et rebondisse. Lorsque le son revient, l'écho permet à l'orque de déterminer la taille, la forme et la localisation des différents objets et des autres orques. Elle peut ainsi se forger une représentation en 3 dimensions de son environnement, repérer les proies et éviter les obstacles.

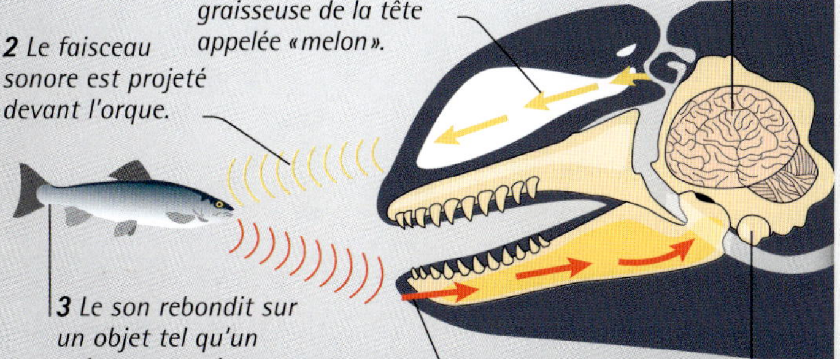

L'INFO EN PLUS ***L'évent des baleines et des dauphins ne leur sert pas à cracher de l'eau mais à respirer.*** *Le jet de vapeur d'eau que l'on voit souvent est le résultat de la condensation de l'air chaud expulsé lorsqu'il rencontre l'air froid ambiant.*

1 Les hommes préhistoriques ne connaissaient pas les nombres, mais nous savons ***qu'ils conservaient une trace du nombre d'objets en leur possession à l'aide de marques sur des bois, os et pierres****.* *On a retrouvé des os portant des traces qui remontent à 30 000 ans.*

2 *Lorsque les gens ont commencé à compter, ils le faisaient probablement sur les doigts.* ***Le système décimal moderne est dérivé du fait que nous avons 10 doigts****.* *Si nous possédions 8 doigts, nous compterions probablement en base 8.*

3 ***Certains chiffres semblent avoir des propriétés magiques, le trois par exemple.*** *Si les chiffres qui composent un nombre ont pour résultat 3, ou un multiple de 3, lorsqu'ils sont additionnés, l'ensemble du nombre peut être divisé par 3. Par exemple, 5 394 correspond à 5 + 3 + 9 + 4 = 21, qui est un multiple de 3.*

4 *Les* ***Babyloniens ont inventé l'un des premiers systèmes d'écriture des chiffres il y a environ 5 000 ans*** *et de nombreux autres ont été imaginés tout au long de l'histoire. Les chiffres que nous utilisons aujourd'hui viennent du* ***système indo-arabe mis au point il y a plus de 1 000 ans****.*

LA MAGIE DES NOMBRES

Les nombres font partie intégrante de notre vie. Certains portent chance, d'autres malheur. Impossible d'imaginer la vie sans eux, et puis, comment connaître la date de son anniversaire et de son âge !

5 *Les nombres peuvent nous aider à comprendre les formes géométriques, même si les cercles présentent plus de difficultés. Le savant grec Archimède a découvert que le* ***secret d'un cercle est «π»****, prononcé pi. C'est un nombre insaisissable, qui commence par 3,14 et qui ne finit jamais.* ***Il permet de calculer la circonférence d'un cercle*** *(le bord extérieur) si l'on connaît uniquement son diamètre (sa largeur).*

L'INFO EN PLUS *Il ne faut pas croire que le **zéro équivaut à rien** ; il sert à marquer une absence de quantité, le vide d'un ensemble. Le zéro a été inventé en Inde et représenté par un cercle**, sunya, le mot sanskrit qui signifie « vide ».***

6 ***L'infini n'est pas un nombre,** mais une idée mathématique, une manière de décrire quelque chose qui persiste, encore et encore, pour toujours. Contrairement à ce que l'on entend parfois, il est impossible d'atteindre l'infini.*

7 ***Étrangement, le chiffre 7 est très utilisé**. On le trouve dans les 7 péchés capitaux, les 7 merveilles du monde, les 7 couleurs de l'arc-en-ciel, les 7 mers, les 7 jours de la semaine, les 7 nains et les 7 continents.*

8 *De nombreuses cultures accordent une importance particulière à certains nombres. **En Chine, le chiffre 8 représente la fortune**. Les maisons, les numéros de téléphone et les plaques d'immatriculation dans lesquels ce chiffre est présent se vendent à prix d'or.*

9 *Dans certains pays on utilise encore pour calculer **un boulier**, dans lequel on fait glisser des billes le long de barres. En 1957, lorsqu'ils ont lancé **Spoutnik**, le premier satellite spatial, les Soviétiques auraient eu recours à un boulier pour effectuer certains des calculs.*

10 ***Les nombres permettent de mesurer les choses**. Mais aussi évaluer la gravité d'un tremblement de terre ou le piquant d'un piment. La force de ce petit fruit se mesure sur **l'échelle de Scoville**, qui s'étend de 0 à 2 200 000, pour le piment record du monde, le Carolina Reaper !*

11 ***Un nombre premier peut se diviser par lui-même ou par un,** comme 2 (le seul nombre premier pair), 3, 5, 7 et 11. Les codes informatiques qui les contiennent sont extrêmement difficiles à craquer. C'est pour cela qu'ils sont très utilisés pour **chiffrer la sécurité des données**.*

12 *Les nombres ne cessent de grandir. En 1920, le mathématicien américain **Edward Kasner demanda à son neveu** comment il pourrait appeler le chiffre 1 suivi de 100 zéros. Celui-ci inventa le mot **« googol »**. Le chiffre 10 à la puissance googol est un googolplex, et 10 à la puissance googolplex **est un googolplexian, le plus grand nombre à posséder un nom**.*

13 *Dans certains pays, le nombre **13 est considéré comme portant malheur. Cette croyance possède plusieurs origines. Les Romains, par exemple, croyaient que ce nombre symbolisait la destruction. Les chrétiens l'associent à Judas, le 13e disciple qui trahit Jésus. De nombreux grands hôtels sont dépourvus de 13e étage et certains avions de rangées n° 13.***

MIEL ET ABEILLES

L'abeille mellifère est la plus connue des quelque 20000 espèces d'abeilles. Armée de supersens et d'un aiguillon affûté, cet insecte industrieux butine de fleur en fleur et pollinise la végétation.

1 *Les fleurs contiennent du pollen, une source de nourriture riche en protéines. Les abeilles l'utilisent pour faire du miel afin de nourrir la colonie. Les abeilles mellifères visitent* ***2 millions de fleurs et parcourent 80000 km pour fabriquer 500 g de miel.***

2 *L'abeille représentée ici est une femelle ouvrière, comme toutes les abeilles qui recueillent du miel et du pollen. La durée de vie moyenne d'une ouvrière est de* ***5 à 6 semaines,*** *période au cours de laquelle elle fabrique l'équivalent* ***d'un douzième de cuillerée à café.***

3 *Le* ***bourdonnement d'une abeille est le son que produisent ses ailes en battant rapidement,*** *plus de 200 fois par seconde, soit 12000 fois par minute. Les abeilles possèdent 2 paires d'ailes, reliées par des petits crochets appelés hamuli.*

Colonie d'abeilles

Trois rôles existent au sein d'une ruche : les ouvrières, les faux-bourdons et la reine. La tâche principale des faux-bourdons est de s'accoupler avec la reine, qui pond jusqu'à 2000 œufs par jour. Les ouvrières femelles recueillent le pollen et le nectar, produisent le miel, nettoient la ruche et s'occupent des œufs et des larves. Une ruche contient environ 60000 ouvrières, 300 faux-bourdons, une seule reine et jusqu'à 30000 larves et nymphes.

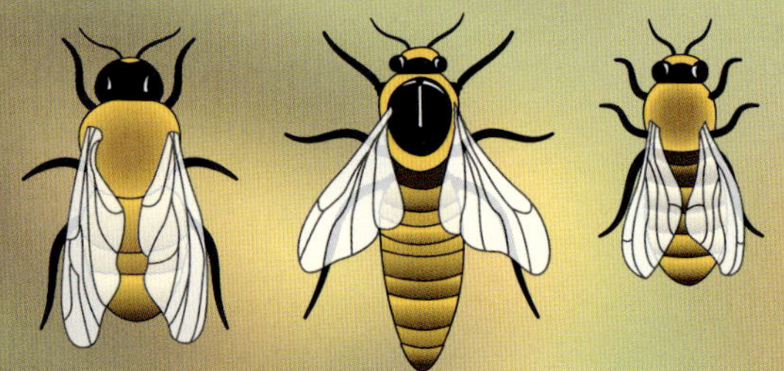

Faux-bourdon ***Reine*** ***Ouvrière***

Les faux-bourdons, plus gros que les ouvrières, possèdent de plus grandes ailes mais sont dépourvus de dards. La reine est dotée d'un long abdomen. Les ouvrières pèsent la moitié du poids des faux-bourdons, leur proboscis est plus long et leur dard poilu.

4 Les **antennes ultra-sensibles de l'abeille sont dotées de milliers de récepteurs de parfum**. Elle est capable de distinguer entre différents types de fleurs et de détecter si une fleur contient du pollen ou du nectar à plusieurs mètres.

5 L'abeille aspire le nectar avec sa langue en forme de paille, appelée proboscis. **De retour à la ruche, elle régurgite le nectar.** D'autres ouvrières **ventilent le liquide** avec leurs ailes pour réduire son contenu en eau et le transformer en miel épais et collant.

6 Les hommes recueillaient déjà le miel sauvage en **15000 av. J.-C.** Les Égyptiens possédaient des ruches et on a trouvé du miel dans les tombeaux des pharaons. Même 3000 ans après il était mangeable, car le miel **ne périme jamais**.

7 Les yeux composés situés de part et d'autre de la tête de l'abeille possèdent des **centaines de minuscules facettes**. Les abeilles sont capables de détecter les mouvements en **un 300ᵉ de seconde**. Sur un écran de cinéma, nous voyons une projection continue, mais les yeux d'une abeille seraient capables de distinguer les différentes images.

8 Des **scientifiques entraînent les abeilles** pour détecter les bombes. Dès que **les abeilles sentent les explosifs, elles avancent leur proboscis,** en signe d'anticipation. Lors de tests en laboratoire, les abeilles ont présenté de bonnes performances, mais leur utilisation dans des scénarios réels a posé des difficultés.

9 Les **abeilles dansent** pour indiquer au reste de la colonie les bonnes sources de nourriture. Elles volent en traçant des formes de huit et en **s'agitant d'un côté à l'autre**. L'angle de la danse indique la direction de la source de nourriture et la vitesse de la danse révèle la distance.

10 L'abeille pollinise les plantes en **frottant son corps au pollen des unes et en le déposant sur les autres**. Les abeilles pollinisent jusqu'à un tiers de toutes nos récoltes. Sans elles, nous perdrions **un tiers** de nos fruits et légumes préférés.

11 Les poils au dos des pattes arrière de l'abeille font office de **paniers à pollen** : l'insecte les imprègne de pollen, qu'elle rapporte à la ruche. **Une abeille est capable de transporter la moitié de son poids en pollen.**

12 Les abeilles existent depuis des dizaines de millions d'années, mais leur population est en déclin rapide. En Europe et aux États-Unis, **presque la moitié des ruches ont été décimées** par la désertion des colonies : toutes les ouvrières abandonnent soudainement la ruche !

13 Les abeilles-robots semblent relever de la science-fiction, mais des **RoboBees sont bel et bien en cours de développement aux États-Unis.** De la taille d'un demi-trombone, ces micro-machines pourraient un jour être utilisées pour contribuer à la pollinisation.

L'INFO EN PLUS **Une abeille meurt après avoir piqué** un mammifère : son dard reste planté dans la chair et est arraché lorsqu'elle reprend son envol. **Si elle pique un autre insecte, l'abeille continue à vivre.**

SYSTÈME DIGESTIF

Chaque repas que l'on fait parcourt le système digestif en un jour ou plus. La nourriture mâchée est réduite en petits morceaux, que les sucs digestifs décomposent en nutriments vitaux absorbés par le sang.

11 *Le système digestif produit environ* ***1 litre de gaz par jour****. Celui-ci est en partie provoqué par des bactéries, ce qui explique l'odeur d'œuf pourri.*

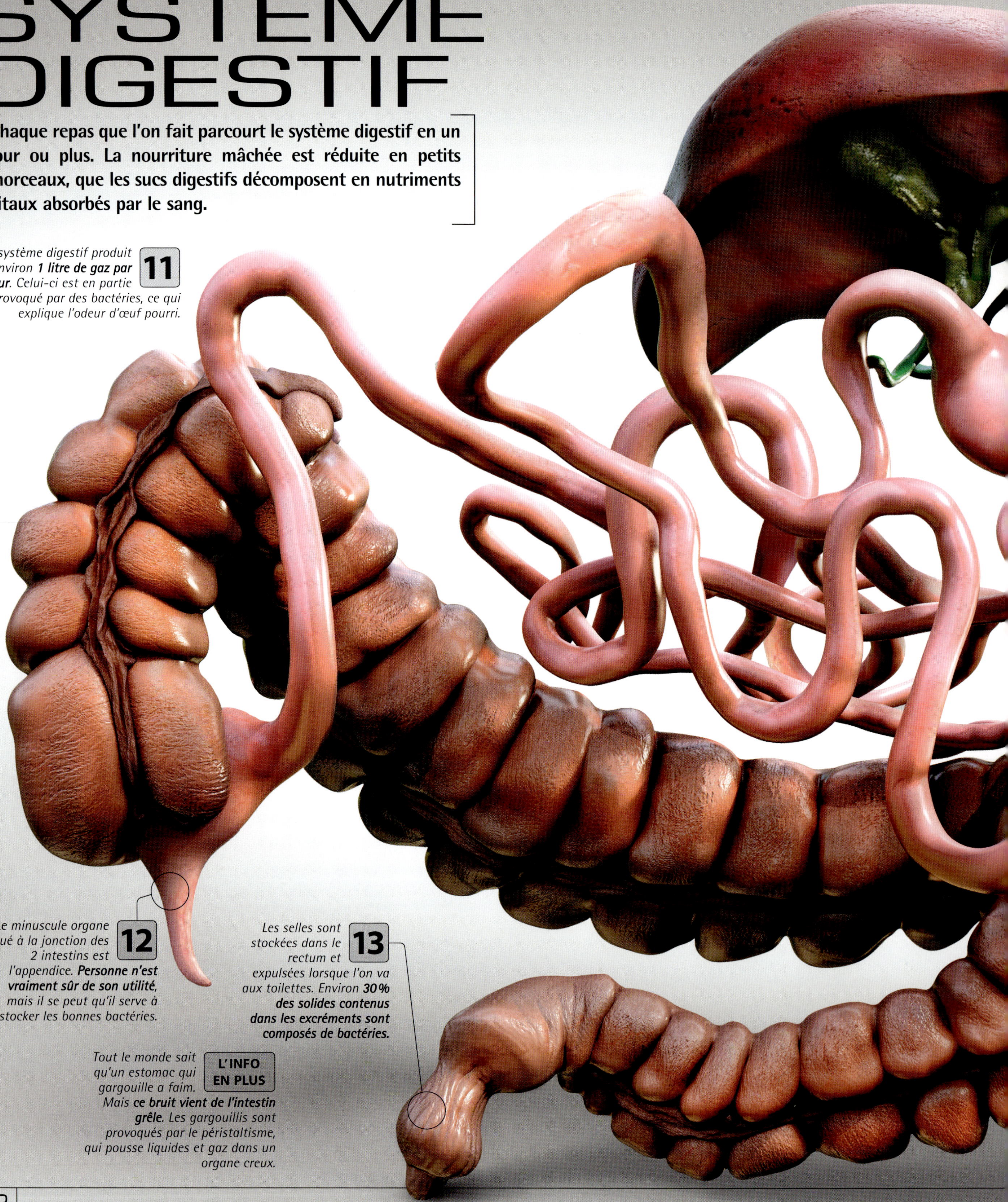

12 *Le minuscule organe situé à la jonction des 2 intestins est l'appendice.* ***Personne n'est vraiment sûr de son utilité****, mais il se peut qu'il serve à stocker les bonnes bactéries.*

13 *Les selles sont stockées dans le rectum et expulsées lorsque l'on va aux toilettes. Environ* ***30% des solides contenus dans les excréments sont composés de bactéries.***

L'INFO EN PLUS *Tout le monde sait qu'un estomac qui gargouille a faim. Mais* ***ce bruit vient de l'intestin grêle****. Les gargouillis sont provoqués par le péristaltisme, qui pousse liquides et gaz dans un organe creux.*

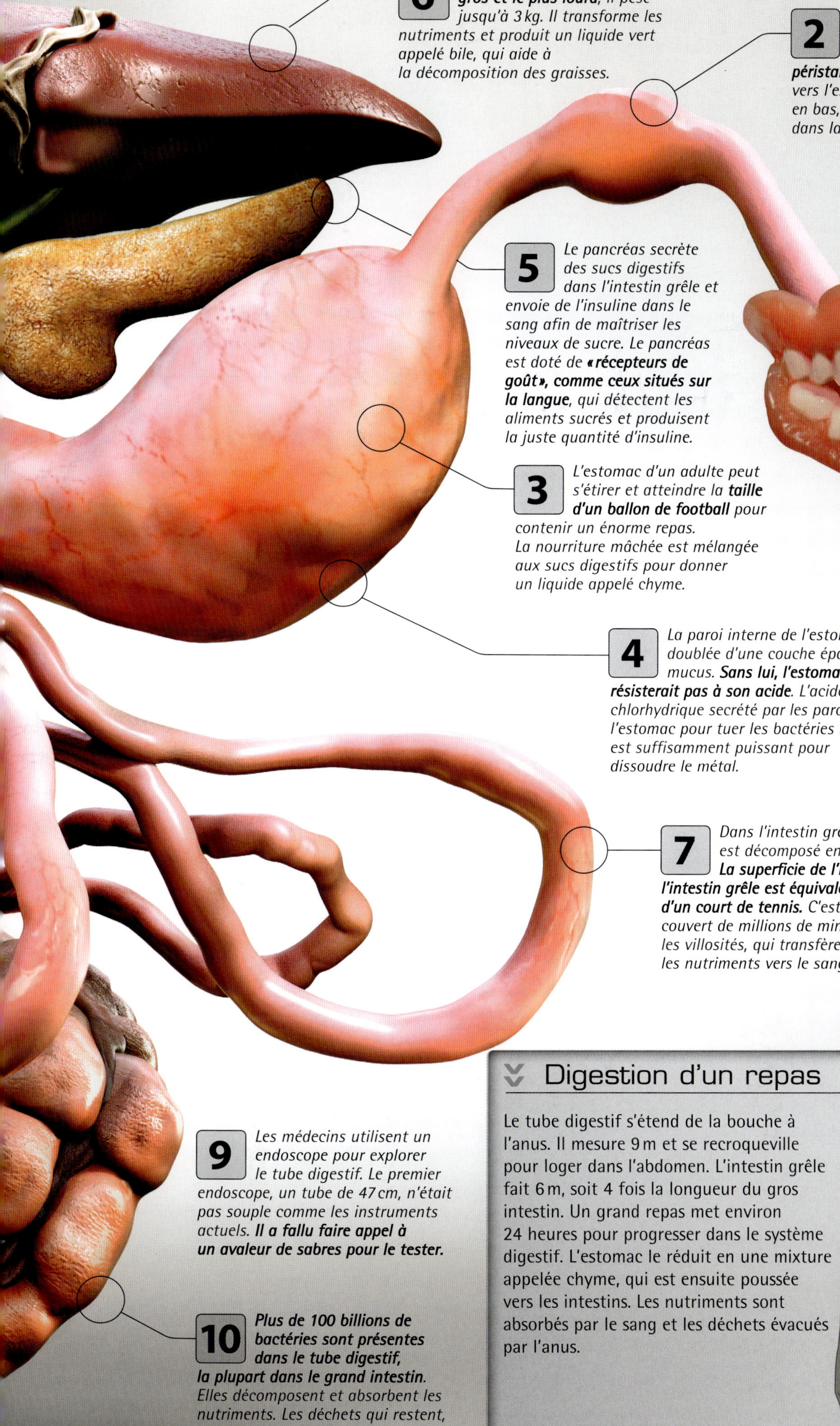

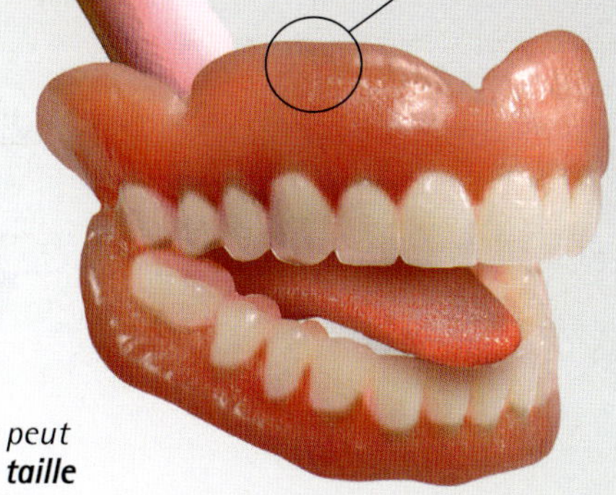

1 La digestion commence dans la bouche : les dents mâchent la nourriture et la ***salive l'attendrit et la rend facile à avaler***. Nos glandes salivaires produisent jusqu'à 2 litres de salive par jour.

2 Les muscles de l'œsophage ***se contractent et se relâchent par vagues***, dans un mouvement appelé ***péristaltisme***, qui pousse la nourriture mâchée vers l'estomac. Même si l'on mangeait la tête en bas, ces muscles pousseraient la nourriture dans la bonne direction.

3 L'estomac d'un adulte peut s'étirer et atteindre la ***taille d'un ballon de football*** pour contenir un énorme repas. La nourriture mâchée est mélangée aux sucs digestifs pour donner un liquide appelé chyme.

4 La paroi interne de l'estomac est doublée d'une couche épaisse de mucus. ***Sans lui, l'estomac ne résisterait pas à son acide***. L'acide chlorhydrique secrété par les parois de l'estomac pour tuer les bactéries nocives est suffisamment puissant pour dissoudre le métal.

5 Le pancréas secrète des sucs digestifs dans l'intestin grêle et envoie de l'insuline dans le sang afin de maîtriser les niveaux de sucre. Le pancréas est doté de ***« récepteurs de goût », comme ceux situés sur la langue***, qui détectent les aliments sucrés et produisent la juste quantité d'insuline.

6 Le foie est ***l'organe le plus gros et le plus lourd***, il pèse jusqu'à 3 kg. Il transforme les nutriments et produit un liquide vert appelé bile, qui aide à la décomposition des graisses.

7 Dans l'intestin grêle, le chyme est décomposé en nutriments. ***La superficie de l'intérieur de l'intestin grêle est équivalente à la taille d'un court de tennis.*** C'est parce qu'il est couvert de millions de minuscules replis, les villosités, qui transfèrent les nutriments vers le sang.

8 ***Il est possible de vivre sans estomac***. Certaines maladies contraignent à retirer l'estomac des patients. Ceux-ci doivent alors manger de plus petites portions, mais le corps s'adapte progressivement.

9 Les médecins utilisent un endoscope pour explorer le tube digestif. Le premier endoscope, un tube de 47 cm, n'était pas souple comme les instruments actuels. ***Il a fallu faire appel à un avaleur de sabres pour le tester.***

10 ***Plus de 100 billions de bactéries sont présentes dans le tube digestif, la plupart dans le grand intestin.*** Elles décomposent et absorbent les nutriments. Les déchets qui restent, les selles sont évacués par l'anus.

Digestion d'un repas

Le tube digestif s'étend de la bouche à l'anus. Il mesure 9 m et se recroqueville pour loger dans l'abdomen. L'intestin grêle fait 6 m, soit 4 fois la longueur du gros intestin. Un grand repas met environ 24 heures pour progresser dans le système digestif. L'estomac le réduit en une mixture appelée chyme, qui est ensuite poussée vers les intestins. Les nutriments sont absorbés par le sang et les déchets évacués par l'anus.

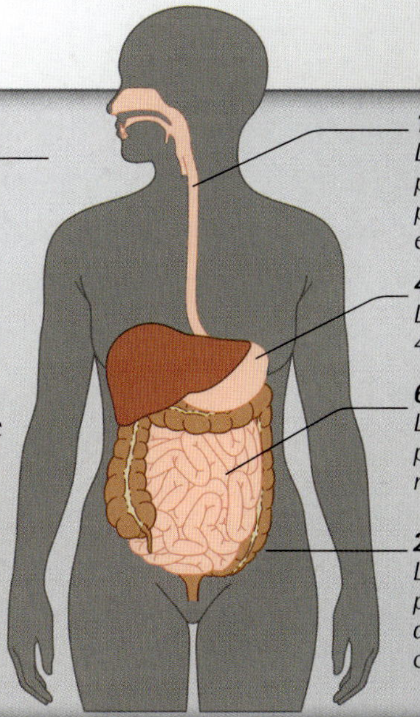

10 secondes
Les aliments sont mâchés et propulsés dans l'œsophage, pour arriver dans l'estomac en quelques secondes.

4 heures
Les aliments passent environ 4 heures dans l'estomac.

6 heures
Lorsque la mixture passe par l'intestin grêle, les nutriments sont absorbés.

24 heures
Les déchets non digérés passent par le gros intestin avant d'être expulsés du corps.

SATURNE SUPERSTAR

Cette boule de gaz est la sixième planète à partir du Soleil et la deuxième plus grande du Système solaire. Elle est connue pour son ensemble d'anneaux spectaculaire, qui rassemble des milliards de particules glacées en suspens dans l'espace.

1 *Saturne est gigantesque, c'est la deuxième planète en taille du Système solaire, après Jupiter.* ***Elle pourrait contenir 764 Terres.*** *C'est la planète la plus éloignée de la Terre visible à l'œil nu.*

2 *La planète est composée d'hydrogène et d'hélium. On les trouve sous forme de gaz dans son atmosphère tempêtueuse, où* ***soufflent des vents jusqu'à 1 800 km/h.*** *Au cœur de la planète, la pression intense les réduit à un liquide.*

3 *Les anneaux de Saturne sont constitués de morceaux de glace ; certains ont* ***la taille de bâtiments et d'autres de grains de poussière.*** *On pense que les principaux anneaux se sont formés en même temps que Saturne, il y a environ 4,6 milliards d'années.*

4 Saturne est le nom du **dieu romain de l'agriculture**. Les Romains célébraient une fête en l'honneur de la planète au mois de décembre, pendant laquelle ils offraient des cadeaux et organisaient des jeux.

5 Saturne tourne plus vite que les autres planètes, à l'exception de Jupiter. Une journée y dure seulement 10 heures et 42 minutes. À cause de cette vitesse, la planète est **bombée au niveau de son équateur** et plate aux pôles.

6 Si les journées sur Saturne sont courtes, les années sont longues. À une distance d'environ 1,5 milliard de kilomètres du Soleil, il lui faut l'équivalent de **29 années de la Terre pour réaliser son orbite**.

7 **Lorsqu'elle est au plus proche de la Terre, Saturne se situe** à 1,2 milliard de kilomètres de notre planète. À une vitesse constante de 110 km/h il faudrait **1 245 années pour l'atteindre.**

8 Saturne possède au moins **62 lunes**. La plus grande, Titan, est la **seule dotée de nuages** et d'une atmosphère dense, comme celle d'une planète. Elle possède des lacs et des mers et il y pleut du méthane et de l'éthane liquides.

9 L'astronome italien Galilée a découvert les anneaux de Saturne en 1610, mais **il ne savait pas ce qu'ils étaient et les décrivit comme des oreilles**. Dans les années 1650, l'astronome hollandais Christian Huygens s'est rendu compte qu'il s'agissait d'anneaux.

À l'intérieur de Saturne

Saturne est principalement composée d'hydrogène et d'hélium et d'un petit cœur rocheux. Son atmosphère tempétueuse englobe une couche de gaz. Plus à l'intérieur, le poids des gaz comprime l'hydrogène et l'hélium en liquides. Plus profondément, le liquide est tellement comprimé qu'il devient comme un métal, avec des propriétés magnétiques.

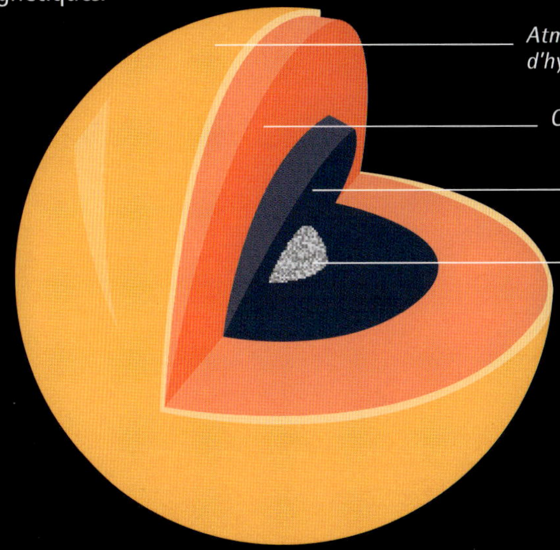

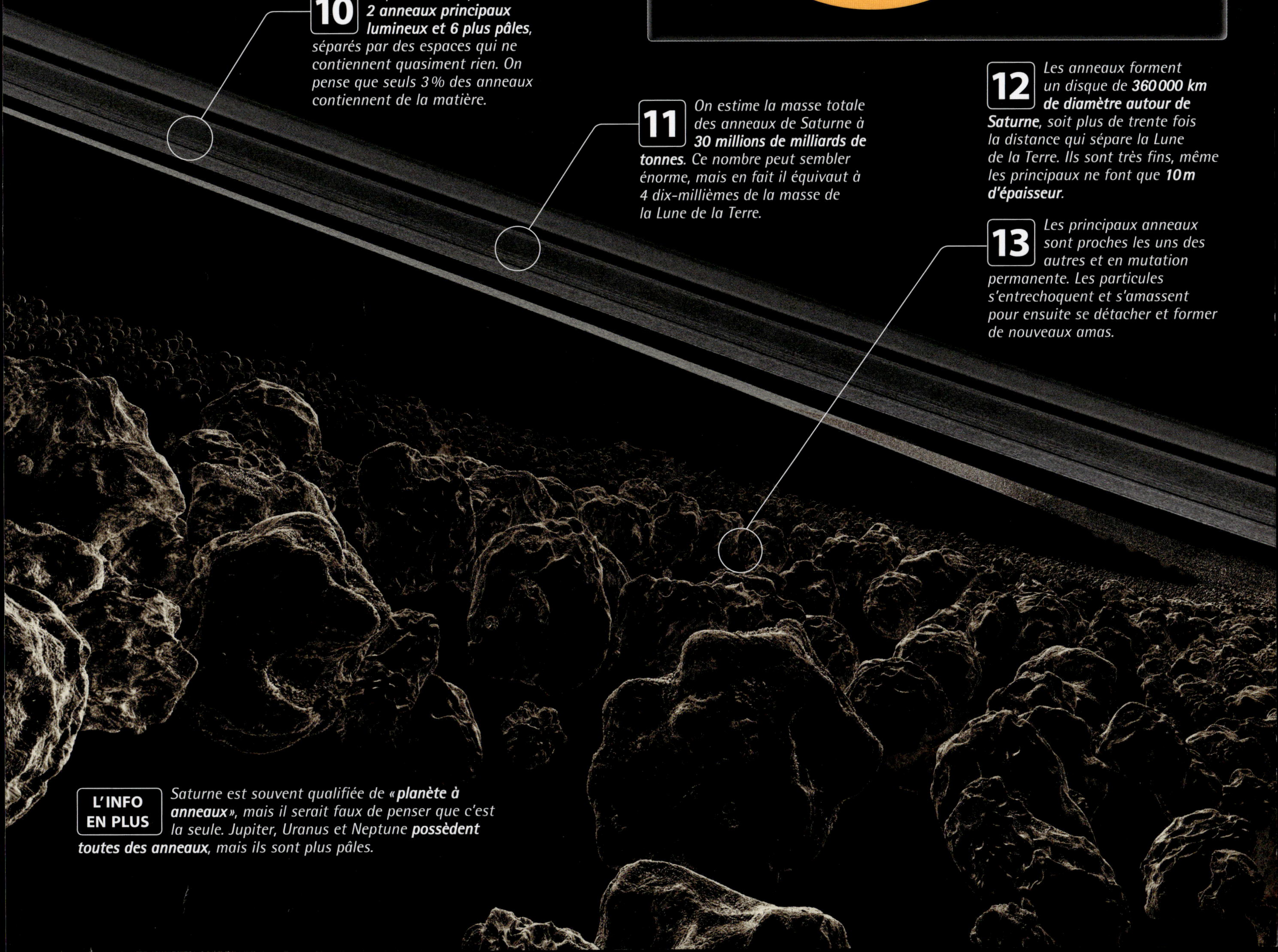

10 La planète compte **2 anneaux principaux lumineux et 6 plus pâles**, séparés par des espaces qui ne contiennent quasiment rien. On pense que seuls 3 % des anneaux contiennent de la matière.

11 On estime la masse totale des anneaux de Saturne à **30 millions de milliards de tonnes**. Ce nombre peut sembler énorme, mais en fait il équivaut à 4 dix-millièmes de la masse de la Lune de la Terre.

12 Les anneaux forment un disque de **360 000 km de diamètre autour de Saturne**, soit plus de trente fois la distance qui sépare la Lune de la Terre. Ils sont très fins, même les principaux ne font que **10 m d'épaisseur**.

13 Les principaux anneaux sont proches les uns des autres et en mutation permanente. Les particules s'entrechoquent et s'amassent pour ensuite se détacher et former de nouveaux amas.

L'INFO EN PLUS Saturne est souvent qualifiée de **« planète à anneaux »**, mais il serait faux de penser que c'est la seule. Jupiter, Uranus et Neptune **possèdent toutes des anneaux**, mais ils sont plus pâles.

1 *La harpie féroce est l'un des **plus grands prédateurs volants** de la forêt amazonienne. Elle agrippe les singes dans les arbres grâce à ses **serres de 10 cm de long**, de la taille des griffes d'un grizzly.*

2 *L'autruche est **l'animal bipède le plus rapide.** Elle peut atteindre les 70 km/h. Avec ses **2,8 m de hauteur, elle est trop grande pour voler.***

3 *Natifs d'Europe, **tous les étourneaux d'Amérique du Nord sont les descendants de 60 oiseaux** lâchés en 1890 par un admirateur de Shakespeare, qui tenta d'introduire dans le Nouveau Monde des oiseaux présents dans les pièces du dramaturge anglais.*

4 *Les perroquets sont intelligents : **l'ara hyacinthe utilise des morceaux de bois pour ouvrir les noix**. Certaines espèces sont **douées d'une intelligence digne d'un enfant de 3 ans**. Alex, un perroquet gris, comptait jusqu'à 4 et disait 100 mots.*

5 *Le pétrel des neiges **vomit sur les intrus** qui s'approchent trop de lui. La substance huileuse contenue dans son estomac se caractérise par sa **puanteur**.*

7 *La **traîne du paon (1,6 m) se trouve dans le prolongement de sa queue**. Déployée, elle émet un bruissement léger **pour attirer les femelles**.*

8 *Grâce à son bec, **le plus long de tous les oiseaux**, le pélican peut pêcher jusqu'à une douzaine de poissons, voire une mouette ou un canard. Il filtre jusqu'à **14 litres d'eau** avant d'avaler sa proie.*

6 *Prétendant au titre du cri le plus fort, celui du **perroquet hibou mâle** porte à 5 km. L'oiseau appelle sans discontinuer, **8 heures par nuit** pendant 5 mois, pour attirer les femelles.*

DRÔLES D'OISEAUX

Il existe plus de 10 000 espèces d'oiseaux. Ces descendants à sang chaud des dinosaures sont présents sur tous les continents. Ils sont si agiles que peu d'autres animaux volants peuvent rivaliser avec eux dans la maîtrise de l'air.

13 Le tisserand mâle construit un **nid composé de bandes de 1 mètre** de palme et de brins d'herbes, grâce à son bec. Il ne termine le nid que si une **femelle s'y installe**.

L'INFO EN PLUS *L'expression «* ***avoir une cervelle de moineau*** *» est erronée. Les oiseaux possèdent autant de neurones que les primates. De nombreux oiseaux sont capables de* ***résoudre des problèmes pour se nourrir****.*

12 *Un macareux* ***arctique peut parcourir 100 km*** *à la recherche de poissons pour ses petits. Il amasse un* ***maximum de poissons dans son bec*** *au cours d'une même plongée.*

10 *Les oiseaux possèdent* ***une boussole interne qui leur permet de ressentir les champs magnétiques terrestres****. Grâce à elle, ils se repèrent lors de leurs migrations. Faculté indispensable, plus particulièrement pour les* ***sternes arctiques, qui parcourent 96 000 km****.*

11 *Le colibri* ***bat des ailes 200 fois par minute****, grâce au nectar qu'il ingurgite : il boit l'équivalent de son propre poids en quelques heures. Pour obtenir le même niveau de sucre, il faudrait avaler* ***500 boîtes de Coca*** *!*

9 *Les manchots ne peuvent pas voler et ils se dandinent maladroitement sur terre, mais ils se déplacent avec aise dans l'eau, grâce à leurs* ***ailes rigides qu'ils utilisent pour nager****. Une espèce peut plonger à* ***585 m pendant 20 minutes*** *sans reprendre son souffle.*

Structure d'une plume

Les oiseaux sont les seules créatures vivantes dotées de plumes, qui leur servent pour le vol, l'isolation, le camouflage et la séduction. Une plume est composée d'une aube, constituée de barbes, fixée à un rachis. Les barbes sont attachées entre elles pour former une surface compacte. Les oiseaux lissent leurs plumes pour que les barbes restent propres et pour répartir l'huile provenant de leur glande uropygienne, qui les imperméabilisent.

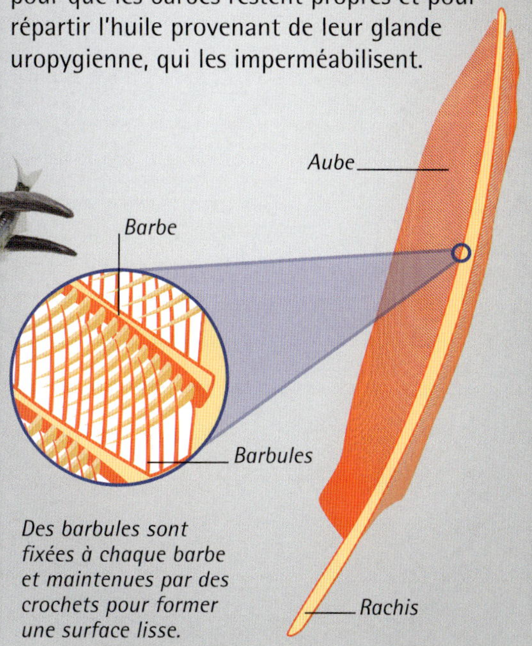

Des barbules sont fixées à chaque barbe et maintenues par des crochets pour former une surface lisse.

Les Vikings étaient de grands voyageurs. Ils furent les ***premiers Européens à accoster en Amérique du Nord,*** *aux environs de l'an mille, soit 500 ans avant Christophe Colomb.* **2**

SACRÉS VIKINGS

Les Vikings étaient des constructeurs de bateaux et des navigateurs hors pairs. Dès la fin des années 700 et pendant presque trois siècles, ces Scandinaves ont navigué, exploré, commercé et pillé le long des côtes de l'Europe.

Les Vikings construisaient des bateaux différents pour les eaux intérieures et pour la haute mer, les marchandises et le combat. ***Seules les embarcations les plus longues et les plus rapides comme celles-ci étaient utilisées pour le pillage.*** **1**

3 *Lorsqu'ils naviguaient près de chez eux, les Vikings restaient à proximité de la côte et cherchaient des repères. Ne possédant pas de cartes ni de boussoles, ils* ***utilisaient le Soleil, la Lune et les étoiles*** *et apprenaient à reconnaître la vie marine pour s'orienter.*

Les navires possédaient une ***voile qui avait la forme d'un grand carré en laine****, qui s'abaissait et protégeait l'équipage en cas de mauvais temps.* **4**

5 *La vie à bord était rudimentaire, il* ***n'y avait pas de toilettes****. Les marins dormaient dans des sacs doublés de fourrure et ils utilisaient des* ***champignons imbibés d'urine pour faire du feu.***

6 *Des fouilles ont mis au jour des rasoirs, des peignes et même des* ***instruments pour se nettoyer les oreilles****. Certains hommes se décoloraient les cheveux. Ces féroces guerriers se souciaient de leur apparence ou tentaient-ils tout simplement de se débarrasser de poux ?*

Les navires étaient renforcés par des planches superposées. Les espaces étaient comblés par des ***poils d'animaux trempés dans de la suie pour rendre les embarcations étanches****. Par gros temps, les marins devaient écoper l'eau qui envahissait les bateaux.* **7**

8 *Chaque* ***Viking possédait un bouclier rond en bois, qu'il fixait sur le flanc du bateau ou qu'il suspendait à des cordes lorsqu'il ne l'utilisait pas****. Le moyeu en fer au centre protégeait la main du combattant qui le tenait.*

En l'absence de vent, l'équipage composé de ***60 hommes sortait les avirons et ramait****. Ils s'asseyaient sur des coffres qui contenaient leurs affaires. Un gouvernail était installé à la droite de l'embarcation.* **9**

10 *Lorsqu'ils ne s'adonnaient pas à des pillages, les* ***Vikings faisaient dans l'agriculture****. Dans le Grand Nord, ils élevaient des rennes pour le lait, la viande et les peaux. Ils se déplaçaient* ***à ski, sur des luges et des traîneaux****, qu'ils appelaient des «jambes de glace».*

11 *La proue des navires était souvent ornée d'une* ***tête de dragon ou de serpent menaçante****. Elle était destinée à effrayer les ennemis et à repousser les monstres et esprits marins. La perspective de croiser le* ***serpent de Midgard*** *inspirait aux plus endurcis des Vikings une immense terreur.*

12 *Les hommes n'étaient pas les seuls à partir en mer. Un* ***nombre important de femmes prenaient part à des expéditions*** *pour s'installer dans d'autres contrées, telles l'Irlande, l'Écosse, l'Islande…*

13 *La plupart des bateaux vikings ont disparu. Dans l'une des rares embarcations qui ont survécu, la* ***quille*** *(poutre centrale) était taillée dans* ***un seul arbre, qui mesurait au moins 25 mètres****, la longueur d'une baleine bleue.*

L'INFO EN PLUS *On pense souvent qu'ils portaient* ***des casques à cornes****. Même si ceux-ci figurent sur des représentations des Vikings depuis le XIXe siècle,* ***les cornes auraient trop alourdi le casque pendant les combats.***

AVIS DE TEMPÊTE

Lorsque les nuages libèrent la pluie, le vent, le tonnerre et les éclairs, le résultat peut être spectaculaire. Le type d'orage le plus dangereux est la cellule géante, ou supercellule, qui peut avoir des effets redoutables : grêle, fortes rafales de vent…

1 *Les orages naissent dans de **gigantesques cumulonimbus**, qui grossissent rapidement par temps chaud et humide, lorsque l'air chaud s'élève. **Quand celui-ci refroidit, des gouttelettes d'eau et des cristaux de glace se forment.***

2 *Un **cumulonimbus peut s'étirer dans l'atmosphère à une hauteur de 12 km**. Les forts courants d'air chaud qui se déplacent dans le nuage peuvent atteindre 160 km/h.*

3 *__Dans une cellule géante, l'air chaud s'élève en formant une spirale sous l'action des vents forts qui soufflent dans des directions différentes,__ à des hauteurs variées. Des trombes d'eau s'abattent, parfois pendant des heures.*

4 *Environ **2 000 orages se produisent en même temps sur Terre**, ce qui fait un total de 16 millions par an.*

5 *Les cellules géantes sont rares et violentes. Le plus **gros grêlon du monde est tombé dans le Dakota du Sud**, aux États-Unis. Il pesait 1 kg et faisait trois fois la taille d'une balle de tennis.*

6 *Une tornade est un **courant ascendant très puissant** qui tourne sur lui-même et s'étire vers le sol dans un nuage en forme d'entonnoir. Ce courant peut atteindre 240 km/h et agir comme un aspirateur, **en arrachant les toits des maisons.***

7 *Dans l'Oklahoma, aux États-Unis, une série de tornades a donné en 1999 les **vents les plus violents jamais observés sur Terre : 484 km/h.** La tornade la plus meurtrière a fait près de **700 victimes dans le Missouri, l'Illinois et l'Indiana** en 1925.*

L'INFO EN PLUS *On prétend à tort que la foudre ne tombe jamais deux fois au même endroit. La **statue de la Liberté à New York a été frappée plus de 600 fois** depuis son installation en 1886.*

13 ***Un orage de grêle a précipité l'avènement de la Révolution française.*** *En 1788, le pays subissait une crise économique consécutive à la guerre. Un orage de grêle survenu en juillet détruisit les récoltes et les fermes, ce qui augmenta encore la **colère du peuple et mena, à terme, au soulèvement populaire**.*

12 *Les **hommes sont frappés par la foudre cinq fois plus** que les femmes, peut-être parce qu'ils travaillent plus à l'extérieur. Un garde-forestier américain a été **foudroyé sept fois** et a survécu.*

11 *Si **vos cheveux se dressent pendant un orage**, c'est mauvais signe. Cela signifie qu'une charge positive monte en vous, et qu'elle va rencontrer une charge négative au-dessus. Vous devez vite vous mettre à l'abri.*

10 *La foudre peut chauffer l'air à 30 000 °C, **cinq fois plus que la surface du Soleil**. L'air se dilate rapidement, ce qui donne l'explosion sonore du tonnerre.*

9 *Un éclair peut partir de la base d'un nuage vers le sol, mais il peut aussi rester dans un nuage ou passer d'un nuage à l'autre. **Les cellules géantes peuvent produire 15 000 décharges de foudre par heure.***

8 *Dans un nuage, les **gouttelettes d'eau et les cristaux de glace s'entrechoquent** et génèrent de l'électricité statique. Le nuage devient comme une batterie géante, avec une charge positive en haut et une négative en bas, qui peut atteindre **100 millions de volts et produire des éclairs**.*

1 Escargots et limaces représentent les **trois quarts des 100 000 espèces** de mollusques. La conque géante, comme d'autres spécimens, se déplace **grâce à son « pied » musclé**.

2 La pieuvre géante du Pacifique peut mesurer 3 m. Les pieuvres sont de vraies contorsionnistes, **elles peuvent glisser leur corps entier à travers un orifice de la taille d'une pièce de monnaie**.

3 ***Les céphalopodes (pieuvres, calmars et seiches) sont très malins.*** *Une pieuvre s'est échappée d'un aquarium en Nouvelle-Zélande en se glissant dans un tuyau d'évacuation.*

PIEUVRES ET CIE

Les escargots de nos jardins font partie de l'embranchement des mollusques. On y trouve également les petites palourdes et les calmars géants. Vivant principalement dans l'eau, ces invertébrés se cachent souvent dans de solides coquilles.

4 *L'idée de boire de la bave d'escargot quand tu es malade te dégoûterait probablement, mais les* ***Grecs l'utilisaient comme sirop pour la toux****. Elle entre, encore de nos jours, dans la composition de produits pour adoucir la peau.*

5 *La Flabellina iodinea aux couleurs vives est une* ***limace de mer qui sait ramper et nager le crawl****. Elle fait onduler son corps d'un côté à l'autre pour se soulever du plancher océanique.*

6 *Ce triton géant n'est pas seulement une jolie coquille. Féroce prédateur,* ***c'est l'un des seuls animaux qui menacent l'étoile de mer couronne d'épines****, un animal qui envahit et détruit les récifs coraliens.*

7 *Les patelles (escargots de mer) s'accrochent aux rochers. Petites mais puissantes,* ***elles sont pourvues de minuscules dents composées du matériau biologique le plus résistant jamais testé****.*

8 *La plupart des céphalopodes projettent de l'encre* ***qui irrite et désoriente leurs attaquants****. Celle-ci est si efficace qu'une* ***pieuvre peut mourir si elle ne sort pas de son propre nuage d'encre*** *à temps.*

9 *Même si elles sont daltoniennes, les seiches peuvent* ***modifier la couleur de leur peau pour s'adapter à l'environnement****. Elles possèdent environ 10 millions de cellules de couleur, qui leur permettent de se parer de différents motifs.*

10 *Injecté grâce à un dard semblable à un harpon, le* ***venin du cône est le plus puissant des venins de mollusques****, suffisamment pour tuer un être humain.*

11 *La famille des praires détient le record du* ***mollusque le plus vieux, avec 507 ans****. Ce spécimen a été malencontreusement tué par les scientifiques qui déterminaient son âge.*

12 *Le bénitier géant des océans Indien et Pacifique est le* ***mollusque le plus lourd du monde****; son poids équivaut à celui de* ***2 éléphanteaux****.*

13 *Les coquilles Saint-Jacques sont des créatures bivalves, composées de 2 coquilles jointes par une charnière.* ***Pour se déplacer, elles claquent leurs coquilles afin de se propulser dans l'eau****.*

L'INFO EN PLUS *On appelle souvent les 8 membres d'une pieuvre* ***des tentacules, mais ce sont des bras****. Ceux-ci sont dotés de ventouses sur toute leur longueur, alors que les tentacules n'en ont qu'à leur extrémité.*

MÉMO ÉCOLO

Il est urgent d'agir pour notre planète, gravement menacée, entre autres, par le changement climatique, si nous voulons que la vie puisse s'y perpétuer.

1 *Les êtres humains sont de plus en plus nombreux.* ***Il y a 90 ans, la population mondiale s'élevait à 2 milliards d'habitants. Elle est maintenant de 7,5 milliards !*** *Les besoins en nourriture, eau et énergie ne cessent de s'accroître.*

2 *À mesure que la population s'accroît, l'homme occupe de plus en plus d'espace. Nous* ***utilisons environ un tiers de la terre pour les cultures et l'élevage.***

3 *La* ***Terre abrite 8 millions d'espèces d'animaux et de plantes.*** *Certaines auront bientôt disparu. À cause de la destruction des forêts de bambou où ils vivent, en Chine, il ne reste que quelque 1 800 pandas géants en milieu naturek. Leur habitat est néanmoins graduellement amélioré et leur population a cessé de décroître.*

4 *La vie sur Terre dépend de l'énergie du Soleil. Le dioxyde de carbone et d'autres gaz agissent comme la* ***vitre d'une serre et emmagasine la chaleur du Soleil dans l'atmosphère*** *; c'est ce que l'on appelle l'effet de serre. Plus nous produisons de dioxyde de carbone, plus il emprisonne de chaleur et plus la planète se réchauffe.*

5 *La* ***température a augmenté de plus de 0,5 °C depuis 1970.*** *C'est assez pour faire fondre d'énormes quantités de glace dans l'Arctique et l'Antarctique. L'effet de serre s'accroît, à cause en partie du dioxyde de carbone émis par le charbon, le pétrole et le gaz en combustion. En 2016,* ***194 pays en plus de l'Union européenne*** *ont signé un traité visant à réduire ces émissions de gaz.*

6 *Le changement climatique pourrait entraîner une extinction de masse et menacer toute la vie sur Terre.* ***Nous pouvons l'éviter en transformant l'énergie du Soleil ou du vent en électricité,*** *plutôt que de brûler des combustibles riches en carbone. La Suède tire déjà la moitié de son énergie de sources renouvelables et prévoit d'atteindre 100 % d'ici 2050.*

7 ***Nous pouvons tous contribuer à freiner le changement climatique en réduisant notre empreinte carbone,*** *la quantité de dioxyde de carbone produite par nos activités quotidiennes.* ***Nous générons chacun en moyenne 13,8 tonnes de carbone par an, en comptant les déchets professionnels.*** *Le simple fait d'utiliser des ampoules basse consommation peut aider à réduire notre empreinte carbone.*

8 **La destruction des forêts menace certains des habitats les plus riches de la Terre.** Les arbres absorbent le carbone responsable de l'effet de serre. Certains pays, comme le Costa Rica, protègent leurs forêts : celles-ci sont désormais des destinations touristiques.

9 Les océans sont en danger. La **surpêche a réduit les stocks de poissons** et les animaux tels que les baleines, les tortues et les oiseaux de mer meurent à cause des énormes quantités de plastique et déchets dans l'eau, qui peuvent prendre plusieurs centaines d'années pour se décomposer. **On estime qu'en 2050, le volume de plastique sera plus élevé que celui de poissons.**

10 La pollution par les produits chimiques, les égouts et les déchets est un problème majeur sur terre autant que dans les océans. De nombreux matériaux comme les plastiques et le verre peuvent être recyclés, ce qui économise de l'énergie et réduit la pollution. **Il faut 70 % d'énergie en moins pour recycler du papier que pour le fabriquer**.

11 Une grande partie des terres autrefois occupées par des bois sert maintenant à nourrir le bétail. **Si nous mangions moins de viande, les forêts seraient moins détruites**. De plus, les vaches émettent une grande quantité de gaz méthane qui augmente l'effet de serre.

12 Nous n'aurions pas besoin de produire autant de nourriture si nous cessions de la gâcher. Un **tiers des aliments à travers le monde sont jetés**. Si un quart de ce gaspillage était évité, on pourrait nourrir 870 millions de personnes qui meurent de faim.

13 La **ressource la plus vitale est l'eau** et pourtant plus d'un milliard de personnes vivent dans des endroits où elle est rare. Le changement climatique aggrave ce problème et contraint les habitants à quitter les zones qui se désertifient. Il est pourtant simple d'économiser l'eau, par exemple, une douche utilise un tiers d'eau en moins qu'un bain.

L'INFO EN PLUS Certains ne croient pas à la véracité du changement climatique, mais **97 % des scientifiques pensent que le réchauffement de la planète est une réalité.** Il existe de nombreuses façons d'agir pour stopper la pollution.

EN MODE LUNAIRE

Le 20 juillet 1969, les astronautes américains Neil Armstrong et Edwin « Buzz » Aldrin marchèrent sur la Lune pour la première fois. Leurs combinaisons étaient leur seule protection contre ce monde extraterrestre.

1 *La mission d'Armstrong et Aldrin s'appelait Apollo 11. Avec Michael Collins, qui resta en orbite autour de la Lune pendant que ses collègues alunissaient, ils parcoururent* ***1 533 792 km en un peu plus de 8 jours.***

2 *Environ* ***600 millions de personnes, soit un sixième de la population mondiale****, assistèrent aux premiers pas d'Armstrong sur la Lune. Les* ***astronautes y passèrent 21 heures****. Ils plantèrent le drapeau américain, prirent des photos, firent des expériences, prélevèrent des échantillons de roche et s'accordèrent un repos bien mérité.*

3 *L'équipage portait des combinaisons spatiales pour le décollage, l'alunissage et le retour dans l'atmosphère de la Terre.* ***Ils s'équipaient dans l'engin spatial, dans un espace de la taille d'une voiture****.*

4 *L'extérieur de la combinaison était en tissu comportant* ***14 couches différentes****. L'entreprise qui le produisait, International Latex Corporation, est plus connue en tant que* ***fabricant de sous-vêtements****.*

5 *La combinaison comportait une couche pressurisée* ***gonflée d'air et scellée****, afin de maintenir le corps de la personne à une pression proche de celle de la Terre. Sans cela,* ***les fluides corporels auraient bouilli*** *dans le vide de l'espace.*

6 *Un grand casque en plastique transparent complétait la tenue. Lors des sorties sur la Lune, on lui ajoutait un* ***écran pare-soleil*** *en plaqué or qui* ***protégeait l'astronaute des rayons intenses du Soleil****.*

L'INFO EN PLUS ***Contrairement à la légende, la NASA n'a pas inventé le Teflon et le Velcro*** *pour le programme Apollo, même si elle a utilisé ces matériaux. Le programme spatial créa d'autres produits dérivés, comme la formule du lait maternisé, les semelles à coussins d'air et les puces des appareils photo.*

7 Un ***casque de communication***, composé d'écouteurs et de microphones, permettait aux astronautes de se parler et de communiquer avec la Terre. Il était baptisé ***« casque Snoopy »*** car lorsqu'ils le portaient, les astronautes ressemblaient au chien de la bande dessinée.

8 *Un sac à dos contenait de l'oxygène, du dioxyde de carbone et de l'eau de refroidissement. La tenue complète pesait **82 kg**, mais, grâce à la faible gravité de la Lune, elle semblait beaucoup plus légère.*

9 ***La température sur la Lune peut atteindre 121 °C au soleil.*** *Il est donc indispensable de porter une « combinaison rafraîchissante », contenant des tubes dans lesquels circulait un liquide refroidissant.*

10 *Des **jointures en métal souples** aux bras et jambes permettaient aux astronautes de bouger. Sans elles, la combinaison pressurisée **aurait été complètement rigide**, comme un pneu gonflé.*

11 *Les astronautes portaient des surbottes spéciales sur la Lune. Une fois rentrés dans la capsule, ils sentirent une forte odeur de **cendre mouillée** et de **poudre à fusil**. Elle venait de la poussière vieille de 4 milliards d'années qui s'était accumulée sur leurs bottes.*

12 *Les astronautes utilisaient des **sacs plastiques pour contenir leurs déchets corporels**. Sur la Lune, ils portaient des **sous-vêtements spéciaux**. Aldrin fut le deuxième homme à marcher sur la Lune, mais prétendit être le **premier à faire pipi dans son pantalon**.*

13 *Pour rentrer sur Terre, les astronautes **plongèrent dans l'océan Pacifique**. À leur entrée aux États-Unis, **ils remplirent des formulaires des douanes** comme les autres voyageurs. Sous « En provenance de », ils inscrivirent « Lune ».*

SNOWBOARD EN FORCES

Le snowboard est un sport d'hiver pratiqué par des milliers d'amateurs de sensations fortes à travers le monde. Debout sur une planche, le snowboardeur dévale les pentes à grande vitesse, soumettant son corps à différentes forces.

1 *Le snowboard vient de **plusieurs sports, comme le ski, le skate-board et le surf**. En 1965, un Américain, Sherman Poppen, a créé le premier snowboard pour sa fille, qu'il baptisa* Snurfer *(contraction des mots anglais « snow » et « surfer »).*

2 ***En compétition, les snowboardeurs réalisent des prouesses**. Cette figure complexe commence par un saut à partir d'une rampe (à droite) et se poursuit par 3 rotations complètes dans les airs.*

3 *Le snowboardeur doit se déplacer à grande vitesse pour réussir cette figure. La **gravité le fait accélérer en descente** et peu de frictions viennent le ralentir, car la pente est glissante.*

4 *Une force est une poussée ou une traction qui agit sur un objet et le fait accélérer ou ralentir. **La gravité attire tous les objets vers le centre de la Terre**. Plus la distance entre le sommet et la fin de la pente est grande, plus le snowboardeur descend rapidement.*

12 *À la fin du dernier tour, le snowboardeur se redresse et **étend les bras pour ralentir**. En atterrissant, il se penche en arrière de la pente. Plus il s'incline, plus l'arrêt est rapide.*

13 *Lorsque le snowboardeur touche à nouveau le sol, la **force entre la piste et la planche réduit sa vitesse quasiment à zéro**. Cependant, son mouvement horizontal reste rapide, et la friction faible, et il continue de dévaler la pente.*

L'INFO EN PLUS *On peut penser que le snowboard est plus dangereux que les autres sports. Cependant, les gens ont **plus de chances de se blesser en jouant au foot, au basket ou au rugby**.*

5 Le **snowboardeur le plus rapide du monde**, le Français Edmond Plawczyk, a établi le record à 203 km/h en 2015. La vitesse moyenne est d'environ 48 km/h, avec des pics à 64 km/h.

6 Les snowboardeurs graissent leur planche pour réduire la friction, ce qui leur permet d'atteindre des vitesses élevées. **La friction agit entre 2 surfaces qui entrent en contact.** Elle est le résultat des minuscules forces exercées entre les atomes des 2 surfaces.

7 Un objet **se déplace à vitesse constante dans la même direction**, sauf si une force agit dessus (principe d'inertie). Les snowboardeurs modifient leur direction en déplaçant leur poids, afin d'augmenter la friction sur un côté de la planche.

8 Pour démarrer le saut, le snowboardeur prend de la vitesse sur une pente raide qui mène à une rampe. **Les forces en présence entre la rampe et la planche modifient sa trajectoire** et le propulsent dans les airs !

9 **Le meilleur type de neige pour la pratique du snowboard est la « poudreuse ».** Elle fond sous la pression de la planche, ce qui crée une pellicule d'eau, sur laquelle le snowboardeur glisse facilement.

10 Les objets ronds ont besoin de moins d'énergie pour tourner que les longs. Le **snowboardeur tourne plus rapidement lorsqu'il se met en boule** en s'agrippant à sa planche et a plus de temps pour réaliser la figure.

11 La gravité tire toujours le snowboardeur vers le bas. Dès qu'il quitte la rampe, il commence à ralentir. Pendant une **fraction de seconde, il reste en suspension**, puis sa descente commence.

Lois du mouvement

Isaac Newton a publié ses lois du mouvement en 1687, pour expliquer comment les forces mettent les objets en mouvement. Lorsque les forces exercées sont équilibrées, aucun changement n'intervient dans le déplacement. Si elles ne le sont pas, la force globale modifie la vitesse ou la trajectoire. Sa première loi stipule qu'un objet reste immobile ou se déplace en ligne droite à vitesse constante, sauf si une force agit dessus.

À plat, le sol exerce une force de bas en haut qui neutralise la gravité.

Lorsque le poids est transféré sur le pied d'appui (avant), la force fait avancer la planche.

Pour s'arrêter, le snowboardeur transfère le poids sur ses talons. La planche s'incline alors vers l'arrière et la friction l'arrête.

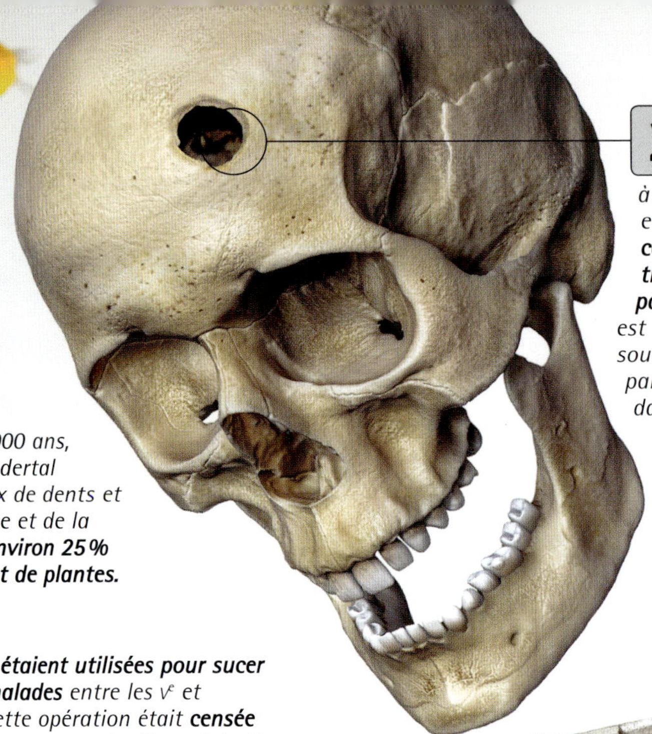

2 La pratique chirurgicale la plus ancienne remonte à 10 000 ans. En Europe et en Amérique du Sud, elle ***consistait à percer un trou dans le crâne du patient***. La trépanation est toujours utilisée pour soulager la pression exercée par des caillots de sang dans le cerveau.

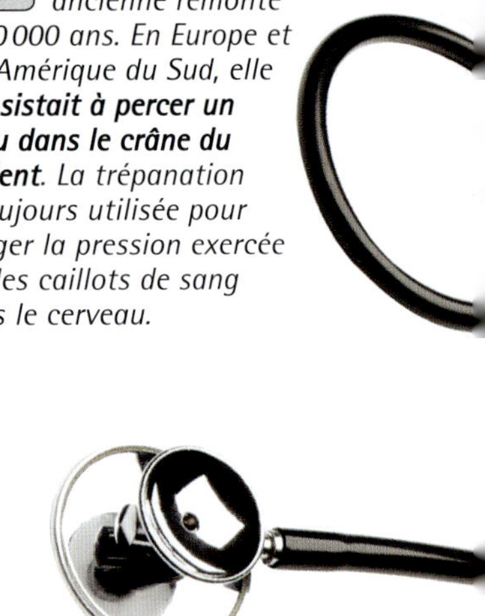

1 Il y a plus de 50 000 ans, l'homme de Néandertal soignait ses maux de dents et de ventre avec de l'achillée et de la camomille. ***Aujourd'hui, environ 25 % des médicaments viennent de plantes.***

3 ***Les sangsues étaient utilisées pour sucer le sang des malades*** entre les Ve et XIXe siècles. Cette opération était ***censée restaurer l'équilibre du corps***, mais elle ne faisait qu'affaiblir davantage. C'était toutefois une pratique indolore : ***les sangsues libèrent une substance qui atténue la douleur.***

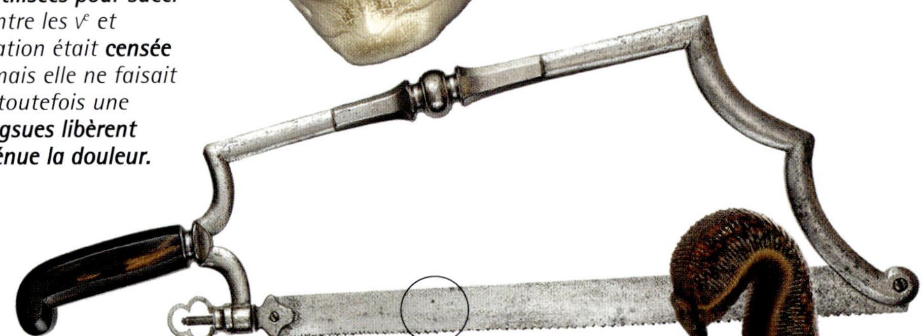

4 Avant l'avènement de la médecine moderne, si une plaie s'infectait, le seul remède consistait à scier le membre touché. Pendant la ***Première Guerre mondiale, 42 000 amputations*** ont été pratiquées, souvent avec des scies qui ne permettaient pas des coupes nettes.

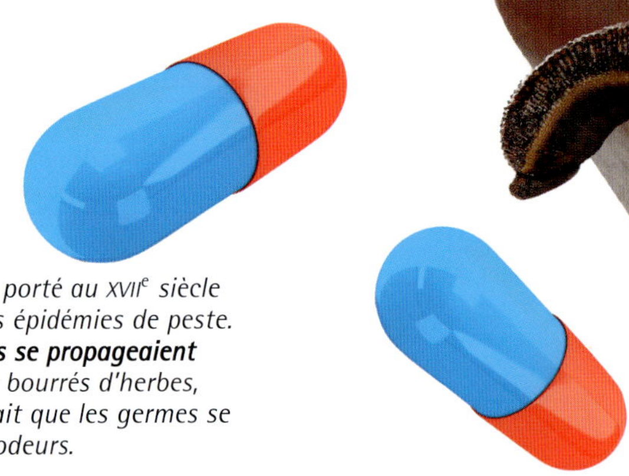

5 Ce masque sinistre était porté au XVIIe siècle par les médecins lors des épidémies de peste. Les ***maladies infectieuses se propageaient rapidement***. Les masques étaient bourrés d'herbes, d'épices et de fleurs car on pensait que les germes se répandaient avec les mauvaises odeurs.

EXPLOITS MÉDICAUX

Par des remèdes naturels ou par la chirurgie, nous traitons les maladies de diverses façons. Aujourd'hui, de minuscules pilules sauvent des vies et des objets high-tech peuvent remplacer des membres.

6 ***L'hygiène fut l'une des plus grandes avancées*** *dans le domaine médical. À la fin du XIXe siècle, Joseph Lister, un médecin britannique, inventa un spray antiseptique qui tuait les germes, ce qui réduisit de plus de 50 % le taux de mortalité par infection dans un hôpital.*

7 *Principe inventé par Edward Jenner en 1796,* ***le vaccin inocule un agent infectieux modifié et inoffensif dans l'organisme****, pour que celui-ci développe les anticorps pour le combattre. Plus de 200 ans plus tard, les vaccins sont venus à bout de certains maux, comme la variole.*

8 *Le stéthoscope a été* ***inventé par le docteur René Laënnec****, qui a imaginé en 1816 un tube de papier pour écouter le cœur de ses patients. Ce tube a ensuite été réalisé en bois avec un entonnoir, il permettait aux médecins d'écouter aussi les poumons.*

9 *En 1895, le physicien William Roentgen a trouvé un moyen d'observer l'intérieur du corps humain sans chirurgie,* ***grâce à un type de radiation appelée rayons X****. Ceux-ci permettent de détecter des maladies.*

10 *Il* ***n'était pas rare de mourir du choc opératoire*** *avant l'invention des anesthésiants, qui empêchent les patients de ressentir la douleur pendant une intervention. L'un des premiers utilisés, l'éther liquide, était inhalé grâce à une éponge imbibée.*

11 *Découverts en 1928, les antibiotiques sont devenus une arme essentielle contre les bactéries à l'origine des maladies. Plus de* ***150 sortes d'antibiotiques ont été fabriquées****, mais des « supermicrobes » ont développé une résistance à ces médicaments.*

12 *Inventée en 1899,* ***l'aspirine devint en 1950 le médicament le plus vendu au monde****. Son principe actif provient de l'écorce du tilleul, une substance utilisée comme anti-douleur naturel par les Égyptiens depuis 3 000 av. J.-C.*

13 ***Les robots sont l'avenir de la médecine****. De grands androïdes sont mis au point pour soulever et porter les patients ; des nanorobots, introduits dans nos corps, administreront des médicaments.*

L'INFO EN PLUS *Que faire si le cœur de quelqu'un s'arrête ? Malgré les idées reçues, la* ***solution n'est pas de lui administrer un choc électrique****. Cela ne fonctionne que si les battements du cœur sont irréguliers, et non lorsqu'il est arrêté complètement.*

CIEL ÉTOILÉ

Ce magnifique ciel étoilé a été photographié dans un désert en altitude, situé dans les Andes chiliennes. C'est un superbe écrin pour la Voie lactée, ce ruban d'étoiles qui constitue notre galaxie.

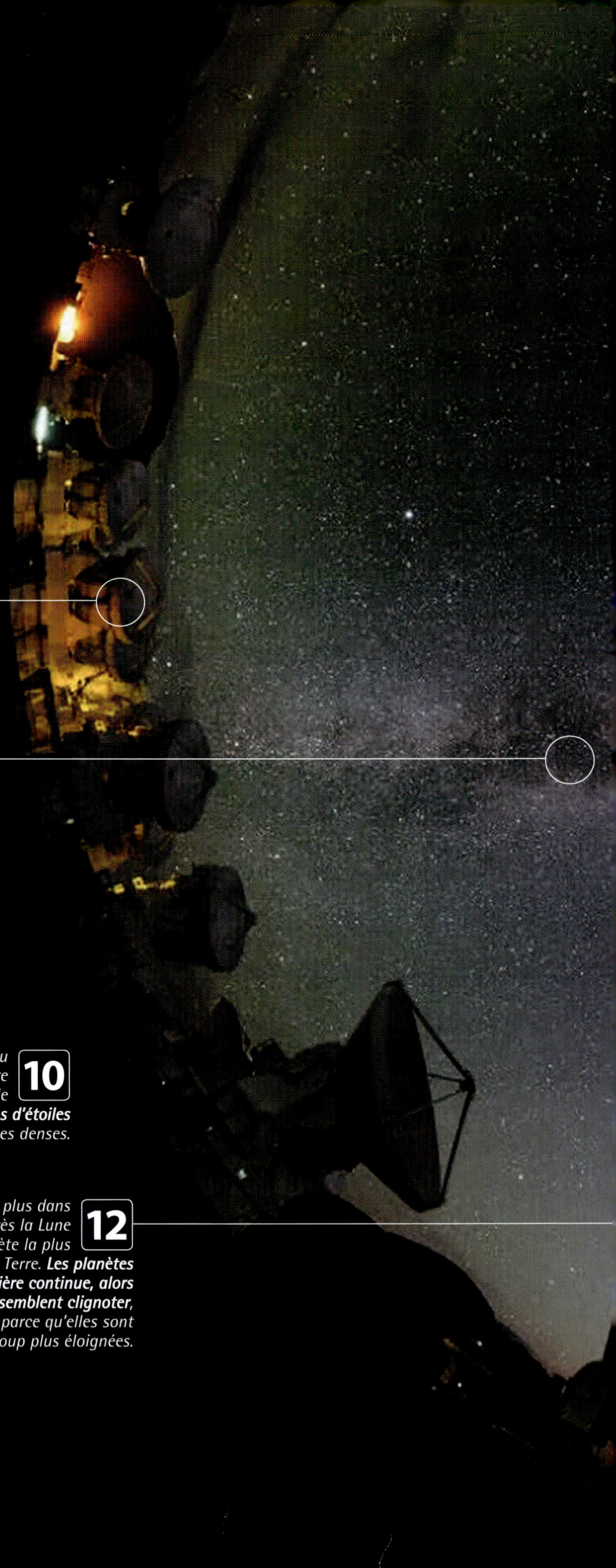

1 *Les **peuples anciens étaient fascinés par le ciel nocturne** et suivaient les déplacements de la Lune et des étoiles. L'invention du télescope au XVIIe siècle a ouvert de **nouvelles perspectives** en matière d'observation du cosmos.*

2 *Pour bien profiter du spectacle, il faut une **nuit claire, sans lune, loin des lumières citadines**. Les observatoires sont généralement installés dans les montagnes, où l'air est sec et sans nuages.*

3 *L'observatoire présenté ici est ALMA, dans le désert d'Atacama au Chili. C'est l'un des endroits les plus arides du monde, **aucune précipitation n'a jamais été enregistrée dans certaines zones**.*

4 *ALMA possède 66 antennes, qui captent des ondes radio invisibles. Les **objets sombres pouvant émettre de telles ondes,** ALMA peut détecter certains des endroits les plus froids et reculés de l'espace.*

5 *La galaxie la plus proche de nous est **Andromède, située à 2,5 millions d'années-lumière**. Elle va entrer en collision avec la Voie lactée, mais pas avant 4 milliards d'années.*

6 *Nous ne pouvons pas voir toute la Voie lactée, mais nous savons qu'elle a une forme de spirale. Notre **Système solaire se trouve sur le bord, à environ 26 000 années-lumière du centre**.*

7 *Nous nous déplaçons autour du centre de la Voie lactée à 828 000 km/h. **Une orbite complète prend 225 millions d'années**. La dernière fois que nous nous sommes trouvés au même endroit dans l'espace, les dinosaures étaient vivants.*

8 ***Toutes les étoiles que l'on voit sans télescope font partie de la Voie lactée**. Dans un ciel très sombre, environ 9 000 étoiles sont visibles à l'œil nu, mais leur nombre total dans la galaxie atteint plusieurs milliards.*

9 *Le **centre de la galaxie est occupé par un trou noir supermassif, Sagittaire A**. On pense que la masse de cette région de l'espace, si dense que la lumière ne peut s'en échapper, est équivalente à 4 millions de Soleils.*

10 *Malgré la présence d'un trou noir au centre de notre galaxie, cette zone semble lumineuse car **des millions d'étoiles sont massées en** grappes denses.*

11 *Les **astronomes savent qu'il existe des milliards de galaxies**, mais ça n'a pas toujours été le cas. En 1920, ils ont découvert qu'Andromède, qu'ils prenaient pour un nuage de gaz et de poussière dans la Voie lactée, était en fait une galaxie.*

12 *L'objet qui brille le plus dans le ciel nocturne après la Lune est Vénus, la planète la plus proche de la Terre. **Les planètes présentent une lumière continue, alors que les étoiles semblent clignoter**, mais c'est parce qu'elles sont beaucoup plus éloignées.*

L'INFO EN PLUS *Vous connaissez peut-être l'expression « vide sidéral », qui laisse **penser que l'espace est vide : ce n'est pas le cas**. Des gaz et des poussières sont en suspension entre les étoiles et des atomes sont présents, même entre les galaxies.*

13 Cette tache lumineuse est le **Petit Nuage de Magellan, une galaxie naine**, située à 200 000 années-lumière. C'est l'un des **plus proches voisins de la Voie lactée** dans l'espace.

DE TOUTES LES COULEURS

La couleur est une illusion d'optique. Les objets semblent colorés car ils reflètent différentes ondes lumineuses. Ce sont les yeux et le cerveau qui interprètent cette lumière comme une couleur.

1 *Les* ***pigments sont des colorants*** *naturels contenus dans les animaux et les plantes. Les* ***flamants naissent avec des plumes grises****, leur couleur rose ou orange provient des algues qu'ils mangent, qui sont chargées de pigments, les caroténoïdes.*

2 *Les* ***feuilles sont vertes à cause de la chlorophylle****, qui emmagasine la lumière et la transforme en nourriture. Elle absorbe la lumière rouge et la bleue, mais elle reflète la verte, celle que nous percevons.*

3 *De* ***nombreux pigments qui donnent aux plantes*** *leurs couleurs sont des vitamines ou autres nutriments. Il est important de consommer des fruits et légumes de* ***diverses couleurs*** *pour rester en bonne santé.*

4 *Les couleurs peuvent être des signaux d'alerte naturels. Le dendrobate doré est l'un des animaux les* ***plus toxiques du monde****. Malgré ses 5 cm de long, son venin peut* ***tuer 10 adultes humains****.*

5 ***La couleur peut influencer notre perception du goût des aliments****. Lors de tests, des personnes ont trouvé que les aliments* ***jaunes et verts avaient un goût plus aigre*** *qu'en réalité. Les* ***aliments rouges ou oranges semblaient plus sucrés****.*

6 *À la naissance,* ***les bébés voient seulement des nuances de gris****. Deux semaines plus tard, ils commencent à distinguer des couleurs comme le rouge et le vert.*

7 *Certaines personnes* ***entendent les couleurs, voient les lettres ou les nombres en couleurs*** *ou savourent les couleurs. Ce phénomène neurologique, la* ***synesthésie****, se traduit par l'association de plusieurs sens.*

8 ***De nombreux animaux voient plus de couleurs*** *que les êtres humains. Le poisson rouge perçoit la lumière ultraviolette, qu'il utilise entre autres pour trouver de la nourriture.*

L'INFO EN PLUS Les ***caméléons ne changent pas de couleur pour se camoufler.*** *Ces changement exprimeraient* ***leur humeur, serviraient à attirer une compagne,*** *ou réguleraient leur température.*

13 ***Le papillon morpho bleu ne possède pas de pigments bleus.*** *De minuscules écailles sur ses ailes reflètent la lumière, créant des bleus, verts et bruns irisés (brillants).*

12 ***Au XVIe siècle, les artistes auraient utilisé une peinture appelée « brun momie »,*** *fabriquée à partir de momies égyptiennes réduites en poudre. La production de cette couleur aurait cessé dans les années 1960, lorsque le fabricant ne trouva plus de matière première…*

11 *La pourpre est une teinture produite à partir du mucus d'un gastéropode marin. L'empereur romain Néron interdisait à quiconque n'appartenant pas à sa famille de porter* ***cette couleur impériale.***

10 *Le* ***rouge cochenille ou carmin est*** *utilisé dans l'alimentation, le textile et les cosmétiques. Il est fabriqué à partir de l'acide kermesique produit par les cochenilles ; il faut environ* ***90 000 insectes pour donner 1 kg de teinture.***

9 *Le noir n'est pas une couleur, mais une absence de couleur. Les* ***objets noirs absorbent toutes les longueurs d'ondes de la lumière.*** *Aucune lumière n'étant reflétée, nous n'en percevons pas. Des scientifiques britanniques ont créé un matériau qui* ***absorbe 99,9 % de la lumière,*** *ce qui en fait le plus noir des noirs.*

Ondes de couleur

La lumière blanche est composée de différentes couleurs. Si on passe un faisceau de lumière dans un prisme, celui-ci le courbe et le répartit en un spectre de 7 couleurs, comme les gouttes de pluie forment un arc-en-ciel. C'est la seule partie du spectre électromagnétique que les hommes perçoivent.

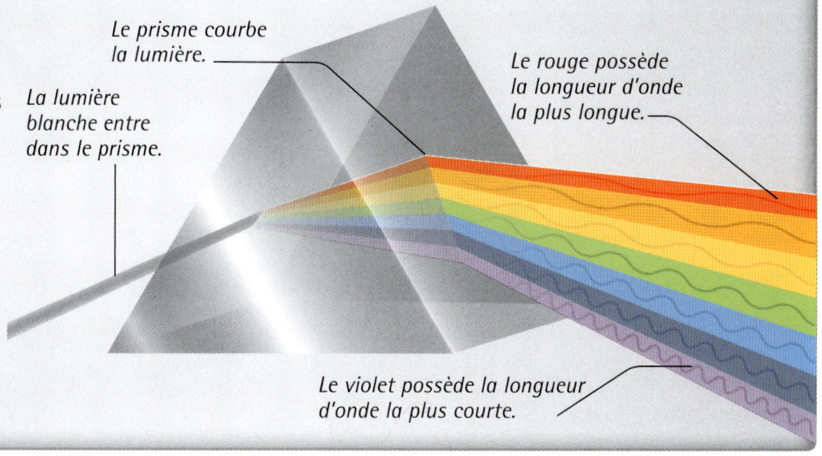

LE T-REX S'EN MÊLE

Grand comme une maison, le tyrannosaure est le plus connu des carnivores préhistoriques. Il vivait il y a 70 millions d'années au Crétacé, lorsque les dinosaures régnaient et les proies abondaient.

1 *Les* ***premiers fossiles de T-Rex ont été découverts en 1902*** *; depuis, plus de 30 squelettes ont été reconstitués. Ce dinosaure a existé pendant environ 3 millions d'années, quinze fois plus longtemps que les hommes.*

2 *De nombreux spécialistes pensent que le T-Rex* ***n'était pas recouvert d'écailles, mais de duvet composé de plumes primitives****, qui lui tenait chaud.*

3 *Les os sont souvent les seuls restes des dinosaures parvenus jusqu'à nous.* ***Le plus grand squelette de T-Rex découvert mesurait 12,2 m de long ; il fut baptisé «Sue», en hommage à la personne qui l'a trouvé****. Il fut vendu 8,3 millions de dollars à un musée américain en 1997.*

4 ***La queue du T-Rex était longue comme un bus.*** *D'immenses muscles latéraux contrôlaient les mouvements de l'animal. Le* ***poids de sa queue l'aidait à contrebalancer*** *son énorme tête.*

5 *Les* ***muscles des cuisses du T-Rex étaient plus grands*** *proportionnellement à la taille de son corps que ceux des animaux actuels. Ils lui permettaient d'atteindre une vitesse d'au moins 29 km/h.*

6 *Les tissus mous ne se conservent pas et personne ne sait comment étaient les organes internes du T-Rex. Les squelettes présentent toutefois des espaces dans lesquels auraient pu loger des* ***sacs aériens comme ceux des oiseaux modernes****. Ils agissent comme des soufflets pour alimenter en air frais les poumons.*

7 *Son cerveau ne semble pas très volumineux, mais c'est l'un des plus gros par rapport au reste du corps chez les dinosaures. Certains herbivores géants possédaient de* ***minuscules cerveaux.***

8 *Le T-Rex digérait probablement une grande partie des aliments dans son estomac, comme les oiseaux de proie actuels. La paroi de son estomac devait libérer des acides qui décomposaient les* ***fibres musculaires de la viande****.*

9 *Les crottes de dinosaure fossilisées sont des* ***coprolithes****. La plus grosse jamais découverte était celle d'un T-Rex. Elle* ***était composée pour moitié de restes d'os****, ce qui montre que l'animal gobait ses proies entières.*

10 *Le T-Rex possédait la* ***mâchoire la plus puissante de tous les animaux terrestres****. Il était capable de tuer les géants herbivores à armure comme le tricératops. Sa mâchoire était* ***3,5 fois plus forte que celle du crocodile****, l'animal le plus redoutable de nos jours.*

11 *Ses dents,* ***les plus grandes de tous les dinosaures carnivores,*** *mesuraient* ***jusqu'à 30 cm*** *et découpaient facilement la chair. Elles étaient crantées comme celles d'un couteau à viande.*

12 *Même s'ils semblent minuscules, les bras du T-Rex étaient très musclés. Ses biceps étaient t****rois fois plus forts que ceux d'un homme****. Ils servaient probablement à maintenir les proies qui se débattaient.*

13 *Les pieds du T-Rex comportaient 3 orteils, comme les oiseaux modernes, qui lui servaient à accélérer.* ***D'immenses griffes redoutables, jusqu'à 20 cm de long****, faisaient office d'armes et permettaient au prédateur de s'ancrer dans le sol.*

L'INFO EN PLUS *Serait-il possible de* ***cloner un T-Rex****? Les dinosaures ont disparu il y a tellement longtemps qu'il est impossible d'extraire leur ADN de leurs restes. Cependant, si un «Jurassic Park» n'est pas envisageable, un «Neolithic Park» le serait. De petits fragments d'ADN d'un mammouth ont été retrouvés : ils pourraient servir à le cloner.*

HISTOIRES DE LIVRES

Les livres sont magiques ! Ils nous amusent, nous surprennent, nous informent et nous embarquent dans des aventures extraordinaires. Ce sont également des fenêtres sur le monde de nos ancêtres et de nouvelles perspectives sur l'avenir.

1 **Quelque 134 millions de livres ont été publiés à ce jour** et ce nombre augmente de plusieurs millions par an. Aux États-Unis, 1 million de nouveaux titres est publié chaque année.

2 Le « livre » le plus ancien a été découvert dans la Bulgarie actuelle. **Publiée en 660 av. J.-C., cette édition de luxe est composée de 6 feuilles d'or 24 carats,** rédigées en langue étrusque, qui reste indéchiffrable pour les historiens modernes.

3 Les Romains écrivaient sur des feuilles de papyrus ou de vélin (peau d'animal traitée), collées entre elles pour former de longs rouleaux. Ceux-ci étaient toutefois difficiles à manier et les auteurs **décidèrent d'empiler les feuilles et de les placer entre des planches de bois**. Ce furent les tout premiers livres.

4 L'invention de la presse à imprimer par l'Allemand Johannes Gutenberg simplifia la production d'ouvrages. La **bible Gutenberg, publiée en 1455, fut le premier livre diffusé en masse en Europe ; 48 exemplaires ont survécu.** L'augmentation du volume de publications entraîna une explosion des ventes de lunettes.

5 *Le livre le plus cher jamais vendu est le* ***Codex Leicester,*** *signé de l'artiste italien Léonard de Vinci. Ce manuscrit, qui date du début du XVIe siècle, présente certaines théories scientifiques de l'artiste accompagnées de croquis et de notes. Il fut* ***vendu aux enchères en 1994 au milliardaire américain Bill Gates pour 30,8 millions de dollars,*** *mais sa valeur est actuellement estimée à plus de 52 millions de dollars.*

6 La plus grande bibliothèque du monde est **celle du Congrès, à Washington**, qui contient plus de 164 millions de livres, enregistrements, photographies, cartes et partitions, couvrant 1 349 km de rayonnage. Les livres sont pour moitié rédigés dans une de 470 langues différentes.

7 Le plus grand ouvrage du monde ne tient pas sur une étagère. Le **Tripitaka, qui regroupe des enseignements bouddhistes, est imprimé sur 729 tablettes de marbre** abritées dans la pagode Kuthodaw au Myanmar. Réalisées dans les années 1860, ces stèles mesurent 1,5 m de haut.

8 Jusqu'en 1100, les livres étaient rares et on les trouvait surtout dans les monastères. **Un moine pouvait consacrer une année à copier un ouvrage à la main avec des plumes d'oie.** On appelle ces livres richement ornés des manuscrits enluminés : ils brillaient à cause de la feuille d'or utilisée dans les illustrations.

9 Même si nous n'utilisons plus beaucoup de volumineux ouvrages pour nous documenter, **les livres que nous lisons pour le plaisir voient leur nombre de pages augmenter**. Une étude de 2015 a conclu que la longueur moyenne d'un best-seller était passée de 320 pages en 1999 à 407 en 2014.

10 **L'Inde est le pays dans lequel on lit le plus.** Les Indiens consacrent 10 heures par semaine à la lecture. Aujourd'hui, environ 85 % de la population mondiale sait lire, contre 32 % il y a 100 ans.

11 Dans certaines langues, **une personne qui lit beaucoup est traitée de «ver de livre», dans d'autres de «rat de bibliothèque».** Ces qualificatifs viennent de l'époque où les collections des bibliothèques humides attiraient les nuisibles, de petits insectes et rongeurs, qui dévoraient littéralement les livres.

12 Nous pourrons peut-être bientôt lire des livres sans les ouvrir. **Un système en cours de développement utilise un type d'onde à basse fréquence pour analyser les feuilles et lire le texte imprimé.** Cette technologie pourrait nous aider à voir le contenu de livres anciens trop fragiles pour être ouverts.

13 **Certains ne peuvent résister au plaisir d'acheter des livres, qui parfois restent sur des étagères sans être lus.** Cela doit être répandu au Japon, car les Japonais ont un nom pour ce phénomène, tsundoku, qui signifie «empiler des livres sans les lire».

L'INFO EN PLUS La série Harry Potter de J.K. Rowling est un succès mondial, tiré à plus de 450 millions d'exemplaires. **Elle n'est toutefois pas l'œuvre de fiction la plus vendue, même en additionnant tous les tomes.** Elle est devancée par Don Quichotte, publié au XVIIe siècle par Miguel de Cervantes, vendu à environ 500 millions d'exemplaires.

SECRETS DE SAMOURAÏS

Les samouraïs du Japon médiéval étaient de redoutables guerriers. Ils combattaient au nom de leur *daimyo* (seigneur) et aspiraient à devenir des shoguns, des chefs militaires dont le pouvoir était supérieur à celui de l'empereur.

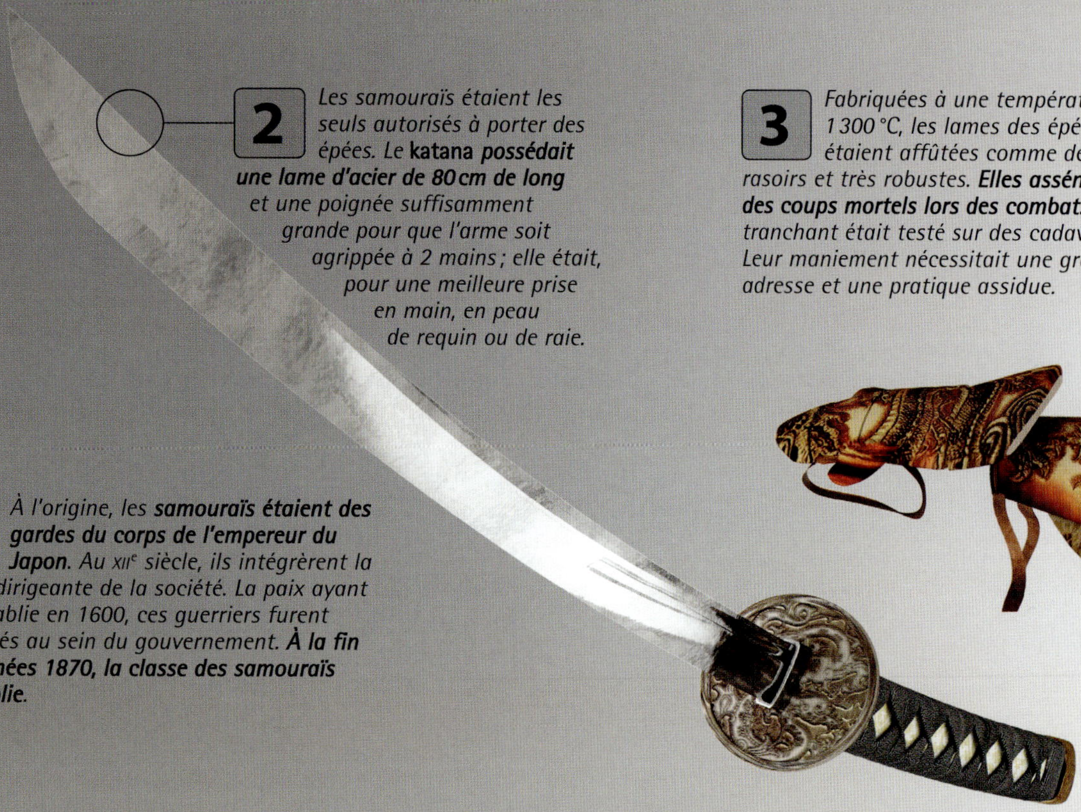

1 *À l'origine, les **samouraïs étaient des gardes du corps de l'empereur du Japon**. Au XIIe siècle, ils intégrèrent la classe dirigeante de la société. La paix ayant été rétablie en 1600, ces guerriers furent employés au sein du gouvernement. **À la fin des années 1870, la classe des samouraïs fut abolie**.*

2 *Les samouraïs étaient les seuls autorisés à porter des épées. Le **katana possédait une lame d'acier de 80 cm de long** et une poignée suffisamment grande pour que l'arme soit agrippée à 2 mains ; elle était, pour une meilleure prise en main, en peau de requin ou de raie.*

3 *Fabriquées à une température de 1 300 °C, les lames des épées étaient affûtées comme des rasoirs et très robustes. **Elles assénaient des coups mortels lors des combats**. Leur tranchant était testé sur des cadavres. Leur maniement nécessitait une grande adresse et une pratique assidue.*

4 *L'armure d'un samouraï peut sembler très ornementée, mais **les couches de métal verni maintenues par des fils de soie présentaient avant tout un aspect pratique**. Elles laissaient une grande liberté de mouvement au combattant.*

5 *Les samouraïs possédaient **un code d'honneur, le bushido («les manières du guerrier»)**. Celui-ci stipulait qu'ils devaient faire preuve de bravoure, dire la vérité, avoir une conduite honorable, montrer de la compassion pour autrui et respecter toute forme de vie. Ils ne parvenaient pas toujours à s'y tenir.*

6 *Lorsqu'ils ne combattaient pas, les samouraïs écrivaient des poèmes et s'adonnaient à diverses activités traditionnelles japonaises : la peinture, la calligraphie, la création de jardins de rocaille, la composition florale et la cérémonie du thé…*

7 *Le kendo, art martial japonais moderne qui utilise des bambous, vient des écoles de kenjutsu, dans lesquelles les samouraïs s'entraînaient à combattre à l'épée. **Ces derniers étaient également des archers et cavaliers émérites**.*

8 *Tout le monde au Japon chaussait des **sandales à semelle de paille, les waraji**. Elles se portaient avec des **chaussettes à 2 doigts, les tabi**, dans lesquelles était glissée la corde de la sandale, entre le premier et le deuxième orteil.*

9 Le ***casque, kabuto, était agrémenté de cornes d'animaux en métal,*** *destinées à intimider les ennemis. Pour rendre le port du casque plus confortable,* ***les samouraïs rassemblaient leurs cheveux en un chignon haut et rasaient leur front****, ce qui devint un signe de leur statut.*

10 *Un masque,* **mengu,** ***doté d'yeux menaçants pour effrayer l'ennemi,*** *complétait l'attirail. Cette protection pour le visage possédait généralement un trou sous le menton qui laissait s'écouler la transpiration et maintenait le casque en place.*

11 *Le* **wakizashi, *«petite épée», était utilisé pour le combat en intérieur ou au corps-à-corps.*** *Elle servait également pour le* seppuku *(suicide rituel, également appelé* hara-kiri*) si le samouraï était capturé par l'ennemi. Le guerrier déshonoré se poignardait dans l'estomac, puis un ami lui tranchait la tête avec son katana.*

12 ***L'étui en bois laqué du*** **katana** ***se portait rentré dans la ceinture, à gauche.*** *Cela permettait au samouraï de dégainer rapidement l'arme avec sa main droite.*

13 ***Les ninjas étaient des soldats*** *nés hors de la classe des samouraïs. Ils* ***faisaient souvent office d'espions et d'assassins****, des rôles considérés comme déshonorants pour les samouraïs.*

L'INFO EN PLUS *Les* **onna-bugeisha *étaient des femmes qui appartenaient à la classe des samouraïs.*** *Plutôt que de brandir de lourdes épées, elles utilisaient des* **naginata, *des sortes de hallebardes terminées par une lame courbe.***

1 *Le piano occupe* ***une position à part dans l'orchestre, entre la section de cordes et les instruments à percussion****. Le son est produit par des marteaux qui frappent des cordes à l'intérieur du châssis.*

2 *Le premier véritable piano a été construit en Italie par Bartolomeo Cristofori en 1700. Son ancêtre était le* ***clavecin, mais contrairement à lui, le piano permet de jouer des notes plus fort ou plus doucement****.*

3 ***Un grand piano standard possède 88 touches blanches et noires****, chacune reliée à un marteau. Lorsque le pianiste appuie sur une touche, le marteau frappe une ou plusieurs cordes. C'est ce que l'on appelle la « mécanique ».*

4 *Le commerce de l'****ivoire,*** *dont étaient faites les touches blanches,* ***ayant été interdit en 1989, il a été remplacé par le plastique****.*

5 *Un piano de concert peut mesurer jusqu'à 3 m de long et peser 450 kg.* ***La mécanique*** *qui déplace les touches d'un piano standard* ***contient plusieurs milliers de pièces****.*

6 *Les marteaux sont en* ***bois recouvert de feutre****. Après avoir frappé une corde, un marteau s'écarte, afin de ne pas gêner la vibration de la corde.*

LA LEÇON DE PIANO

Sous ses dehors épurés, un grand piano est un objet très complexe, offrant la plus large gamme de notes des instruments d'un orchestre. Des milliers de pièces s'associent pour créer le toucher et les tonalités désirés.

7 ***Jouer du piano rendrait plus intelligent****. D'après une étude récente, la pratique régulière peut augmenter la capacité du cerveau à traiter les informations, résoudre les problèmes et entretenir la mémoire. Elle pourrait même augmenter le QI.*

8 *Certains pianistes* ***professionnels jouent les notes plus rapidement que l'oreille peut les entendre****. Domingos-Antonio Gomes détient le record du monde des doigts les plus rapides : il a joué* ***824 notes en 1 minute****.*

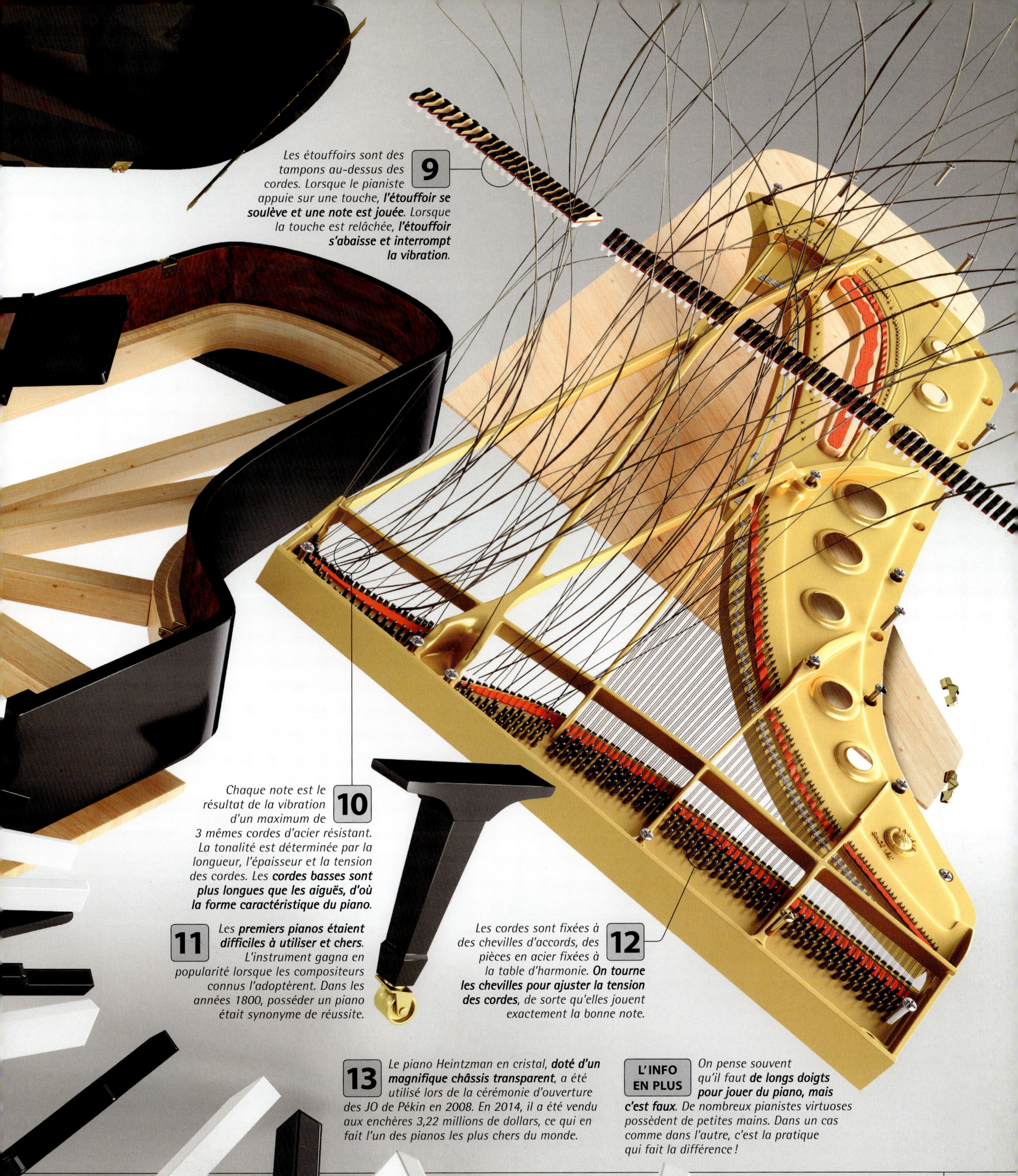

9 Les étouffoirs sont des tampons au-dessus des cordes. Lorsque le pianiste appuie sur une touche, ***l'étouffoir se soulève et une note est jouée.*** Lorsque la touche est relâchée, ***l'étouffoir s'abaisse et interrompt la vibration.***

10 Chaque note est le résultat de la vibration d'un maximum de 3 mêmes cordes d'acier résistant. La tonalité est déterminée par la longueur, l'épaisseur et la tension des cordes. Les ***cordes basses sont plus longues que les aiguës, d'où la forme caractéristique du piano.***

11 Les ***premiers pianos étaient difficiles à utiliser et chers.*** L'instrument gagna en popularité lorsque les compositeurs connus l'adoptèrent. Dans les années 1800, posséder un piano était synonyme de réussite.

12 Les cordes sont fixées à des chevilles d'accords, des pièces en acier fixées à la table d'harmonie. ***On tourne les chevilles pour ajuster la tension des cordes,*** de sorte qu'elles jouent exactement la bonne note.

13 Le piano Heintzman en cristal, ***doté d'un magnifique châssis transparent,*** a été utilisé lors de la cérémonie d'ouverture des JO de Pékin en 2008. En 2014, il a été vendu aux enchères 3,22 millions de dollars, ce qui en fait l'un des pianos les plus chers du monde.

L'INFO EN PLUS On pense souvent qu'il faut ***de longs doigts pour jouer du piano, mais c'est faux.*** De nombreux pianistes virtuoses possèdent de petites mains. Dans un cas comme dans l'autre, c'est la pratique qui fait la différence !

MÉDUSE FATALE

Ne vous fiez pas à son allure diaphane, la galère portugaise est extrêmement urticante. Cet animal extraordinaire, qui appartient au groupe ancien des méduses, coraux et anémones de mer, cache bien son jeu.

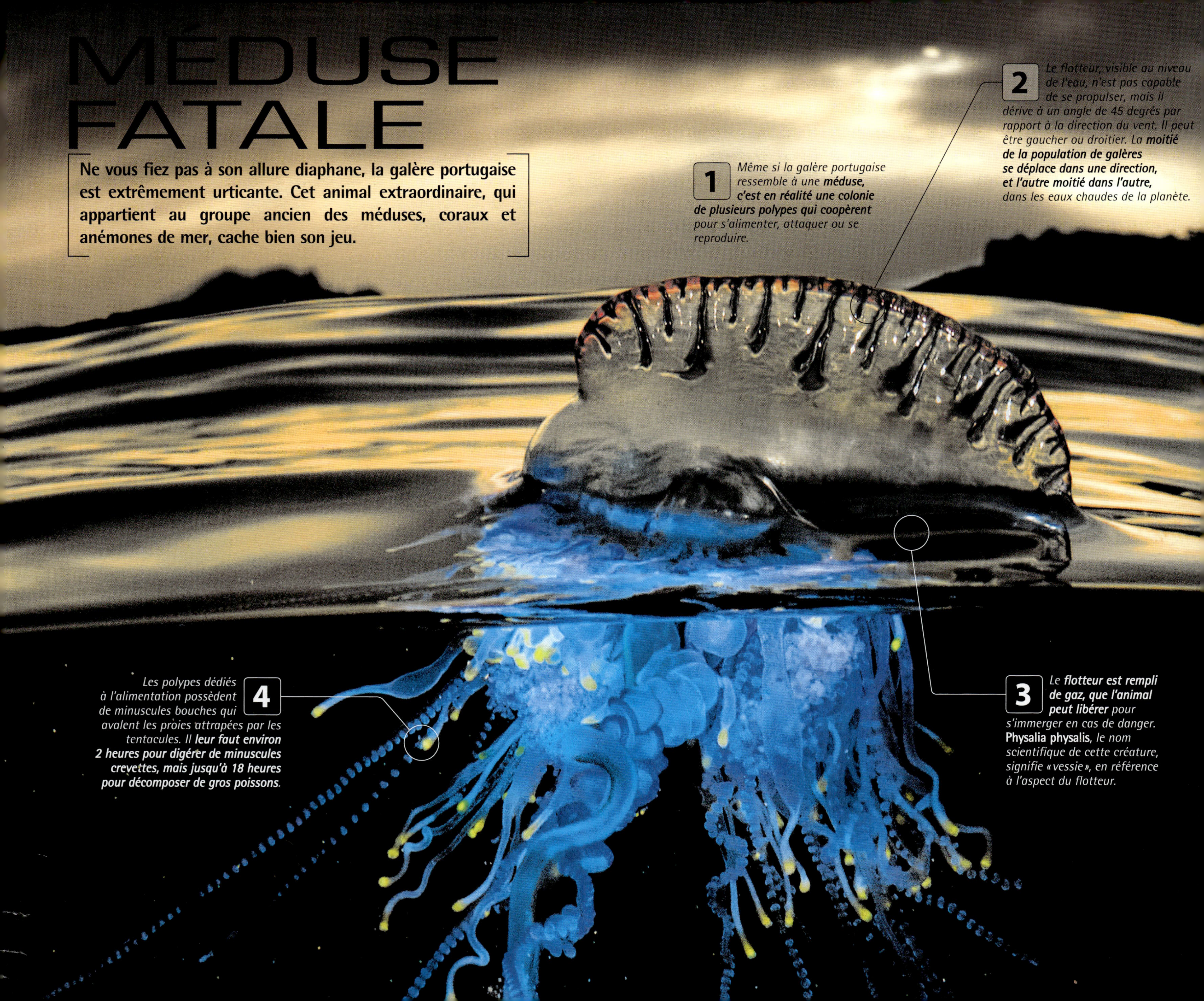

1 *Même si la galère portugaise ressemble à une **méduse, c'est en réalité une colonie de plusieurs polypes qui coopèrent** pour s'alimenter, attaquer ou se reproduire.*

2 *Le flotteur, visible au niveau de l'eau, n'est pas capable de se propulser, mais il dérive à un angle de 45 degrés par rapport à la direction du vent. Il peut être gaucher ou droitier. La **moitié de la population de galères se déplace dans une direction, et l'autre moitié dans l'autre,** dans les eaux chaudes de la planète.*

3 *Le **flotteur est rempli de gaz, que l'animal peut libérer** pour s'immerger en cas de danger.* **Physalia physalis,** *le nom scientifique de cette créature, signifie «vessie», en référence à l'aspect du flotteur.*

4 *Les polypes dédiés à l'alimentation possèdent de minuscules bouches qui avalent les proies attrapées par les tentacules. Il **leur faut environ 2 heures pour digérer de minuscules crevettes, mais jusqu'à 18 heures pour décomposer de gros poissons.***

5 De longs filaments de **cellules urticantes en forme de perle paralysent tout ce qu'ils touchent.** Ils constituent un filet mortel qui attrape des proies comme des maquereaux et des poissons volants. Une colonie peut capturer jusqu'à 120 minuscules larves de poisson par jour.

6 Cette créature vit dans les mers chaudes. Son nom provient d'un **navire portugais, la galiote, dont les voiles triangulaires ont la même forme que celle du flotteur.**

9 Certains **cousins de la galère portugaise émettent de la lumière pour attirer les proies.** La colonie flottant à la surface elle n'a pas besoin d'être luminescente, mais sa couleur bleu-pourpre brille selon la lumière. Ses pigments font office d'écran anti-UV.

11 Quasiment aucun animal, à l'exception des tortues de mer et des limaces de mer, ne mange de galère portugaise, mais **certaines de leurs cousines, les méduses, sont très appréciées des hommes.** Les Malaisiens les qualifient de «musique pour les dents»; ces créatures, séchées pour être rendues comestibles, sont au menu de nombreux restaurants asiatiques.

13 Chaque année, les galères portugaises **brûlent jusqu'à 10000 êtres humains en Australie.** Ce nombre est élevé car ces créatures sont souvent regroupées par centaines, poussées par les courants océaniques ou parce qu'elles se sont reproduites en nombre.

8 Certaines **espèces de poissons vivent dans la colonie de polypes.** Ils présentent une résistance au venin, mais sont aussi très agiles, afin d'éviter tout contact avec les filaments. Ils se nourrissent des restes de la colonie et certains la grignotent. Ils peuvent également aider à attirer d'autres poissons dans le filet mortel.

10 Les **tentacules urticantes contractiles qui «pêchent» les proies peuvent atteindre 50 m de long**, soit 5 bus, ce qui en fait l'espèce la plus longue de la planète. Si vous repérez sa forme caractéristique en nageant, il est probablement trop tard pour éviter les filaments.

12 Même si elle est rarement fatale, la brûlure de la galère portugaise, est extrêmement douloureuse. **Certaines de ses cousines sont mortelles pour l'homme**, la cuboméduse étant la plus venimeuse. Non seulement sa brûlure tue, mais elle est tellement douloureuse que certains nageurs sont morts du choc avant même de rejoindre la plage.

L'INFO EN PLUS On pense souvent à tort que l'urine soulage la brûlure provoquée par la galère portugaise. Une étude a montré que **l'urine, ou même l'eau douce, peut au contraire l'accentuer, en répandant les cellules urticantes.** Mieux vaut laver la peau avec de l'eau salée, qui désactive les cellules.

7 ***Comme la méduse, la galère portugaise est composée de 95% d'eau.*** *Elle est dépourvue de cerveau, de sang, d'os, de dents, de cœur et de nageoires.*

Cellule urticante

Activées par le toucher, les cellules urticantes microscopiques libèrent en quelques millièmes de seconde un cocktail de substances nocives proches de certains types de venins de serpent. Elles ont un effet délétère sur les nerfs et les muscles et paralysent rapidement les proies.

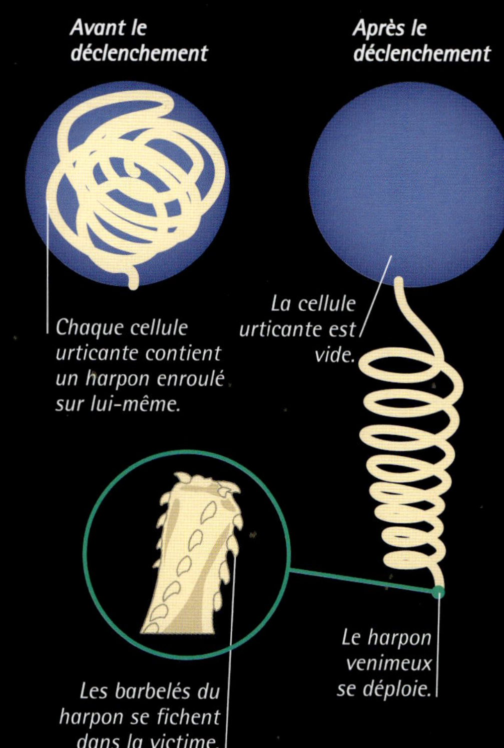

CHOC PÉTROLIER

Le pétrole brut est un liquide épais puisé dans le sous-sol. Sans lui, la vie moderne serait très différente. Il compose le carburant qui alimente les machines et sert à fabriquer tout ce qui est imprimé sur ces deux pages, même les mots !

1 *Le pétrole est une énergie fossile,* ***composée des restes de créatures enfouies qui vivaient il y a des millions d'années****. Les trois quarts du pétrole que nous utilisons sont brûlés sous forme de combustible (l'essence, le diesel, le mazout...). Le reste est utilisé comme matière première pour fabriquer des objets.*

3 ***Il faut 90 tonnes de créatures marines enfouies pour produire 5 litres de pétrole****. À poids égal, le pétrole contient trois fois plus d'énergie que le bois et cent fois plus qu'une batterie standard.*

2 ***Les champs de pétrole en activité à travers le monde contiennent environ 1 700 milliard de barils*** *d'une capacité de 159 litres. Au moins 30 milliards de barils sont utilisés chaque année sur la planète.*

4 *On consomme la même quantité de pétrole pour alimenter les avions en carburant que pour produire du plastique,* ***soit 8 % de notre consommation****.*

5 *Avant sa première exploitation pour produire du kérosène (pour les lampes à pétrole),* ***l'essence n'était qu'un sous-produit sans réelle valeur****. Elle servait à traiter les poux et à retirer les tâches de gras sur les vêtements.*

6 *Environ* ***27 litres de pétrole sont nécessaires pour fabriquer un pneu*** *: 19 litres pour produire la gomme synthétique et 8 litres comme combustible pendant la production.*

7 *La transformation du pétrole donne des dérivés qui servent à fabriquer aussi bien des plastiques que des médicaments :* ***les stéroïdes et l'aspirine proviennent du pétrole****.*

13 Le Nylon, le polyester et les autres membres de la famille des polyamides sont des types de plastiques pétrochimiques. **Les vêtements créés avec ces fibres peuvent être imperméables, ignifugés, voire pare-balles.**

L'INFO EN PLUS *On s'imagine souvent que le pétrole est noir.* ***C'est souvent le cas, mais il peut également être jaune, rouge ou vert.*** *Le pétrole de qualité supérieure a une teinte ambrée ou dorée.*

12 Les produits nettoyants sans savon contiennent des « surfactants », des **dérivés pétrochimiques qui décollent la graisse et la saleté** et se dissolvent dans l'eau avant d'être évacuées au rinçage.

11 **Quelque 80 % des ingrédients contenus dans les cosmétiques sont dérivés du pétrole.** C'est le cas notamment des parfums synthétiques.

10 Les peintures à l'huile brillantes contiennent des solvants (un liquide qui dilue la peinture). **L'un d'eux, le naphta, est issu du pétrole.** Lorsque la peinture sèche, il s'évapore et dégage une odeur forte.

9 **Les crayons de cire sont en paraffine blanche**, qui est distillée à partir du pétrole. Des colorants sont ajoutés pour les crayons, mais la **cire imperméable, sans goût, sans odeur et sans couleur** est utilisée dans divers objets, des bougies à la paroi intérieure des briques de lait.

Distillation du pétrole

Le pétrole est un mélange qui peut être divisé en trois parties (les fractions) par un processus appelé distillation. Le pétrole est chauffé jusqu'à devenir un mélange de gaz. Ceux-ci passent par une tour de distillation, chaude en bas et froide en haut. Les fractions se condensent (se liquéfient à nouveau) à des températures différentes, et sont prélevées à différents niveaux par des tuyaux.

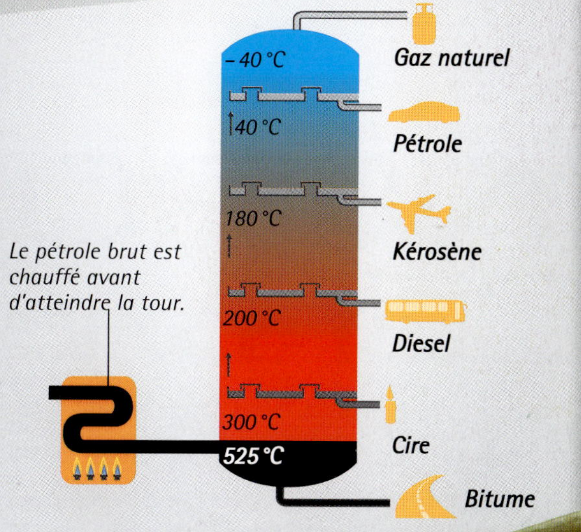

8 **La plupart des colorants alimentaires, par exemple les lignes bleues du dentifrice, sont issus du pétrole**, tout comme les colorants artificiels utilisés en médecine, en cosmétique et dans les fournitures telles que le papier de couleur et les crayons.

INCROYABLE CERVEAU

Le cerveau humain est l'une des plus puissantes « machines » au monde. Il contrôle les différentes parties du corps et analyse ce que nous voyons, sentons et pensons. Cet incroyable organe est souvent qualifié de structure la plus complexe de l'Univers.

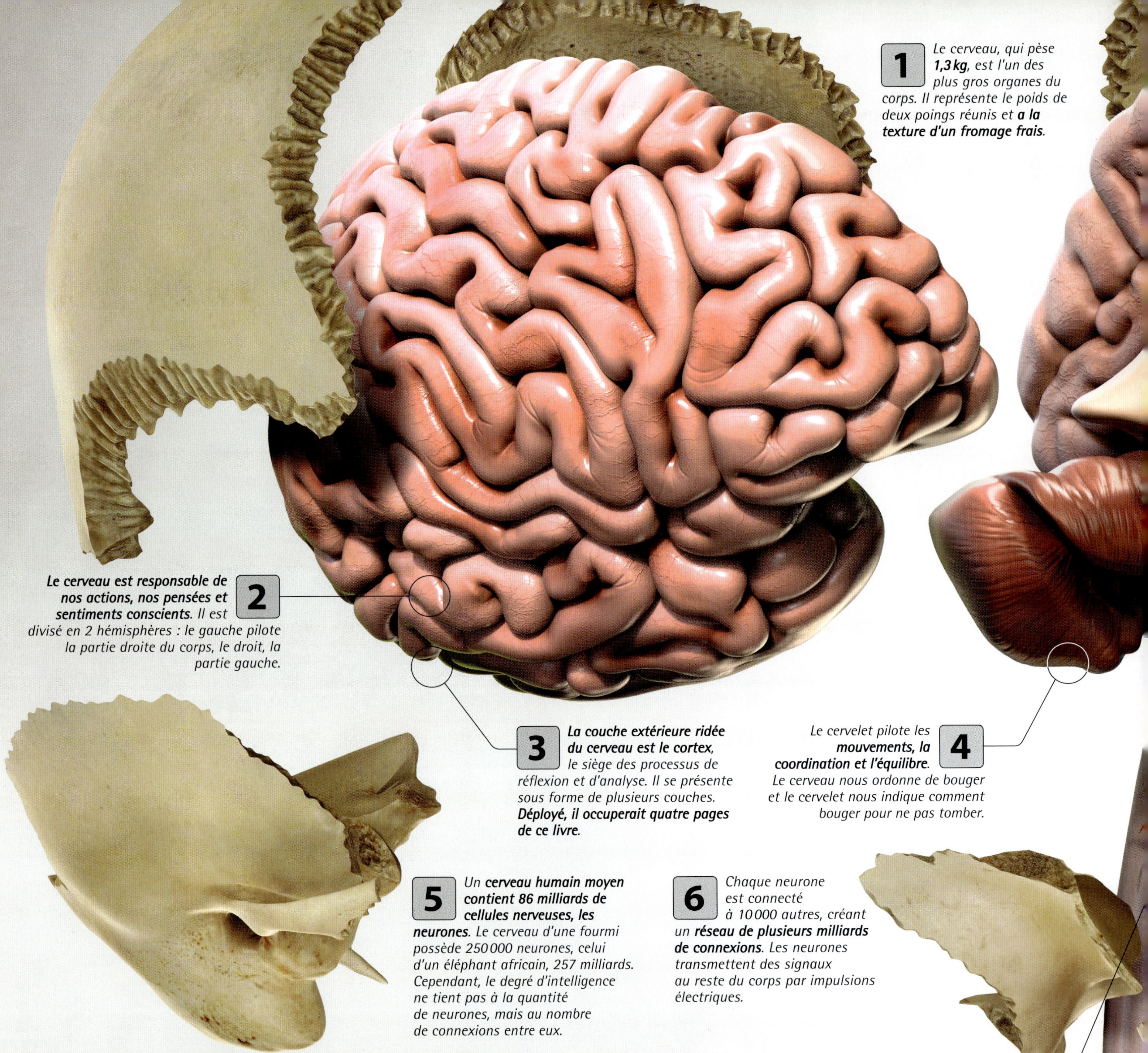

1 *Le cerveau, qui pèse* ***1,3 kg****, est l'un des plus gros organes du corps. Il représente le poids de deux poings réunis et* ***a la texture d'un fromage frais****.*

2 ***Le cerveau est responsable de nos actions, nos pensées et sentiments conscients.*** *Il est divisé en 2 hémisphères : le gauche pilote la partie droite du corps, le droit, la partie gauche.*

3 ***La couche extérieure ridée du cerveau est le cortex****, le siège des processus de réflexion et d'analyse. Il se présente sous forme de plusieurs couches.* ***Déployé, il occuperait quatre pages de ce livre****.*

4 *Le cervelet pilote les* ***mouvements, la coordination et l'équilibre****. Le cerveau nous ordonne de bouger et le cervelet nous indique comment bouger pour ne pas tomber.*

5 *Un* ***cerveau humain moyen contient 86 milliards de cellules nerveuses, les neurones****. Le cerveau d'une fourmi possède 250 000 neurones, celui d'un éléphant africain, 257 milliards. Cependant, le degré d'intelligence ne tient pas à la quantité de neurones, mais au nombre de connexions entre eux.*

6 *Chaque neurone est connecté à 10 000 autres, créant un* ***réseau de plusieurs milliards de connexions****. Les neurones transmettent des signaux au reste du corps par impulsions électriques.*

7 *Le tronc cérébral est le lien entre le cerveau et la moelle épinière. Il* ***régule de nombreuses fonctions vitales automatiques du corps****, dont les battements du cœur, la respiration et la digestion.*

8 *La moelle épinière part du cerveau et parcoure le dos. Elle véhicule les neurones qui transmettent des messages entre le cerveau et le corps via l'influx nerveux.* ***Les plus rapides se déplacent à 400 km/h.***

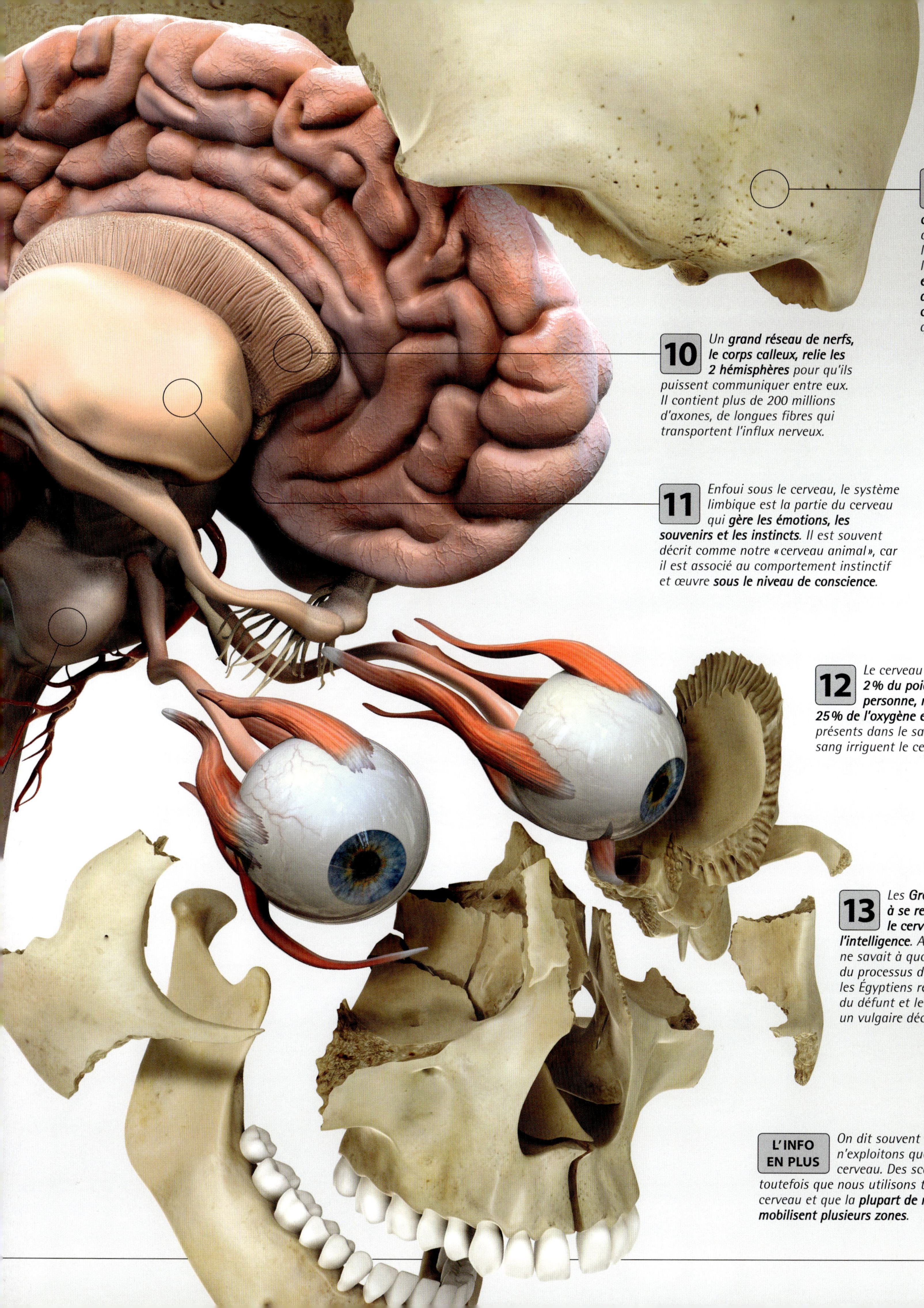

9 ***Huit os forment la boîte crânienne***, *le dôme qui abrite et protège le cerveau. À l'intérieur, le* ***cerveau flotte dans environ 150 ml de liquide céphalo-rachidien***, *qui amortit les chocs.*

10 *Un* ***grand réseau de nerfs, le corps calleux, relie les 2 hémisphères*** *pour qu'ils puissent communiquer entre eux. Il contient plus de 200 millions d'axones, de longues fibres qui transportent l'influx nerveux.*

11 *Enfoui sous le cerveau, le système limbique est la partie du cerveau qui* ***gère les émotions, les souvenirs et les instincts***. *Il est souvent décrit comme notre «cerveau animal», car il est associé au comportement instinctif et œuvre* ***sous le niveau de conscience***.

12 *Le cerveau représente* ***seulement 2 % du poids total d'une personne, mais il consomme 20 à 25 % de l'oxygène et du glucose (énergie)*** *présents dans le sang. Environ 750 ml de sang irriguent le cerveau par minute.*

13 *Les* ***Grecs furent les premiers à se rendre compte que le cerveau est le siège de l'intelligence***. *Avant eux, personne ne savait à quoi il servait. Au cours du processus de momification, les Égyptiens retiraient le cerveau du défunt et le jetaient comme un vulgaire déchet.*

L'INFO EN PLUS *On dit souvent que nous n'exploitons que 10 % de notre cerveau. Des scanners révèlent toutefois que nous utilisons tout notre cerveau et que la* ***plupart de nos activités mobilisent plusieurs zones***.

1 Le mot « mythe » vient du grec mythos, qui signifie « mot » ou « récit ». Les mythes sont des **histoires qui aident les gens à comprendre le monde** ou qui expliquent certains mystères de la vie.

2 Les dragons apparaissent dans divers mythes du monde. On pense que tous ont été inventés indépendamment les uns des autres et pourtant **ils présentent de troublantes similitudes** : ils possèdent 4 pattes, des attributs de lézard ou de serpent et ils **crachent souvent du feu.**

3 Le dragon est un **symbole national de puissance et de majesté en Chine**. Les empereurs chinois prétendaient être leurs descendants et aujourd'hui encore **des fêtes lui sont dédiées.**

4 La légende de Sun Wukong, le Roi des Singes, date de la dynastie Song, il y a 1 000 ans, en Chine. Ce singe facétieux qui pouvait prendre **72 apparences différentes a vécu de nombreuses aventures.** Des temples ont été érigés en son honneur à Singapour, où son anniversaire est célébré chaque année.

5 Avant que l'on connaisse l'existence des dinosaures, les **fossiles que l'on découvrait étaient attribués aux dragons**. Le fait qu'aucune de ces créatures n'ait survécu était expliqué par l'efficacité des chasseurs de dragons.

6 Le sphinx égyptien possédait **le corps d'un lion surmonté d'une tête humaine**. Des statues le représentant montaient la garde devant des temples et tombeaux. Le **sphinx de Gizeh est l'une des plus grandes et plus anciennes statues au monde** (4 500 ans).

7 Le **kappa est le lutin aquatique** héro d'une légende médiévale japonaise. Doté d'écailles dans le dos, de mains et pieds palmés et d'un bec, il **attendait tapis au bord des lacs et des rivières** pour noyer les gens qui s'approchaient.

8 Dans la **mythologie grecque, les cheveux de Méduse étaient constitués de serpents.** Quiconque la regardait dans les yeux était changé en pierre. Son nom a été donné à une créature marine dont les tentacules provoquent des brûlures intenses.

BÊTES DE MYTHES

Depuis des millénaires, différentes cultures à travers le monde immortalisent des créatures mythiques dans des contes traditionnels. Certaines, monstrueuses, répandent la mort, alors que d'autres sont des métaphores de la vie.

9 *Le **cyclope, à un œil,** est un géant de la mythologie grecque et romaine. Doté d'un féroce appétit, cette créature **déchirait la chair de ses victimes** grâce à ses immenses dents.*

10 *Les sirènes possèdent la tête et le corps d'une femme et une queue de poisson. En 1493, l'explorateur **Christophe Colomb a pris 3 lamantins pour des sirènes** au large de l'île d'Haïti.*

11 ***L'Oiseau-Tonnerre**, qui était probablement un aigle, **était vénéré par les Amérindiens, car il provoquait des orages**. Il battait des ailes pour déclencher le tonnerre et clignait des yeux pour envoyer des éclairs.*

12 *La licorne, originaire de la vallée de l'Indus en 3 300 av. J.-C., a changé d'apparence au fil du temps, de chèvre en cheval, **mais sa corne a conservé son pouvoir de guérison**.*

13 *Le **serpent à plume Quetzalcoatl** était capable de prendre une forme humaine portant un masque d'oiseau. Divinité aztèque et maya de la pluie, de la fertilité, du vent et de la connaissance, il **était vénéré en tant que dieu de la vie**.*

L'INFO EN PLUS *Les créatures mythiques sont des êtres imaginaires, hormis le **Kraken, un énorme monstre marin tentaculaire** de la mythologie scandinave. De nombreuses personnes pensent **qu'il s'agissait en fait d'un calmar géant**, un animal qui était inconnu des scientifiques avant 1853.*

1 La devise de l'île micronésienne de Yap pendant des siècles était le rai, une pierre ronde de 3 m de diamètre et de 3 tonnes. Ailleurs dans le monde, **on utilisait parfois des coquillages et des crottes de chauve-souris**.

2 Les **billets de banque sont fabriqués à partir de pâte de coton**. Dans les années 1880, les billets déchirés étaient réparés avec une aiguille et du fil. Les premiers billets firent leur apparition en Chine, il y a environ 1 400 ans.

3 Les billets s'usent rapidement. Plus leur valeur est faible, plus leur durée de vie est réduite. En 2015-2016, la Banque d'Angleterre a émis environ 13,5 milliards de livres sterling en nouveaux billets et en a détruit 10 milliards. **Les vieux billets deviennent du compost, utilisé dans l'agriculture**.

4 De nombreux pays adoptent les billets en polymère, **plus propres et durables, mais aussi plus difficiles à falsifier**. De plus, ces billets peuvent être recyclés pour fabriquer d'autres produits en plastique.

5 Aujourd'hui, **l'argent liquide se fait de plus en plus rare**. Au lieu d'échanger des pièces ou des billets, nous sommes de plus en plus nombreux à faire nos achats et autres transactions financières par ordinateur ou grâce à des cartes bancaires.

6 Cette pièce ornée d'un cheval qui remonte à l'âge du fer, au Ier siècle av. J.-C., a été découverte dans le sud de l'Angleterre.

PARLONS ARGENT

Depuis des millénaires, les gens échangent des marchandises et des services contre de l'argent. Des formes différentes de monnaie ont été utilisées, allant des coquillages et des cailloux aux métaux précieux et plastiques.

7 Parmi les **180 devises dans le monde**, le dollar américain est le plus utilisé pour le commerce. La plus vieille monnaie est la livre sterling, qui existe depuis le VIIIe siècle.

8 À une époque, il était possible **d'échanger des billets de banque contre leur valeur en or.** La faible quantité d'or en circulation ne permet plus de le faire.

9 Lorsque nous tenons une poignée de pièces dans notre main, **une odeur métallique s'en dégage**. C'est l'odeur de notre peau, qui réagit au contact d'objets contenant du fer ou du cuivre.

10 **L'argent est sale**. On trouve plus de bactéries sur un billet de banque que sur une lunette de toilettes. Des tests ont montré que le **virus de la grippe peut demeurer sur un billet pendant 10 jours**.

11 Un **chèque écrit sur une peau de banane** peut ne pas durer longtemps, mais comme instruction donnée à une banque, **il a la même valeur légale qu'un chèque officiel en papier**.

12 La monnaie doit son nom à **Junon Moneta, déesse romaine** considérée comme la protectrice de la richesse et de la finance. Les **Romains frappèrent leur première monnaie dans le temple de Junon à Rome en 269 av. J.-C.**

13 On estime que les **8 personnes les plus riches du monde** possèdent autant d'argent que la **moitié de la population mondiale** réunie.

L'INFO EN PLUS

Selon le dicton, l'argent ne fait pas le bonheur. Enfin... Une étude a montré que **plus les gens possèdent d'argent, plus ils sont heureux... jusqu'à environ 68 000 euros par an**. Au-delà, leur bonheur n'augmente pas avec les revenus.

LIENS INTERNET

Internet est à l'origine d'une révolution dans le domaine de l'information. Ce vaste réseau connecte des millions d'ordinateurs, dont les utilisateurs peuvent partager des données grâce au World Wide Web (WWW).

1 *En 1969, ARPANET, l'ancêtre d'Internet, était un* ***réseau d'ordinateurs appartenant à 4 universités****. Il fallait à l'époque 1 heure pour envoyer un message comprenant 5 lettres. Pendant de nombreuses années, c'était un système exploitant des textes, utilisé surtout par les universités et les scientifiques.*

2 *Le premier e-mail fut envoyé en 1971 par un programmeur, Ray Tomlinson, et qui disait quelque chose comme QWERTYUIOP ! Aujourd'hui,* ***plus de 3 millions d'e-mails sont envoyés à la seconde****.*

3 *Le smiley, :-), a été inventé en 1982 par l'informaticien américain Scott Fahlman. Il voulait s'assurer que les gens se rendent compte quand il plaisantait. Environ* ***6 milliards d'émoticônes*** *(caractères tapés sur le clavier)* ***sont utilisés chaque jours. Ils sont devenus des emojis (images)****.*

4 *L'année 1990-1991 marqua un tournant. Le* ***Britannique Tim Berners-Lee inventa le langage informatique HTML*** *pour coder les documents, afin que tout le monde puisse les voir sur Internet. Il créa également le premier navigateur pour afficher les documents, ainsi que le premier site web du monde. Le World Wide Web était né !*

5 *En 1991,* ***la première webcam fut installée dans le laboratoire informatique de l'université de Cambridge****, en Angleterre. Elle filmait la cafetière, afin que les chercheurs puissent voir si elle était vide ou pleine sans quitter leur bureau. Cette webcam fut en service jusqu'en 2001.*

6 *L'utilisation d'Internet s'est répandue comme une traînée de poudre, de 200 utilisateurs en 1982, à presque 3,2 milliards aujourd'hui, dans plus de 200 pays. Le* ***pays le plus actif sur la Toile est la Chine, avec 731 millions d'utilisateurs fin 2016****, ce qui représente plus de la moitié de la population du pays.*

7 *Internet est désormais un réseau tentaculaire, constitué de plus de* ***885 000 km de câbles sous-marins, qui représentent la distance aller-retour entre la Terre et la Lune****. Les câbles sont enfouis la plupart du temps, pour être protégés des dommages que pourraient occasionner les ancres de bateaux, les filets de pêche, les séismes et même les morsures de requins.*

8 Wiki, qui signifie « rapide » en hawaïen, est aussi une partie du nom de sites web auquel tout le monde peut apporter sa contribution. Le wiki le plus connu **est l'encyclopédie Wikipédia, qui regroupe des wikis dans plus de 295 langues**. La plupart des contributeurs travaillent gratuitement, mais ils ne s'accordent pas toujours sur les faits, ce qui peut engendrer des guerres d'édition. La plupart sont sans gravité, mais il arrive qu'elles s'enveniment.

9 Le nombre de sites présent sur le web est tel qu'il est impossible d'estimer sa taille exacte, mais la **barre du milliard de sites a été atteinte en septembre 2014**.

10 Le moteur de recherche le plus utilisé au monde s'appelait BackRub, jusqu'à ce qu'on le rebaptise Google en 1997. Aujourd'hui, **il traite plus de 40 000 requêtes à la seconde**, ce qui correspond à 3,5 milliards de recherches par jour et 1,2 billion par an.

11 **Facebook compte plus de 2 milliards d'utilisateurs mensuels**. La reine Élisabeth II d'Angleterre a créé sa page Facebook en 2010, mais il est impossible de devenir ami avec elle ! La première personnalité à atteindre 100 millions de « like » sur Facebook fut la chanteuse Shakira, en 2014.

12 Les internautes partagent des images, de la musique et des vidéos en les chargeant sur des sites web. Le **site de partage vidéo le plus utilisé est YouTube, qui a dépassé pour la première fois les 10 milliards de vues mensuelles en août 2009**. Le premier clip fut publié en 2005, lorsque Yakov Lapitsky réalisa une courte vidéo présentant Jawed Karim, le fondateur de YouTube, en compagnie d'éléphants.

13 Le spam est du courrier électronique indésirable. Les spammeurs envoient des millions d'e-mails, généralement pour vendre un produit. **Lors d'un mauvais mois, environ 97 % des messages électroniques échangés sont constitués de spam**. L'énergie consommée pour envoyer une année de spam équivaut à la production annuelle de 4 centrales électriques.

L'INFO EN PLUS Il ne faut pas croire tout ce que l'on voit sur Internet ! **N'importe qui peut créer un site web, et la véracité de l'information laisse parfois à désirer**. Il est utile de vérifier si l'adresse du site se termine par .gov ou .edu, car cela signifie que le site émane d'un gouvernement ou d'un institution éducative. La biographie de son créateur permet également de déterminer la fiabilité d'un site web.

BONNES PLANTES

Les plantes nous sont indispensables. Elles rejettent de l'oxygène dans l'atmosphère, nous nourrissent et nous guérissent. Premier maillon de la chaîne alimentaire, elles font vivre quasiment tous les animaux de la Terre.

1 ***Les arbres perdent leurs feuilles, sèches, à la saison froide.*** *Celles-ci ayant besoin de lumière pour fabriquer de la nourriture, elles tombent les mois où la luminosité baisse et repoussent au printemps.*

2 *Les plantes grasses (succulentes) peuvent vivre dans des conditions d'aridité extrême en stockant l'eau dans leurs feuilles charnues.* ***Les plus grands cactus du désert peuvent ainsi*** *survivre plusieurs mois sans aucune goutte d'eau.*

3 *Exploité depuis l'époque des Égyptiens, le pavot est l'une des* ***70000 espèces de plantes employées en médecine****. Cette fleur entre dans la composition d'un puissant antidouleur, la morphine.*

4 *Les bambous sont des herbes géantes qui poussent dans des forêts denses. Certaines* ***pousses de bambou atteignent 1 m de hauteur en 24 heures****, le record du monde végétal.*

5 *S'embrasser sous le gui pour la nouvelle année est une tradition, mais la plante est un parasite envahisseur.* ***Elle vole sa nourriture à une plante hôte, souvent un arbre,*** *en s'enroulant autour de ses branches et en enfouissant ses racines dans l'arbre.*

6 *Quelque* ***25000 types d'orchidées constituent la plus grande famille de plantes à fleurs au monde****. Certaines rusent pour attirer les insectes pollinisateurs : l'orchidée marteau adopte l'aspect et l'odeur d'une abeille femelle.*

7 Les plantes grimpantes se mêlent aux autres en montant pour bénéficier de la lumière du soleil. **Leurs vrilles fines, sensibles au toucher, poussent rapidement et s'enroulent partout où elles le peuvent.**

8 Les bonsaïs sont des arbres communs cultivés dans de petits pots qui contraignent leurs racines et stoppent leur croissance. **On pense que le plus vieux atteint l'âge canonique de 800 ans.**

9 Les **cônes renferment les graines de nombreux grands arbres.** Le séquoia à feuilles d'if est le plus grand arbre à cônes du monde. L'un d'eux mesure 115,5 m, plus qu'un immeuble de 30 étages.

10 **Seul 1 % d'un arbre est constitué de tissu vivant.** Les 99 % restants sont composés de cellules mortes qui forment l'intérieur de l'arbre ainsi que du « squelette » des cellules vivantes situées sur l'extérieur.

11 Les mousses sont comme des éponges naturelles qui peuvent s'imprégner de grandes quantités d'eau. **La sphaigne servait de bandages pendant la Seconde Guerre mondiale.**

12 Les **fougères sont les descendantes de certaines des premières plantes présentes sur Terre** ; elles datent d'il y a presque 400 millions d'années. Ces végétaux contribuent à éliminer les polluants.

L'INFO EN PLUS Les **algues aquatiques ressemblent à des plantes** mais appartiennent à un groupe différent. **Les algues unicellulaires sont les ancêtres des plantes.**

13 La dionée attrape-mouche est la plante carnivore la plus connue. **Ses feuilles bordées d'épines peuvent se refermer sur leurs proies en moins de 1 seconde.**

GRÈCE ÉTERNELLE

La Grèce antique brille comme une étoile dans le ciel de l'Occident. Son apogée se situe au Vᵉ siècle av. J.-C. Sa renommée, elle la doit à des penseurs, tel Platon, mais aussi à des édifices comme le Parthénon d'Athènes.

1 La ***Grèce n'était pas un pays unifié, mais un ensemble de villes-États*** *(des villes autogouvernées selon leurs propres lois) qui partageaient une langue et une religion. Athènes fut la ville-État la plus puissante et la première démocratie du monde, gouvernée par le peuple.*

2 *Pour les Grecs,* ***le monde était régi par de nombreux dieux qu'ils honoraient, priaient et redoutaient****. Zeus était le dieu suprême. Sa statue orne le fronton (la partie triangulaire sous le toit) du Parthénon.*

3 *Le* ***Parthénon était un temple dédié à Athéna****, la déesse protectrice d'Athènes. Situé sur un promontoire rocheux surplombant la ville, cet édifice a la* ***taille de 9 courts de tennis****.*

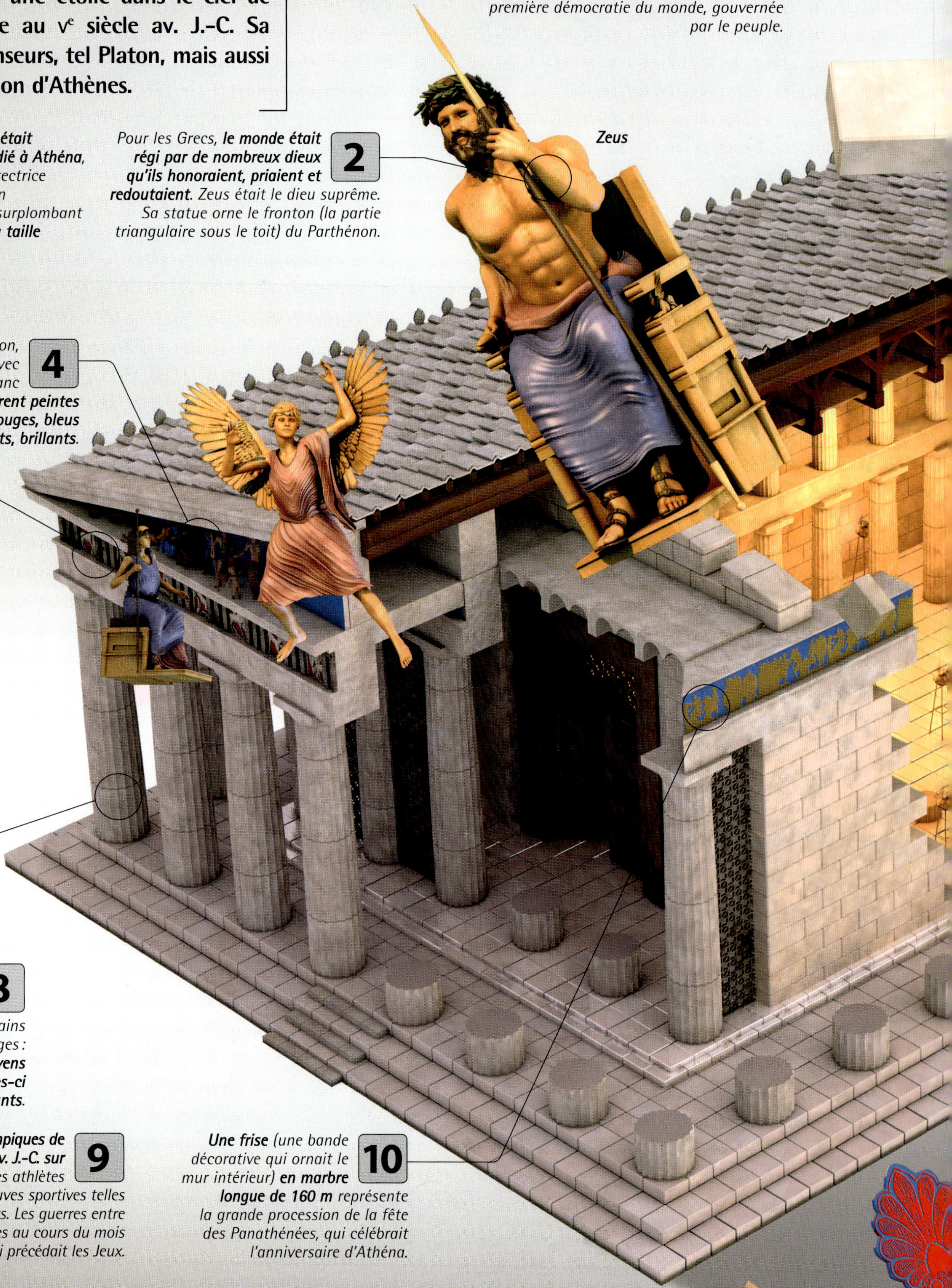

4 *Destiné à faire impression, le temple fut construit avec 22 000 tonnes de marbre blanc pur, dont* ***certaines parties furent peintes dans des tons rouges, bleus et verts, brillants****.*

5 *Quelque* ***92 panneaux, ou métopes, recouvrent les murs extérieurs****. Ils furent sculptés au sol avant d'être placés au-dessus des colonnes. Chaque côté du bâtiment illustre un conflit mythologique ; celui-ci représente le combat des dieux contre les géants.*

6 *Un* ***lieu de culte existe depuis des millénaires sur le site du Parthénon****. Avant sa construction, un autre temple était dédié à Athéna. Le Parthénon fut converti en église au VIᵉ siècle, puis en mosquée dans les années 1460.*

7 ***Si ces colonnes étaient prolongées en hauteur, elles finiraient par se rejoindre.*** *Elles s'inclinent vers l'intérieur, afin de corriger une illusion optique : les colonnes droites nous apparaissent penchées vers l'extérieur.*

8 *La philosophie était importante pour les Grecs, et de nombreux penseurs célèbres à l'époque, comme Platon, le sont toujours. Certains de leurs enseignements étaient étranges :* ***Pythagore avait interdit à ses concitoyens de manger des fèves, car celles-ci contenaient les âmes des défunts.***

9 *Les premiers* ***Jeux olympiques de l'histoire eurent lieu en 776 av. J.-C. sur le mont Olympe****. Les athlètes s'affrontaient nus lors d'épreuves sportives telles que les courses de chariots. Les guerres entre villes-États étaient interdites au cours du mois qui précédait les Jeux.*

10 ***Une frise*** *(une bande décorative qui ornait le mur intérieur)* ***en marbre longue de 160 m*** *représente la grande procession de la fête des Panathénées, qui célébrait l'anniversaire d'Athéna.*

11 *Le Parthénon était un lieu de culte mais aussi la banque du Trésor public.* ***Son grenier devait stocker des montagnes d'argent,*** *versé à Athènes par d'autres villes-États grecques en échange de sa protection militaire.*

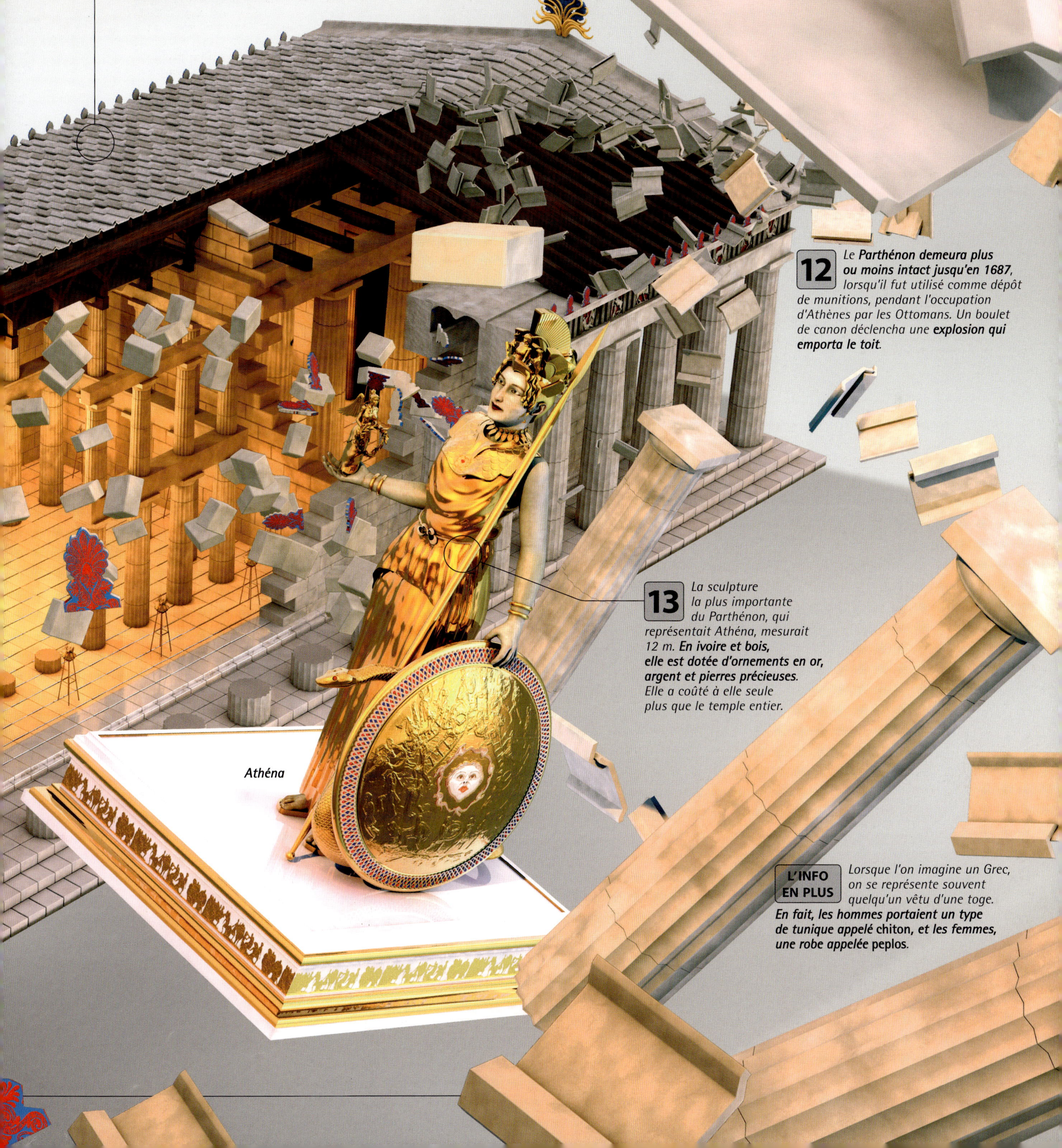

12 *Le* ***Parthénon demeura plus ou moins intact jusqu'en 1687****, lorsqu'il fut utilisé comme dépôt de munitions, pendant l'occupation d'Athènes par les Ottomans. Un boulet de canon déclencha une* ***explosion qui emporta le toit****.*

13 *La sculpture la plus importante du Parthénon, qui représentait Athéna, mesurait 12 m.* ***En ivoire et bois, elle est dotée d'ornements en or, argent et pierres précieuses.*** *Elle a coûté à elle seule plus que le temple entier.*

L'INFO EN PLUS *Lorsque l'on imagine un Grec, on se représente souvent quelqu'un vêtu d'une toge.* ***En fait, les hommes portaient un type de tunique appelé*** chiton, ***et les femmes, une robe appelée*** peplos.

LE SOURIRE DU CROCODILE

Les ancêtres des crocodiles sont apparus sur Terre il y a 240 millions d'années. Ces redoutables prédateurs sont présents dans de nombreuses régions tropicales, tapis dans des rivières et des lacs, prêts à sauter sur leurs proies.

1 *__Ce crocodile américain est l'une des 23 espèces de l'ordre des crocodiliens__, qui comprend également leurs proches parents, les __alligators et les gavials__. C'est l'une des espèces mises en danger par le braconnage.*

2 *Les __crocodiles possèdent la morsure la plus forte jamais enregistrée__. Les scientifiques estiment qu'elle se classe juste après celle du __T-Rex__.*

3 *Même si la mâchoire d'un crocodile peut se refermer avec une force inouïe, les muscles qui servent à l'ouvrir sont relativement faibles. En fait, __on pourrait la maintenir fermée simplement en l'entourant d'un élastique__.*

4 *Juchés sur le haut de la tête, les yeux du crocodile lui permettent de rester à l'affût tout en conservant le corps immergé. __Ils peuvent même se rétracter dans leurs orbites si l'animal est attaqué__.*

5 Le crocodile **chasse généralement en embuscade**, utilisant ses puissantes pattes arrière et sa queue pour se propulser hors de l'eau. Sur terre, il peut **courir à environ 17 km/h**.

6 Un crocodile peut **nager à une vitesse de 32 km/h**. Il rentre ses pattes et agite sa **puissante queue musclée** pour avancer dans l'eau.

7 Avant les dinosaures, **leurs ancêtres crocodiles géants régnaient sur la Terre. Le Carnufex, ou boucher de Caroline**, long de 2,7 m, vivait il y a 230 millions d'années. **Il tient son nom de ses immenses dents** et marchait probablement sur ses pattes arrière, comme de nombreux dinosaures.

8 Les Égyptiens **momifiaient souvent les crocodiles**. Ils vénéraient un dieu à tête de crocodile, Sobek. Crocodilopolis était une ville dont les habitants adoraient un **crocodile vivant couvert d'or et de bijoux**.

9 Le corps cuirassé d'un crocodile est couvert de **milliers de bosses** sensibles au toucher. Reliées à un réseau de nerfs, **elles sont plus sensibles que les doigts humains**.

10 Un **crocodile peut rester sous l'eau plus d'une heure sans inspirer**, en ralentissant son rythme cardiaque. Une valve ferme sa trachée, afin qu'il puisse ouvrir la bouche une fois immergé.

11 Les crocodiles de mer **sont l'espèce la plus grande de la famille**. Le plus long mesurait 6,2 m, la longueur d'une voiture familiale et demie. Ces spécimens **profitent des courants océaniques pour se déplacer plus rapidement**.

12 Le **crocodile est doté d'un nez pointu**, qui le différencie d'un alligator. Ses **2 rangées de dents sont visibles lorsque sa bouche est fermée**, alors qu'on voit seulement la rangée supérieure de l'alligator.

13 Si une dent de crocodile tombe, une nouvelle la remplace rapidement. Cet **animal peut avoir plus de 3 000 dents au cours de sa vie**.

L'INFO EN PLUS Lorsque quelqu'un fait semblant d'être triste, on dit qu'il verse des « larmes de crocodile », car la légende veut **qu'un crocodile pleure lorsqu'il dévore sa proie**. Certes, ses yeux coulent lorsqu'il mange, mais pas parce qu'il est triste. Le fait d'avaler de gros morceaux de viande stimule ses glandes lacrymales.

GRAVITATION UNIVERSELLE

Sans la gravitation, l'Univers serait différent. Elle s'exerce sur les étoiles et les planètes et nous maintient sur la Terre. C'est la force d'attraction qui agit sur les objets lorsqu'ils tombent ou sautent, comme ce plongeur.

1 *Des forces invisibles sont à l'œuvre dans l'Univers. Elles exercent une poussée et une traction sur la matière.* ***La gravitation ne fait que tirer (attirer), elle ne pousse pas (repousser).***

2 *La gravitation à l'échelle des planètes, étoiles et galaxies est extrêmement puissante. À notre échelle, en revanche, elle est faible ;* ***la force électromagnétique, qui maintient les aimants sur la porte d'un réfrigérateur, lui est supérieure.***

3 *Où que se trouvent les gens sur Terre,* ***la gravitation les attire vers le centre.*** *Elle fait accélérer le plongeur vers l'eau.*

4 *L'influence gravitationnelle de la Lune et, dans une moindre mesure, du Soleil,* ***fait gonfler les océans.*** *Lorsque la Terre tourne, différentes parties du monde connaissent des marées dues au renflement des océans.*

5 *Dans certaines régions de l'espace, la gravitation est tellement forte que même la lumière est aspirée. Ces trous noirs* ***sont en fait des concentrés de masse à la force d'attraction immense.*** *Si vous tombiez vers un trou noir, il étirerait votre corps jusqu'à ce qu'il devienne tout fin, comme si on tirait sur un élastique.*

6 *Dans l'air, les* ***2 seules forces qui agissent sur le plongeur sont la gravité et la résistance de l'air,*** *ou traînée, qui augmente avec la vitesse. Elle est minime sur ce plongeur, mais un parachutiste peut atteindre une vitesse telle que la résistance de l'air annule la gravité : il n'accélère plus et a atteint sa « vitesse terminale ».*

Loi de Newton

La première véritable théorie concernant la gravité fut celle du scientifique anglais Isaac Newton, qui publia en 1687 sa Loi universelle de la gravitation. Newton découvrit que les objets s'attirent mutuellement et que la force d'attraction dépend de la masse de 2 objets et de la distance qui les sépare.

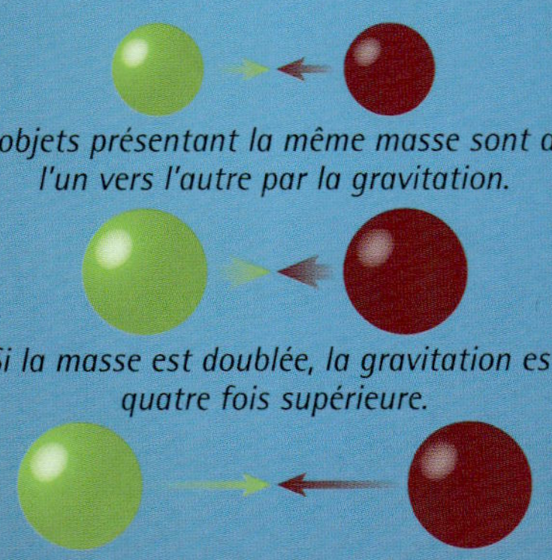

Deux objets présentant la même masse sont attirés l'un vers l'autre par la gravitation.

Si la masse est doublée, la gravitation est quatre fois supérieure.

Si la distance est doublée, la gravitation est réduite à un quart de son intensité.

7 Sur Terre, la gravitation est notre G. Une force de 1 G agit sur une personne qui se tient debout. **Plus on se déplace rapidement, plus la gravitation se fait sentir**. Dans les montagnes russes, la gravitation triple le poids du corps (3 G).

8 ***Le plongeur ralentit jusqu'à s'arrêter quasiment après 1 ou 2 secondes dans l'eau.*** *Cette dernière étant beaucoup plus dense que l'air, sa résistance est supérieure.*

9 *Si un* ***objet est plus léger que l'eau, la poussée d'Archimède annule les effets de la gravitation****. Celle-ci tire le plongeur vers le bas, mais la pression de l'eau le pousse vers le haut, ce qui le fait flotter à la surface.*

10 *La masse mesure la quantité de matière qui constitue un objet. Le poids mesure la gravité exercée sur la masse. La* ***force d'attraction de la Terre étant six fois supérieure à celle de la Lune****, un astronaute sur la Lune pèse six fois moins que sur Terre. Sa masse, en revanche, reste la même.*

11 ***Nous sommes plus légers lorsque la Lune se trouve juste au-dessus de nous****, par exemple, à minuit, une nuit de pleine lune. La légère traction de la gravité de la Lune compense l'attraction de la Terre, ce qui réduit notre poids.*

12 ***Plus on s'approche du centre de la planète, plus la gravité s'accentue****. La force d'attraction exercée sur le plongeur dans la mer est un peu plus élevée que lorsqu'il est sur la falaise.*

13 ***Dans les profondeurs de la mer, il est difficile de savoir où se trouve le haut****, car le champ de vision est le même dans toutes les directions. Certains poissons ressentent l'attraction terrestre grâce aux otolithes, des cristaux présents dans leur tête, qui sont attirés par la gravité.*

L'INFO EN PLUS *Vous pensez peut-être que les astronautes à bord de la Station spatiale internationale flottent* ***car la gravité n'existe pas dans l'espace****. En réalité, elle existe bel et bien, et maintient le vaisseau en orbite. Les astronautes flottent car* ***lorsqu'ils sont en orbite, la Station et eux-mêmes sont dans un état de chute libre****.*

QUE DU MUSCLE

Malgré la finesse de leurs fibres, les muscles sont très puissants : ils permettent le mouvement, alimentent nos organes et propulsent le sang dans notre corps. Résistants et forts, ils constituent 40 % du poids de notre corps.

1 *Les muscles locomoteurs tirent les os pour les actionner. Notre corps comporte 650 muscles locomoteurs, disposés sur le squelette en couches superposées ;* ***ce sont les seuls muscles que nous bougeons volontairement****.*

2 *Le* ***water-polo est l'un des sports les plus éprouvants physiquement****. Les joueurs doivent faire des passes et des tacles sans toucher le fond de la piscine. Il est beaucoup plus difficile de se déplacer dans l'eau que sur le sol, car nos muscles doivent combattre la résistance de l'eau.*

3 *Nos* ***doigts sont dépourvus de muscles ; ils contiennent uniquement des tendons*** *mus par les muscles locomoteurs de nos mains. Les tendons sont des bandes de tissus durs comme des cordes qui relient les muscles aux os qu'ils actionnent.*

4 Le cœur est un muscle creux qui a la capacité de se contracter régulièrement, mais qui n'a jamais besoin de se reposer. Cet organe infatigable **bat en moyenne 60 à 100 fois par minute**, chaque jour de notre vie.

5 Un troisième type de muscle, appelé muscle lisse, tapisse les parois des organes creux. Il effectue automatiquement de nombreuses tâches vitales, broie les aliments dans l'estomac, les pousse dans les intestins et propulse l'urine hors de la vessie.

6 Les 6 muscles situés derrière les globes oculaires sont les plus rapides du corps. Ils se contractent en seulement 0,01 seconde. Pendant 1 heure de lecture, ils **peuvent effectuer jusqu'à 10 000 micro-mouvements**.

7 Les muscles permettent de porter des poids impressionnants. Les **haltérophiles professionnels sont capables de soulever plus de 250 kg avec leurs bras**, l'équivalent de plus de 3 hommes.

8 Des milliards de minuscules muscles sont présents dans le corps humain. Chaque **follicule de poil contient un muscle microscopique**, capable de se contracter pour faire dresser les poils, ce qui donne la chair de poule.

9 Les **muscles font de minuscules bruits lorsqu'ils se contractent**. La plupart sont à fréquences très basses, inférieures à 20 Hz, que les oreilles humaines ne perçoivent pas, mais que certains animaux entendent.

10 Le **plus long muscle du corps est le grand glutéal**, dans les fesses. Il rattache le pelvis au tronc et nous empêche de tomber lorsque nous nous tenons debout et que nous marchons.

Système musculaire

Les muscles sont uniquement capables de tirer, pas de pousser. Tous sont composés de minuscules fibres qui se contractent (se raccourcissent) pour actionner des parties de notre corps. Les muscles locomoteurs fonctionnent souvent par paires qui tirent dans des directions opposées : lorsque le biceps se contracte, le bras se plie et lorsque le triceps se contracte, le bras se tend.

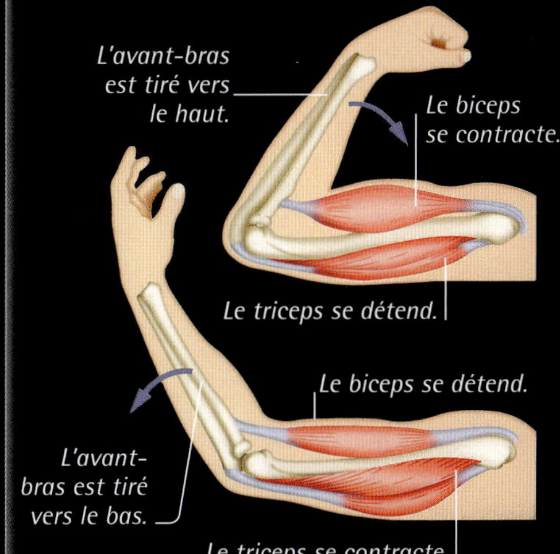

11 Les muscles des jambes des joueurs de water-polo, qui propulsent leur corps hors de l'eau, sont très efficaces. **L'exercice ne crée pas de nouveaux muscles**, mais il les renforce.

12 **Chaque fois que nous faisons un pas**, nous n'utilisons pas seulement les muscles de nos jambes, mais aussi d'autres muscles du corps, comme les abdominaux. Nous faisons en moyenne 10 000 pas par jour, ce qui fait travailler nos muscles.

13 Les scientifiques ont créé **des muscles artificiels high-tech avec des fibres provenant de fils de pêche et de fil à coudre**. Ceux-ci sont capables de soulever 100 fois plus de poids que les muscles humains et pourraient être utilisés dans des robots superpuissants.

L'INFO EN PLUS Utilisons-nous vraiment **plus de muscles pour sourire que pour faire la tête?** Le visage possède 43 muscles interconnectés, qui peuvent donner plus de 7 000 combinaisons. Il existe tellement de types différents de sourires ou de froncements de sourcils qu'il est impossible de savoir quelle expression mobilise le plus grand nombre.

DRÔLES DE CHATS

Du lion au chaton, tous les félins sont de la même famille. Si les chats sauvages vivent et chassent seuls, leurs cousins domestiques comptent parmi les animaux de compagnie les plus populaires au monde.

1 *Le chat domestique descend du chat sauvage africain. Ils sont presque identiques physiquement et tous deux utilisent leur vision exceptionnelle pour chasser à l'aube et au crépuscule. Cependant, le* ***chat africain est plus grand et agressif*** *et il n'interagit pas avec l'être humain.*

2 *Les* ***chats vivent avec les hommes depuis des millénaires****. La première preuve de domestication est un squelette de félin trouvé dans une tombe humaine à Chypre, qui remonte à 9 500 ans. Ils ont commencé à cohabiter avec les hommes pour attraper rats et souris.*

3 *Ce* ***chat est un british shorthair, l'une des plus anciennes races****. Il est trapu et musclé, avec une tête ronde, un beau pelage et des pattes courtes. Les races sont des types différents de la même espèce d'un animal domestique.* ***Il existe environ 50 races de chats****.*

4 *Les* ***grandes oreilles des félins réfléchissent les ondes sonores*** *vers l'intérieur de l'oreille afin que l'animal puisse détecter la direction d'un bruit. Un chat* ***peut tourner chaque oreille indépendamment de plusieurs degrés*** *afin de repérer des sons spécifiques.*

5 *Ce papillon virevoltant a attiré l'attention du félin. À l'état sauvage, les* ***chats chassent, piègent et tuent des créatures comme les souris et les oiseaux****. Leur instinct de chasseur est flagrant lorsqu'ils jouent. À la différence des chiens, les félins* ***peuvent plier leurs poignets et leurs coudes*** *afin d'emprisonner leurs proies et leur administrer une morsure fatale dans le cou.*

6 *Les* ***moustaches d'un chat sont des poils rigides dotés de terminaisons nerveuses hyper-sensibles à leur racine****. Elles servent à juger la distance lorsque l'animal souhaite passer par un espace : s'il est suffisamment large pour l'envergure des moustaches, la largeur du corps suit.*

7 *Les* ***épaules du chat sont incroyablement souples****. Comme chez les êtres humains, sa clavicule relie l'omoplate et le sternum, mais elle est minuscule. Les épaules sont donc mobiles,* ***elles peuvent passer dans n'importe quel espace contenant la tête de l'animal****.*

8 Il y a actuellement **600 millions de chats à travers le monde.** Les États-Unis se placent en tête des amoureux des félins, avec 85 millions, suivis de la Chine, la Russie, le Brésil et la France.

9 ***La longue queue souple du chat l'aide à conserver l'équilibre.*** *Le chat domestique porte sa queue à la verticale, mais le chat sauvage la maintient à l'horizontale ou entre ses pattes.* ***Certaines races sont dépourvues de queue.*** *Le manx, avec ses longues pattes arrière et son arrière-train rond, a longtemps été pris pour un* ***croisement entre un chat et un lapin.***

10 *Les Égyptiens considéraient le chat comme un* ***animal sacré, qu'ils vénéraient.*** *Lorsqu'un félin mourait, il était momifié et enterré dans une tombe et* ***les hommes rasaient leurs sourcils en signe de deuil.***

11 *On* ***prétend que les chats possèdent 9 vies, car ils retombent presque toujours sur leurs pattes.*** *Cela est dû au réflexe de redressement, qui leur permet de se rétablir sur leurs pattes lors d'une chute. Un chat* ***a plus de chances de survivre à une chute de 10 étages que de 2,*** *car la hauteur lui laisse plus de temps pour se retourner.*

12 *Dans* ***l'Europe médiévale, les chats étaient associés à la sorcellerie.*** *À Ypres, en Belgique, ils étaient lancés du haut d'une tour chaque année, lors d'une fête appelée Kattenstoet, le « Cortège des chats ». Cette parade se déroule désormais avec des peluches de chats.*

13 *En se propulsant grâce à leurs pattes puissantes* ***les félins peuvent sauter jusqu'à six fois leur propre hauteur.*** *Ils se tassent comme un ressort avec leurs 4 pattes rassemblées. Cela leur donne une puissance inouïe lorsqu'ils se détendent pour bondir.*

L'INFO EN PLUS *Le ronronnement est souvent pris pour une manifestation de contentement. En réalité, c'est un signe d'auto-apaisement.* ***Les chats ronronnent pour de nombreuses raisons, par exemple, la peur, la maladie ou la douleur.***

Griffes de chat

Les griffes d'un félin sont en kératine, la même protéine que dans les ongles humains. Les griffes leur servent à grimper, attraper des proies, déchirer la viande et se défendre. Pour sortir et rétracter ses griffes, le chat utilise les 2 tendons présents dans son pied, il en contracte un et relâche l'autre. La couche extérieure de chaque griffe tombe régulièrement puis est remplacée par une nouvelle.

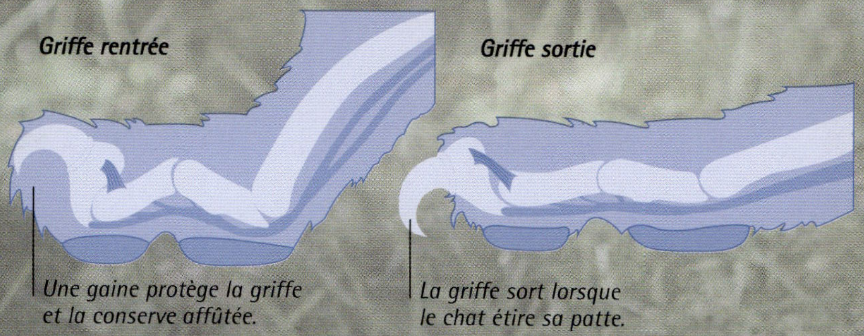

GLOSSAIRE

acier
Alliage (mélange), principalement composé de fer et de carbone, plus robuste et plus polyvalent que le fer seul.

ADN
Acide désoxyribonucléique, molécule contenue dans toutes les cellules d'un être vivant. L'ADN contient des informations (gènes) permettant à la cellule de se développer et de fonctionner.

Âge de fer
Période de l'histoire comprise entre 800 av. J.-C. et 100, où les hommes apprirent à travailler le fer et à l'utiliser pour fabriquer des armes et des outils.

alliage
Matériau réalisé en mélangeant un métal avec d'autres métaux ou éléments, afin de le renforcer.

altitude
Hauteur d'un objet ou d'un endroit par rapport au niveau de la mer.

amphibien
Animal vertébré à sang froid qui vit sur terre et dans l'eau, comme la grenouille par exemple.

année-lumière
Distance que la lumière parcourt en une année, environ 9,5 billions de kilomètres.

antibiotique
Médicament qui détruit les bactéries à l'origine de maladies.

arachnide
Membre d'un groupe d'invertébrés à 8 pattes, comme les araignées, les scorpions et les tiques.

archéologique
Relatif à l'étude des objets anciens en vue d'apprendre comment les gens vivaient à l'époque.

arthropode
Membre d'un groupe d'animaux invertébrés dotés d'un squelette externe et de pattes articulées. Cette famille comprend les insectes, les arachnides, les crustacés et les centipèdes.

arthrose
Maladie des articulations, qui les rend douloureuses, gonflées ou raides.

astéroïde
Petit amas de matière rocheuse en orbite autour du Soleil.

atmosphère
Couche de gaz autour de la Terre et d'autres planètes.

atome
L'un des plus petits éléments constitutifs de la matière.

azote
Gaz transparent composant en grande partie l'atmosphère terrestre.

Aztèque
Personne ayant vécu au sein de l'Empire aztèque, une civilisation très puissante, à son apogée entre le XIVe et XVIe siècle au Mexique.

bactérie
Organisme microscopique unicellulaire. Certaines bactéries provoquant des maladies sont dangereuses, mais la quasi-totalité des bactéries, par exemple celles utilisées pour fabriquer les yaourts, ne le sont pas.

banquise
Région de glace permanente couvrant une large zone, en particulier autour des pôles.

batterie
Appareil qui produit de l'électricité grâce à des réactions chimiques.

calligraphie
Art d'écrire dans un style ornemental, avec des pinceaux ou des stylos larges.

capteur laser
Appareil servant à mesurer avec exactitude des distances, ou à déterminer la position d'objets, au moyen d'un rayon laser.

carbone
Élément qui prend la forme de graphite et de diamant quand il est pur.

cardiaque
Relatif au cœur.

carnivore
Animal qui mange de la viande.

cécilie
Membre d'un groupe d'amphibiens sans patte, semblables à des vers, qui vivent dans la boue ou dans l'eau.

cellule
Plus petite unité d'un organisme vivant. Les cellules sont les éléments constitutifs des plantes et des animaux.

centurion
Dans la Rome antique, officier de l'armée commandant 80 soldats.

céphalopode
Membre d'un groupe de mollusques marins, dont font partie les pieuvres, calmars et seiches.

cercle arctique
Ligne imaginaire, à la latitude 66°32'N, qui borde la région arctique autour du pôle Nord.

cétacés
Groupe de mammifères marins englobant les baleines et les dauphins.

champ magnétique
Zone autour d'un aimant dans laquelle les forces magnétiques agissent.

charognard
Animal, par exemple un vautour, qui se nourrit des restes d'autres animaux morts.

chlorophylle
Pigment contenu dans une plante qui lui donne sa couleur verte. La chlorophylle absorbe la lumière du soleil, qu'une plante utilise pour produire de la nourriture.

clavecin
Instrument à clavier très utilisé entre les XVIe et XVIIIe siècles, avant l'invention du piano.

morse
Système d'envoi de messages, dans lequel les lettres et les chiffres sont représentés par des traits et des points.

combustible fossile
Tout combustible, par exemple le charbon, le pétrole et le gaz naturel, formé naturellement à partir de restes de plantes ou d'animaux morts depuis très longtemps.

comète
Corps composé de roche et de glace, qui tourne en orbite autour du Soleil. Sa longue « queue » est constituée de poussière et de gaz.

composite
Matériau constitué d'au moins 2 autres matériaux. Un composite est souvent plus robuste que les matériaux dont il est fait.

conducteur
En physique, matériau à travers lequel la chaleur et l'électricité circulent facilement.

continent
Immense masse de terre. Notre planète compte 7 continents : l'Afrique, l'Europe, l'Asie, l'Amérique du Nord, l'Amérique du Sud, l'Océanie et l'Antarctique.

courant électrique
Mouvement des particules chargées d'électricité, qui circulent librement dans des fils métalliques.

cristal
Matériau solide rencontré dans la nature dont les atomes sont disposés en motifs réguliers.

crustacé
Animal doté d'un squelette externe rigide et de pattes articulées, comme une langouste.

cunéiforme
Système d'écriture ancien apparu en Mésopotamie (l'Irak actuel), composé de caractères en forme de coins, gravés sur de l'argile ou de la pierre.

déité
Être que les hommes vénèrent, comme un dieu ou une déesse.

démocratie
Système politique dans lequel les citoyens peuvent choisir la personne, ou le parti politique, qui gouverne le pays. Le mot vient du grec : « pouvoir par le peuple ».

densité
Mesure de la concentration de matière d'un objet ; par exemple, une brique est plus dense qu'une plume. La densité est calculée en divisant la masse d'un objet par son volume.

dioxyde de carbone
Gaz sans couleur, présent dans l'air, composé d'atomes de carbone et d'oxygène. Il est produit lorsque des objets brûlent dans l'air et lorsque nous expirons. Les plantes en ont besoin pour pousser.

écosystème
Communauté d'organismes vivants (par exemple les plantes et les animaux) et non vivants (comme le sol et l'eau) d'une zone particulière, qui dépendent les uns des autres.

électrode
Point de contact électrique qui relie l'énergie provenant d'un circuit à un objet non métallique situé en dehors.

électron
Minuscule particule de charge négative. Les électrons sont présents dans tous les atomes, mais ils se déplacent souvent d'un atome à l'autre.

élément
Substance constituée d'un seul type d'atome, qui ne peut pas être décomposée en substances plus simples.

embryon
Animal ou être humain au premier stade de son développement, avant sa naissance.

énergie
Capacité d'un objet à fonctionner, par exemple bouger ou émettre de la lumière et de la chaleur.

équateur
Ligne imaginaire, autour de la Terre, située à la latitude 0°, à mi-chemin entre les pôles Nord et Sud, qui la scinde en deux hémisphères.

érosion
Usure des surfaces comme le sol ou la roche par l'action du vent, de l'eau et quelquefois des glaciers.

éthane
Gaz inflammable pouvant être utilisé comme combustible.

exosquelette
Squelette extérieur rigide des crustacés et des insectes, qui protège leur corps mou.

féminisme
Conviction selon laquelle les hommes et des les femmes devraient bénéficier des mêmes droits et opportunités.

fibre
Morceau de matériau fin, semblable à un fil. Les fibres naturelles sont issues de plantes telles que le coton, mais les fibres artificielles (synthétiques) proviennent d'un traitement chimique.

fibre de carbone
Matériau composé de fils fins de carbone robuste, résistant à la chaleur.

filament
Fil souple, par exemple, la spirale fine d'une ampoule à incandescence qui luit lorsque l'électricité circule à l'intérieur.

flottabilité
Capacité d'un objet à flotter dans l'eau.

force
Poussée ou traction qui modifie la vitesse, la direction ou la forme d'un objet.

force G
Mesure de la variation de poids que l'on ressent lorsque son corps accélère rapidement, par exemple sur des montagnes russes.

fossile
Restes ou empreintes d'une plante ou d'un animal préhistorique pris dans la roche.

fréquence
Nombre de fois où une chose se produit dans un laps de temps donné. Un son aigu est décrit comme étant à haute fréquence car il est émis par un objet qui vibre plusieurs fois par seconde.

friction
Force entre 2 objets en contact, qui les empêche de glisser l'un sur l'autre. Elle ralentit les objets et produit de la chaleur.

fungi
Groupe d'organismes, englobant les champignons, qui se nourrissent de la matière vivante ou en décomposition dans laquelle ils poussent et se reproduisent grâce à des spores.

fusée
Véhicule de forme cylindrique qui se déplace à haute vitesse, alimenté par du carburant en combustion.

galaxie
Ensemble d'étoiles, de poussière et de gaz maintenu par la gravité. Notre Système solaire se trouve dans une galaxie appelée Voie lactée.

gaz
État de la matière dans lequel les molécules ne sont pas liées et se déplacent librement.

germer
En botanique, action réalisée par une graine lorsqu'elle commence à pousser.

glacier
Grande rivière de glace qui se déplace très lentement, formée sur une longue période de temps. On trouve les glaciers dans les zones froides autour des pôles, et dans les chaînes de hautes montagnes telles que les Alpes et l'Himalaya.

gladiateur
À l'époque des Romains, personne qui combattait d'autres hommes ou des animaux dans de grandes arènes pour divertir un public. La plupart des gladiateurs étaient des esclaves ou des prisonniers.

glucose
Type de sucre pouvant être converti en énergie une fois qu'il a été absorbé. Les plantes, les animaux et les hommes en ont tous besoin. Les plantes le produisent dans leurs feuilles.

graphite
Forme naturelle du carbone. Elle possède de nombreux usages, par exemple, fabriquer les mines des crayons.

gravité
Force d'attraction entre deux masses dans l'Univers. Sur Terre, la gravité attire les objets vers le centre de la planète.

hélium
Gaz non inflammable, souvent utilisé dans les ballons de montgolfière.

hémisphère
Moitié de sphère ; désigne souvent une moitié de la Terre (sud et nord) ou une moitié du cerveau.

herbivore
Animal qui se nourrit exclusivement de plantes.

hiéroglyphes
Système d'écriture inventé par les Égyptiens, qui représentait les mots, sons et idées par des signes.

hydrogène
Gaz inflammable très léger. Avec l'oxygène, il compose l'eau.

illusion d'optique
Phénomène par lequel un objet semble différent de ce qu'il est vraiment, car les yeux et le cerveau sont trompés par la couleur, la lumière et les motifs.

insuline
Substance produite naturellement dans le corps, qui régule les niveaux de sucre dans le sang.

Internet
Réseau grâce auquel les ordinateurs à travers le monde peuvent échanger des informations.

invertébré
Membre d'un groupe d'êtres vivants dépourvus de colonne vertébrale, parmi lesquels les insectes et les crustacés.

isolant
Matériau qui empêche l'énergie, comme l'électricité ou la chaleur, de passer.

ivoire
Matériau dur formant les défenses d'animaux tels que les éléphants et les morses.

karaoké
Divertissement consistant à chanter sur des airs préenregistrés sur une machine.

kératine
Substance qui constitue les ongles, les griffes, les écailles des reptiles et les poils.

larve
Forme jeune d'un insecte, par exemple une chenille, sortie d'un œuf, mais qui n'est pas encore totalement développée.

laser
Appareil qui émet un rayon de lumière concentré, produit en excitant des atomes à l'intérieur d'un tube.

lave
Roche en fusion propulsée par un volcan en éruption.

LED
Abréviation de l'anglais *light-emitting diode*, diode électroluminescente, appareil qui produit de la lumière lorsqu'un courant électrique le traverse.

légionnaire
Dans la Rome antique, soldat servant dans une légion, une division de l'armée composée de plusieurs milliers d'hommes.

lentille
Morceau courbé de verre ou de plastique qui déforme les rayons lumineux. On l'utilise par exemple dans un télescope, pour faire en sorte que les objets lointains semblent plus clairs ou plus grands.

liquide
État de la matière dans lequel les molécules sont faiblement liées.

locomotive
Engin autopropulsé, alimenté par la vapeur, l'électricité ou le diesel, qui tire un train.

longueur d'onde
Distance entre le pic d'une onde et celui de la suivante.

Lumières, les
Période de l'histoire européenne, au XVIIIe siècle, durant laquelle les philosophes et les scientifiques se mirent à diffuser le savoir et à mieux comprendre le monde.

magma
Roche en fusion partielle à l'intérieur de la Terre, qui peut émerger sous forme de lave à travers des ouvertures dans la croûte terrestre ou lors d'éruptions volcaniques.

mammifère
Animal à sang chaud doté d'une colonne vertébrale, qui nourrit ses petits avec son propre lait. La plupart des mammifères donnent naissance à des bébés vivants, à l'exception de quelques espèces qui pondent des œufs, comme l'ornithorynque.

mandibule
Chez de nombreux animaux, mâchoire inférieure. Chez les insectes et les arthropodes, les mandibules sont des doubles rostres qui servent à agripper ou à se défendre.

masse
En physique, quantité de matière dont est composé un objet.

Maya
Civilisation d'Amérique centrale, qui a atteint son apogée de 250 à 900.

métamorphose
Processus de modification corporelle que connaissent certains animaux pour devenir adultes. Par exemple, les chenilles se transforment en papillons.

météorite
Morceau de roche spatiale qui traverse l'atmosphère terrestre et atterrit à la surface de la planète.

méthane
Gaz inflammable pouvant servir de combustible.

microbe
Autre nom d'un micro-organisme.

micro-organisme
Minuscule créature souvent unicellulaire visible uniquement avec un microscope, comme une bactérie ou un virus.

microscope
Instrument utilisé pour agrandir les objets trop petits pour être vus à l'œil nu.

minerai
Roche ou minéral à partir duquel un élément tel que le métal est extrait.

minéral
Matériau solide présent dans la nature, doté de caractéristiques spécifiques, comme une composition chimique particulière et une forme de cristal.

molécule
Groupe d'au moins 2 atomes liés entre eux.

mollusque
Invertébré à corps mou, souvent protégé par une coquille rigide. Les escargots, limaces, moules et pieuvres sont des mollusques.

moteur à réaction
Type de moteur qui consomme du combustible en continu dans un cylindre. Il produit un jet de gaz chaud qui propulse l'engin vers l'avant.

Moyen Âge
Également connue sous le nom de période médiévale, période de l'histoire qui court du Ve au XVe siècle.

nanoparticule
Minuscule particule, d'environ 0,0000001 cm de diamètre.

Neandertal
Espèce d'homme apparu en Europe et au Proche-Orient il y a environ 120 000 ans, qui s'est éteinte il y a 40 000 ans.

néon
Gaz rare sans couleur qui émet une lueur rougeâtre lorsqu'il est électrifié dans le vide (espace sans air). Il est utilisé dans les enseignes à néon.

neurone
Cellule nerveuse qui fait partie du système nerveux du corps.

neutron
Particule non chargée contenue dans le noyau d'un atome.

nocturne
Décrit un animal actif pendant la nuit.

noyau atomique
Partie centrale d'un atome, composée de protons et de neutrons.

numérique
Représentation d'informations sous forme binaire (uniquement par des 0 et des 1). Les ordinateurs et les appareils électroniques comme les téléphones mobiles stockent, traitent et transmettent les données sous forme numérique.

nutriment
Élément mangé ou absorbé par un organisme vivant pour vivre et grandir.

nutritif
Décrit des aliments contenant des vitamines, minéraux et autres substances dont les hommes, les animaux et les plantes ont besoin pour grandir et rester en bonne santé.

Nylon
Matériau synthétique léger et résistant produit par un processus chimique.

nymphe
Stade, souvent immobile, du développement d'un insecte, entre l'état de larve et l'adulte.

œil composé
Œil des mouches et araignées, entre autres, constitué de plusieurs petites facettes, chacune dotée de son propre cristallin.

omnivore
Animal se nourrissant d'autres animaux et de plantes.

orbite
En astronomie, trajectoire d'un objet autour d'un autre, par exemple d'une lune autour d'une planète.

orchestre
Grand groupe de musiciens qui jouent ensemble sur divers instruments.

onde
Mouvement oscillant qui se propage en modifiant l'état physique du milieu.

onde radio
Type d'onde électromagnétique invisible qui voyage à la vitesse de la lumière et qui transmet des sons, des images télévisées ou autres informations.

organe
En biologie, partie d'un être humain, d'un animal ou d'une plante spécialisée dans certaines actions, par exemple le cerveau.

organisme
Être vivant, composé d'une ou de plusieurs cellules.

oxygène
Gaz composant un cinquième de l'atmosphère terrestre, essentiel pour que nous respirions.

particule
Minuscule élément. Une particule subatomique est une particule plus petite qu'un atome, comme un électron.

persan
Langue aussi connue sous le nom de farsi, parlée principalement en Iran, mais aussi en Afghanistan et au Tadjikistan.

philosophie
Étude des idées liées à des questions telles que la connaissance, la vérité, la réalité et le sens de la vie.

photosynthèse
Ensemble de réactions chimiques par lesquelles les plantes fabriquent leur nourriture. Elles utilisent l'énergie de la lumière solaire pour convertir l'eau et le dioxyde de carbone en sucre (glucose) et en oxygène.

pigment
Substance naturelle contenue dans les cellules de tous les êtres vivants, qui leur donne leur couleur, comme la chlorophylle qui rend les plantes vertes. Également, substance mélangée à de l'huile ou d'autres bases pour produire des peintures colorées.

plante succulente
Plante comme le cactus, doté de feuilles (ou de tiges) qui stockent l'eau.

plaques tectoniques
Immenses plaques en mouvement perpétuel qui constituent la croûte terrestre.

poids
Force de la gravitation sur un objet. Plus la masse de l'objet est grande, plus son poids est élevé.

pôles magnétiques
Deux extrémités d'un aimant, où le champ magnétique est le plus fort. Désigne également les points à la surface de la Terre où le magnétisme de la planète est le plus prononcé, près des pôles Nord et Sud.

polluant
Substance nocive qui souille l'eau, le sol ou l'air.

polyglotte
Personne parlant plusieurs langues.

polymère
Grosse molécule composée de plusieurs molécules identiques plus petites, appelées monomères, reliées entre elles. Les plastiques sont des polymères.

prédateur
Animal chassant d'autres animaux pour se nourrir.

préhistorique
Qualifie la période de l'histoire précédent l'apparition de l'écriture.

pression
Mesure de l'intensité de la poussée d'une force sur une surface. La pression dépend de la force et de la taille de la surface.

produit pétrochimique
Produit chimique issu du pétrole, entrant dans la fabrication de plastiques, médicaments, produits d'entretien, etc.

proton
Particule chargée positivement contenue dans le noyau d'un atome.

radioactivité
Processus par lequel le noyau d'un atome instable se désintègre, émettant des particules d'énergie connues sous le nom de radiation.

rayon X
Rayonnement électromagnétique invisible de haute fréquence. Il est utilisé en médecine pour prendre des photos des parties solides internes du corps.

réfraction
Courbure de la lumière lorsqu'elle passe d'un matériau à un autre matériau, de densité différente.

Renaissance
Période en Europe s'étendant de la fin du XIVe siècle au XVIe siècle, qui connut un regain d'intérêt pour les arts, la philosophie et la science.

résistance de l'air
Force qui ralentit un objet en déplacement dans l'air, également appelée traînée.

rétine
Couche de l'œil qui détecte la lumière.

Révolution française
Période de soulèvements violents entre 1789 et 1799, au cours de laquelle le peuple français s'est révolté contre la monarchie et le système politique et a déclaré l'avènement de la République.

Révolution industrielle
Développement de nouvelles technologies au cours des XVIIIe et XIXe siècles, qui ont mené à une forte augmentation de la mécanisation et à un changement social.

robot
Machine, souvent contrôlée par ordinateur, conçue pour effectuer automatiquement une série d'actions.

rostre
Long nez courbe d'un animal, par exemple d'un poisson ou crustacé, ou pièce buccale de certains insectes.

sarcophage
Dans l'Antiquité, sorte de grand cercueil, généralement en pierre, dans lequel était placé le corps d'un mort.

satellite
Objet qui tourne en orbite autour d'une planète. Un satellite artificiel est un engin spatial qui tourne autour de la Terre. La Lune est un satellite naturel de notre planète.

sodium
Élément métallique blanc et mou présent dans le sel sous forme de composés.

solide
État de la matière dans lequel atomes et molécules sont liés fortement entre eux.

spam
Courrier électronique indésirable.

spectre électromagnétique
Gamme de radiations électromagnétiques, composées d'énergie sous forme d'ondes comme la lumière visible, l'infrarouge, l'ultraviolet, les ondes radio et les rayons X.

spore
Minuscule cellule, produite par un champignon ou une plante, qui pousse sans avoir besoin d'être fertilisée.

sous-espèce
Subdivision d'une espèce d'animaux ou de plantes.

supersonique
Qualifie une vitesse supérieure à celle du son, environ 1 230 km/h.

synthétique
Fabriqué à partir de substances artificielles. Les matériaux tels que le Nylon sont synthétiques.

Système solaire
Notre partie de l'Univers, composée du Soleil autour duquel tournent en orbite 8 planètes dont la Terre, ainsi que d'objets tels que les lunes, les astéroïdes et les comètes.

télescope
Instrument permettant d'observer des objets éloignés. Les télescopes optiques captent la lumière au moyen de miroirs et de lentilles, alors que les radio-télescopes détectent des objets dans l'espace en captant les ondes radio que ceux-ci émettent.

tonalité
Description de la position d'une note sur une échelle musicale.

toxique
Synonyme de nocif.

traînée
Autre nom de la résistance de l'air.

translucide
Caractéristique d'une substance qui laisse passer la lumière, mais qui ne permet pas de voir clairement les images de l'autre côté.

trou noir
Zone de l'espace où une grande étoile a brûlé et s'est effondrée sur elle-même. Un trou noir exerce une attraction gravitationnelle forte à laquelle rien, pas même la lumière, ne peut échapper.

tsunami
Gigantesque vague, généralement provoquée par un séisme sous-marin ou une éruption volcanique.

ultraviolet
Type de radiation électromagnétique semblable à la lumière, mais invisible. Les UV possèdent une fréquence plus élevée que la lumière visible et une longueur d'onde plus courte.

venimeux
Décrit un animal qui injecte du poison dans ses proies ou ses prédateurs.

vertèbre
Un des petits os qui composent la colonne d'un vertébré.

vertébré
Être vivant doté d'une colonne vertébrale.

ville-État
Ville possédant son propre gouvernement indépendant. Les villes-États sont apparues dans la Grèce antique.

virus
Agent infectieux microscopique qui envahit les cellules vivantes et provoque des maladies.

webcam
Caméra vidéo pouvant envoyer des images en direct à un ordinateur.

World Wide Web (WWW)
Système mondial d'informations composé de sites web reliés entre eux, accessible par Internet.

INDEX

Les numéros de pages en **gras** renvoient à des entrées principales

T

U

V

WXY

Z

REMERCIEMENTS

DK souhaite remercier :
Ann Baggaley, Jessica Cawthra, Ashwin Khurana, Anna Limerick et Fleur Star pour leur aide éditoriale ; Dave Ball, Samantha Richiardi et Smiljka Surla pour leur aide à la conception ; Hazel Beynon pour la relecture ; Helen Peters pour l'index.
Un grand merci à Sheila Collins pour son aide lors des dernières étapes du projet.
L'éditeur souhaite remercier les personnes suivantes pour leur autorisation à reproduire leurs images :
Légende : a-au-dessus ; b-bas ; c-centre ; f-extrême ; g-gauche ; d-droite ; h-haut
6 123RF.com : Soloviova Liudmyla (bd). **Dreamstime.com :** Dave Bredeson (hc) ; Skypixel (cga). **6-7 Dreamstime.com :** Yifang Zhao (b). **7 Dreamstime.com :** Furtseff (ca) ; Pavel Konovalov (bg) ; Guido Vrola (bd). **10 123RF.com :** Subbotina (cgb). **Dreamstime. com :** Shariff Che\' Lah (bg) ; Nerss (c) ; Tomboy2290 (bc) ; Yurakp (cga). **10-11 StefanPodhorodecki.11 123RF.com :** Mohammed Anwarul Kabir Choudhury (hc). **Dreamstime.com :** Goncharuk Maksym (cb) ; Yurakp (cdb). **Getty Images :** Amriphoto (ca). **Reddit :** https://www.reddit.com/r/pics/comments/18lxyw/hala_fruit (c). **12-13 Turbo Squid :** 3d_molier International / Éléments de l'image : Generic Sport Roadster. **14 Dreamstime.com :** Hery Siswanto (bg). **14-15 Manpreet Singh. 16-17 Dreamstime.com :** Plazaccameraman (b). **16 Dreamstime.com :** Anna1311 (bd, hc) ; Ruta Saulyte (c). Jim Frink : (cga). **17 Alamy Stock Photo :** David Newton (hc). **Steve Axford :** (cga, hg). **Dreamstime. com :** Anna1311 (hd) ; Taiftin (cdb) ; Geografika (ca). **20 Dorling Kindersley :** Tim Parmenter / Museum d'Histoire naturelle, Londres (hg, hr). **Dreamstime.com :** Igor Kaliuzhny (bc). **20-21 Getty Images :** Stockbyte / George Doyle (c). **21 Dorling Kindersley :** Tim Parmenter / Museum d'Histoire naturelle, Londres (hg, bg). **Rex Shutterstock :** Shutterstock (hd). **22-23 Turbo Squid :** Locomotive_works / Éléments de l'image : Orleans 1893 Steam Locomotive. **24 Dreamstime.com :** Kurhan (cgb). **25 Dreamstime.com :** Juri Samsonov (bc). **28 NASA :** (cga). **30-31 Stephen Frink Collection :** James Watt (Shark). **32-33 Dreamstime.com :** Jacek Kutyba | (b). **32 123RF.com :** Marek Uliasz (bg). **Alamy Stock Photo :** Art Collection 3 (cg). **Dorling Kindersley :** Gary Ombler / Durham University Oriental Museum (ca, c, cb). **Dreamstime.com :** Keith Wheatley (hd). **33 Dorling Kindersley :** Dave King / Durham University Oriental Museum (ca). **Dreamstime.com :** Ammza12 (bc) ; Bethbee | (hg) ; Okea (hc) ; Olga Popova (cgb) ; Robyn Mackenzie (cda) ; Py2000 (c) ; Ramvseb1 (cb) ; Piero Cruciatti (bd) ; Sergey Lavrentev (cdb). **38-39 Sash Fitzsimmons. 40 Dreamstime.com :** Skypixel (hg) ; Magdalena Zurawska (cga). **41 Dreamstime.com :** Les Cunliffe (hc, fhd, fcda) ; Aldo Di Bari Murga (hg) ; Sergeyoch (hd) ; Zagorskid (ca) ; Alexander Pladdet (cda) ; Mikhail Kokhanchikov | (cgb) ; Stephen Noakes (bd). **42 123RF.com :** Thawat Tanhai (cda). **42-43 123RF.com :** Alexandr Pakhnyushchyy (b). **43 123RF.com :** Werayut Nueathong (cb) ; Golkin Oleg (cgb) ; Andrey Pavlov (bd). **46-47 Dušan Beno :** (HseFly). **50-51 Stefan Podhorodecki. 53 123RF.com :** Grafner (bg). **Alamy Stock Photo :** Chris Willson (c). **Dorling Kindersley :** Museum of Design in Plastics, Bournemouth Arts University, UK / Gary Ombler (hg). **Dreamstime.com :** Thanarat Boonmee (cg) ; James Steidl (cgb) ; Vitalyedush (cb) ; Prykhodov (cdb) ; Razvan Ionut Dragomirescu (bd). **54 Dorling Kindersley :** Colin Keates / Museum d'Histoire naturelle, Londres (cb) ; Harry Taylor / Sedgwick Museum of Geology, Cambridge (bd). **56-57 Turbo Squid :** MilosJakubec / Éléments de l'image : Watch Movement. **58-59 Dreamstime.com :** Okea (c). **58 Dreamstime. com :** Palex66 | (hc). **60-61 Turbo Squid :** Malevolent_King / Éléments de l'image : Centurion. **62 123RF.com :** Anuwat Susomwong (cgb). **Alamy Stock Photo :** Bgickwinkel (bc). **Dreamstime.com :** Dio5050 (bg) ; Artem Podobedov (cg) ; Maturos Yaowanawisit (cb) ; Ewa Walicka (hg) ; Verdateo (hd). **63 Dreamstime.com :** Cornelius20 (cdb) ; Tamara Kulikova (hd) ; Sahua (bg) ; Dmitry Knorre (c) ; Okea (ca) ; Justas Jaruševicius (bd). **Getty Images :** Photos Lamontagne (hc). **64-65 Dreamstime.com :** Wawritto. **66-67 Alamy Stock Photo :** Reuters / Christopher Pasatieri (US Transport Military Sci Tec). **72-73 Dreamstime.com :** Rainer Junker (DeepOc8). **72 Alamy Stock Photo :** Brandon Cole Marine Photography (bd). **FLPA :** Minden Pictures / Norbert Wu (cd). **Dr Alan J. Jamieson, Newcastle University, UK :** (hd). **Fredrik Pleijel :** (hg). **Science Photo Library :** Dante Fenolio (ca) ; Dante Fenolio (cg). **73 Alamy Stock Photo :** AF Archive (fbg). **FLPA :** Minden Pictures / Norbert Wu (ca, hg). **Getty Images :** Visuals Unlimited, Inc. / Michael Ready (hd). **National Geographic Creative :** Emory Krlstof (bg). **Natural Visions :** Peter David (hc). **Science Photo Library :** British Antarctic Survey (bc) ; Gregory Ochocki (cb/DeepOc7). **SeaPics.com :** D. R. Schrichte (c). **76-77 Getty Images :** Barcroft Media. **78-79 123RF.com :** Igarts. **80-81 Turbo Squid :** DeVisCon / Éléments de l'image : Ceremonial knight armour. **86-87 NASA :** GSFC / SDO. **88 Dreamstime.com :** Isselee (ca) ; Tjkphotography (cg). **89 Alamy Stock Photo :** Brandon Cole Marine Photography (hd) ; Cultura RM 89-80c ; **Dorling Kindersley :** Museum d'Histoire naturelle, Londres (hc). **Dreamstime.com :** W. Scott Mcgill (cda). **FLPA :** Minden Pictures / Norbert Wu (hg). **92-93 Dreamstime.com :** Juri Samsonov (ca). **93 123RF.com :** Jesus David Carballo Prieto (hc). **Photoshot :** Daniel Heuclin (cd). **98-99 123RF.com :** Arsgera (c) ; Katisa (h). **98 123RF.com :** Reinis Bigacs (cgb) ; Valentyn Volkov (cga) ; Phloenphoto (ca). **Dreamstime. com :** Tracy Decourcy (bd). **99 123RF.com :** Ifong (ca) ; Olga Popova (cgb) ; Baiba Opule (bg) ; limpido (cd). **Dreamstime.com :** Jiri Hera (bd) ; Thelightwriter (cdb). **Rex Shutterstock :** Shutterstock / Paul Grover (hg). **100 Dreamstime.com. Science Photo Library :** (bc). **100-101 Dreamstime.com :** Dave Bredeson (ca) ; Guido Vrola. **101 Dreamstime. com :** Zoya Fedorova (cd) ; Furtseff (ca) ; James Steidl (c) ; Ari Sanjaya (hd). **104-105 Getty Images :** Henrik Sorensen. **110-111 Getty Images :** AFP / DPA / Patrick Pleul. **116 Dorling Kindersley :** Bill Schmoker (cg). **117 Dreamstime.com :** Steve Byland | (cda). **118-119 Turbo Squid :** puperpaxa / Éléments de l'image : Viking Ship Drakkar. **120-121 Stephen Locke. 123 Alamy Stock Photo :** Blickwinkel (hg). **Phuket Scuba Club :** http://www. phuket-scuba-club.com/blog/2012/03/recent-dive-buddies/cuttlefish (cda). **128-129 © Red Bull GmbH :** Red Bull Content Pool / Bavo Swijgers. **130 123RF.com :** Antonel (hg) ; Sergey Goruppa (cg, bd) ; Number001 (bg). **Dorling Kindersley :** Gary Ombger / Thackeray Medical Museum (c). **Dreamstime.com :** Newbi1 (cb). **130-131 Dreamstime.com :** Russal (bc). **131 123RF.com :** Bombaert (hc) ; Jakub Gojda (ca) ; Leonello Calvetti (cgb) ; Dmitriy Syechin (bc) ; Robuart (hd). **Dreamstime.com :** Newbi1 (cd). **132-133 Yuri Beletsky. 134 123RF.com :** Subbotina (cd). **Dreamstime.com :** Andrey Armyagov (bg) ; Anna Kucherova (cda) ; Okea (cg) ; Vladyslav Bashutskyy (bc) ; Paulpaladin (hc). **135 Dreamstime.com :** Jens Stolt (hd) ; Hannu Viitanen (cg). **Getty Images :** RPM Pictures (cgb/ Colour1). **142-143 Turbo Squid :** iljujjkin / Elements of the image : Concert Grand Piano Yamaha. **144-145 Matthew Smith :** (PortManWar). **146 Dreamstime.com :** Dvmsimages (c) ; Okea (hg) ; Newbi1 (ca) ; Eric Strand (hc) ; Postnikov (hd) ; Alexander Pladdet (fhd) ; Dmitry Rukhlenko (cb) ; Zelfit (cg) ; Elena Schweitzer (bc) ; Ahmad Firdaus Ismail (cdb). **146-147 123RF.com :** Bayberry (cb). **Dreamstime.com :** Vladyslav Bashutskyy (hc). **147 123RF.com. Dreamstime.com. 152 The Trustees of the British Museum :** Chas Howson (g). **Dorling Kindersley :** Canterbury City Council, Museums and Galleries (cg). **Dreamstime.com :** Andres Rodriguez (c) ; Yulan 52 (ca). **152-152 Dreamstime.com :** Irochka (ca). **152-153 Dreamstime.com :** Gradts (h). **153 Alamy Stock Photo :** Rachel Husband (cgb). **Corbis :** Mark Weiss (hg). **Dreamstime. com :** Olesya Tseytlin (bd). **156-157 Dreamstime.com :** Cloki. **156 Kay Bradfield / www. beastsandblossoms.com :** (bd). Dreamstime.com. **157 Dreamstime.com :** Dibrova (cb) ; Joystockphoto (g) ; Yap Kee Chan (c) ; Juliengrondin (hc) ; Leigh Prather (ca) ; Verastuchelova (bd) ; Johannesk | (cd). **160-161 Andy Murch. 162-163 Agustin Muñoz. 164-165 Mauritius Images. 166-167 Solent Picture Desk / Solent News & Photo Agency, Southampton :** Kemal Selimovic **Images des couvertures :** *Devant* : **123RF.com :** Bayberry (ca), Soloviova Liudmyla (bg), Rasslava (bc), Subbotina (cda) ; **Dreamstime.com :** Jiri Hera (hg), Justas Jaruševiciūs (fbg), Okea bd, Juri Samsonov (cg), Verdateo (cdb), Hannu Viitanen (cga), Guido Vrola (fhg) ; *Derrière* : **123RF.com :** (bg), Subbotina (cgb) ; **Dreamstime.com :** Dvmsimages (cdb), Jlcst (b), Elena Schweitzer (cb) ; **Getty Images :** Amriphoto (cga) ; *Tranche* : **123RF.com :** Bayberry (h) Toutes les autres images © Dorling Kindersley Pour plus d'informations : www.dkimages.com

Imprimé en RPC
Dépôt légal : septembre 2018 - 321031/01
N° de projet : 11037454 - septembre 2018